103

AR

MÜMİN ... l medya | @muminsekman

'Başarmak ... *olmak öğrenilebilir'* düşüncesini savunn...

1. *Ya Bir Yol Bul, ya Bir Yol Aç, ya da Yoldan Çekil!* (70. baskı)
2. *Kesintisiz Öğrenme* (29. baskı)
3. *Türk Usulü Başarı* (8. baskı)
4. *Başarı Üniversitesi* (41. baskı)
5. *Kişisel Ataleti Yenmek* (65. baskı)
6. *Çevik Şirketler: Kurumsal Ataleti Yenmek* (9. baskı)
7. *Her Şey Seninle Başlar* (1.250.000 adet)
8. *Her Şey Seninle Başlar 9+* (Çocuklar için başarı kitabı – 33. baskı)
9. *Limit Sizsiniz* (300.000 adet)
10. *Her Şey Beyinde Başlar* (180.000 adet)
11. *Başarı Bilgesi* (100.000 adet)
12. *Edison* (Çocuklar için başarı hikâyeleri-1) (5. baskı)
13. *Çocuklar Nasıl Başarır?* (Dr. Bahar Eriş ile) (30. baskı)
14. *Çocuklar Nasıl Başarır-2* (Dr. Bahar Eriş ile) (15. baskı)

Konsept danışmanlığını yaptığı kitaplar:

1. *İnsan İsterse: Azmin Zaferi Öyküleri* (5 kitap)
2. *Hayat Bilgesi: Şu Hayatı Nasıl Yaşamalı?* (2 kitap)
3. *Başarı Bilimi: Büyük Başarı Araştırmaları*

İstanbul'da doğan yazar, Ankara Üniversitesi Hukuk Fakültesini bitirdi, ama hukuk alanında hiç çalışmadı. Başarılı insanları inceleyip, onların nasıl başardıklarını analiz edip, başarılı olmak isteyenlere anlatmayı meslek ve misyon olarak seçti.

Çok sayıda üniversite, şirket ve kamu kurumunda başarı semineri verdi. Zirvedeki bazı isimlerin *başarı yönetimi danışmanı* oldu. Bir dönem *Çocuklar Duymasın* dizisinin senaryo danışmanlığını yaptı. Seçtiği kişilere *bireysel başarı danışmanlığı* yapmaktadır.

Sekman, *Kişisel Gelişim Merkezi*'nin (kigem.com) kurucusudur. 20 yıldır yayında olan Kigem.com Türkiye'nin ilk kişisel gelişim içerikli internet sitesidir.

Türkiye'de 'kişisel gelişim uzmanı' titrini kullanan ilk kişi olan Sekman, dünyanın metrekaresine düşen başarılı insan sayısını artırmayı kişisel misyonu saymaktadır.

Rakamlarla Mümin Sekman'ın Kariyeri

- 45 şehirde, 100.000'den fazla insana başarı semineri verdi.
- *Her Şey Seninle Başlar* 1.250.000 baskıya ulaşarak Türkiye rekoru kırdı.
- 22 yılda yazdığı 22 kitabı toplam 3.000.000 baskıya ulaştı.
- Türkiye'de yaşayan her 100 kişiden 1'i Mümin Sekman okuru!

muminsekman.com

Her Şey Seninle Başlar

Yayıncı ve Genel Yayın Yönetmeni M. Faruk Bayrak
Genel Müdür Vedat Bayrak
Yayın Yönetmeni Mustafa Küpüşoğlu
Kapak Tasarımı Emrah Yücel

ISBN 978-605-106-731-5
1. Basım: Kasım 2005
20. Basım: Eylül 2019
(Bu kitap toplam 1.250.000 adet basılmıştır.)

Baskı ve Cilt
Melisa Matbaacılık
Çiftehavuzlar Yolu, Acar Sanayi Sitesi, No: 8, Bayrampaşa-İstanbul
Tel: (0212) 674 97 23 Faks: (0212) 674 97 29
Sertifika no: 12088

Alfa Basım Yayım Dağıtım San. ve Tic. Ltd. Şti.
Alemdar Mahallesi, Ticarethane Sokak No: 15 34110 Cağaloğlu-İstanbul
Tel: (0212) 511 53 03 Faks: (0212) 519 33 00
www.alfakitap.com - info@alfakitap.com
Sertifika no: 43949

mümin sekman

her şey seninle başlar

kişisel kurtuluş savaşınızı başlatın !

ALFA

Bu kitabın kapağını tasarlayan Emrah Yücel, Hollywood için yaptığı afiş tasarımlarıyla Türkiye'nin gururu olan bir isim. Yücel *Kill Bill, Frida* gibi ödüllü filmlerin afişini yaptı. İki kez "Key Art" ödülü aldı.

Bu kitabın fonunda üç şehir var: İstanbul, Vancouver ve Londra. Yazarken bu üç şehirde yaşadığım için üçünün de ruhunun biraz sindiğini düşünüyorum.

Bu kitabın kâğıdı için kullanılan ağaç kadar fidan dikme sorumluluğunu hep beraber taşıyoruz. Doğaya katkı bir fidan dikmekle başlar!

İÇİNDEKİLER

ŞU HAYATI NASIL YAŞAMALI?

Kullanma kılavuzunu yanımıza almadan geliyoruz dünyaya. Nasıl yaşamamız gerektiğini yaşarken öğreniyoruz. Hayallerden yapılma bir hayatı, aynı anda hem *ilk* hem de *son* kez yaşıyoruz.

İki dönem halinde geçiyor ömrümüz: Okul hayatı ve hayat okulu. Okul hayatının amacı bizi hayat okuluna hazırlamak, ancak *hayat okulunda en çok lazım olan bilgiler okul hayatında öğretilmeyenler.* Bu yüzden çoğumuz, hayatın başarı sınavlarında *boş kâğıt* veriyoruz!

Hayatımız biraz seçimlerimizin sonucu, biraz da bizimle ilgili yapılan seçimlerin. *İstekler* ile *mecburiyetlerin, hayaller* ile *gerçeklerin* çatışmasından kendimize *güzel bir hayat hikâyesi* çıkarmaya çalışıyoruz. Hayattan istediklerimizi almak için sahip olduğumuz en güçlü aygıt ise "başarı."

Başardıkça seçeneklerimiz çoğalıyor, özgürlüğümüz genişliyor, *seçen* biz oluyoruz. Başarısız kaldıkça *seçeneklerimiz daralıyor*, gücümüz azalıyor, *seçilen* biz oluyoruz. Başarı hayatımızı *genişletiyor*, başarısızlık *içimizi daraltıyor!*

Bu yüzden birçoğumuz başarmak için yaşıyoruz.

Neden "isteyen" herkes başarılı olamıyor?

Ne zaman kalabalık bir gruba konferans versem hemen sorarım:

"Kimler başarılı olmak istiyor?"

Katılımcıların neredeyse yüzde 99'u ellerini kaldırır. Gülümseyerek teşekkür ederim.

Ardından tekrar sorarım:

"Peki sizce insanların yüzde kaçı başarılı? İnsanların ne kadarı hayal ettiği hayatı yaşıyor?"

Gelen cevaplar bu oranın yüzde 10 ile yüzde 20 arasında *değiştiğine inanıldığını* gösteriyor. Bu kadar çok insanın isteyip de bu kadar az insanın ulaşabilmesi *başarının doğasından* mı kaynaklanıyor, yoksa *insanların tercihlerinden* mi? Bu sonuç böyle olmak zorunda mı?

Sosyal başarı mücadelesi, halka açık maraton yarışlarına benzer. Yarışın başında 100 kişinin 90'ı *sonuna kadar gitmek istediğini* söyler. Yarışın bitiş çizgisine bakınca çok az kişi kalır! Peki yarışta istediği performansı gösteremeyen büyük çoğunluk nereye takılıyor?

Neden "isteyen" herkes istediği kadar başarılı olamıyor? Yeterince istemedikleri için mi, isteklerini *istikrarlı bir şekilde takip etmedikleri için* mi, *istekleriyle orantılı donanım geliştirmedikleri için* mi, istekleri *doğalarına ters düştüğü* için mi?

Dünyada daha çok başarılı insana *yer* ve *talep* varken, neden bu kadar az başarılı insan var? Başarılı insanların bildiği, diğer insanların bilmediği nedir?

Bu sorulara bulduğum bazı cevaplar beni bu kitabı yazmaya zorladı.

Hayatınızı *daha iyi bir yer haline getirme isteğiniz* sizi bu kitaba getirdi.

Uzun zamandır bu anı bekliyordum, büyük randevumuza hoş geldiniz!

Başarma isteğiyle doğarız

Hepimiz bir şeyler başarma isteğiyle doğarız.

İnsan varoluşuna ait *içgüdüsel* bir eğilimdir bu. *Ben de yapabildim duygusunu* bir çocuğun hareketlerinde rahatlıkla görebilirsiniz. İlk kez emeklemekten yürümeye geçtiğinde, bir bardağı ilk kez düşürmeden taşıdığında, ayakkabısının bağcıklarını ilk kez *kendisi* bağladığında olimpiyat şampiyonu olmuş kadar sevinir. Yapabildiklerini artırıp, *güç ve kontrol alanını genişlettikçe* mutlu olur.

Hepimiz çocukluğumuzdan başlayarak bir şeyler başarmayı deneriz. Bazılarımız daha ilk denememizde "başarılı" sonuçlar alırız. Başarı, *kendi ivmesini yaratabildiğinden*, bu kişiler yollarına "başarıyla" devam ederler.

Büyük çoğunluğun hikâyesi ise başka türlü gelişir. İlk başarı denemelerinde istediği sonuçları alamayan kişiler, zihinsel arşiv kayıtlarında *başarısızlık bilgisi biriktirmeye* başlarlar. Bu *negatif bilgi yükü* zamanla, cesareti, özsaygıyı ve motivasyonu yutan bir *anafora* dönüşür.

Başarısızlığı nasıl yorumlamamız gerektiği *öğretilmediği* ya da *yanlış öğretildiği* için, ilk başarısızlıklarımızı *düzeltilebilir bir sonuç* olarak görmeyip, onu *kimliğimiz haline getirerek* gücümüzü içeriden bağlıyoruz.

Önemli bir basket maçının kritik bir anında yaptığı üç sayılık atış denemesi potadan geçmeyince, "Bu atışım başarısız oldu" demek ile "Ben zaten hiçbir şeyi beceremem" demek arasında önemli bir fark vardır. "Şu anda param yok" demek ile "Ben fakirim" demek arasında büyük fark vardır. İlk tutum *davranışı yargılar*, *düzeltilebilir nedenlere* götürür; ikincisi ise *başarısızlığı kimlikleştirir*. Bir şey kimlik halini alınca, *tutarlılık kanunu* gereği, beyin *onu doğrulayan verileri* toplar, *yanlışlayan örnekleri* ise göz ardı eder. Böylece başarısızlık sürekli hale gelir. *Başarılıların gittikçe başarılı, başarısızların ise gittikçe başarısız olmasının en önemli nedeni budur.*

Oysa ilk denemelerimizdeki başarısızlıktan hüküm çıkarmak adil değildir. Bazılarımız *doğamıza uygun olmayan hedeflerin* peşinde koştuğundan başarısız olmuştur. Bazılarımız *nasıl yapılacağını yeterince öğrenmeden* eyleme geçtiği için yapamamıştır. Bazılarımız, biraz daha sabırlı olmadığı için, tam sonuç almak üzereyken, *başarıya ne kadar yakın olduğunu o anda göremediği için* vazgeçmiştir. *Başarısız olan biz değilizdir; zamanlamamız, metodumuz, hedeflememiz başarısızdır!*

Nedeni, açıklaması, sonucu her ne olursa olsun, başarısızlık insan ruhunda *derin bir iz* bırakır. *Başarısızlık bilgisi kafamızdaki bir bagaj yüküdür.* Hızlı yükselmek isteyenler, içlerindeki bu "ağırlıktan" kurtulmayı bir an önce öğrenmelidir. Bu yüzden, başarı hakkında yeni şeyler öğrenmeden önce *bildiklerimizin bir kısmını unutmakla işe başlamak gerekir!*

Yeni bir hayat için yeni bir akıl gerek!

Bu kitabın mesajı nettir: Başarısızlık öğrenilmiştir. Başarılı olmak da öğrenilebilir. Her insan kendi hayat ezberlerini yeniden düzenleyebilir. İç dünyamız yenilendikçe dış dünyamız da güzelleşir. *Her şey kişinin kendisinden başlar!*

İnsanları *başarılı yapan bir bilgi* vardır ve isteyen her insan bunu *öğrenebilir.* Bu bilgiyi öğrenen herkes Einstein, Atatürk, Picasso ya da Aristo olamaz belki ama, *şu anda olduğundan daha iyi bir yere* gelebilir. Kendi en iyi versiyonunu bulup o halini yaşayabilir. Bu da *kendini geliştirme ve fabrika ayarlarında olanı gerçekleştirme* demektir.

Hepimiz, başarı hakkında *doğru bildiğimiz yanlışları* ve *yanlış bildiğimiz doğruları* gözden geçirerek, *yaşam stratejilerimizi* yeniden düzenleyebiliriz. Tutku, teknik ve yeteneğin gücüyle, mevcut şartlarımızın içinden *mümkün olanın en iyisini* bulup çıkarabiliriz.

Hiçbirimiz *dış koşullarımıza* ve *iç koşullanmalarımıza* mahkûm değiliz. Bugüne kadar bildiklerimiz bizi şu anda olduğumuz yere getirdi, daha iyi bir yerde olmak istiyorsak, *yeni bir başarı zihniyetine* geçmeliyiz. "*Bir sorunu yaratan zihni, aynı düzeyde çalıştırarak o sorunu çözemezsiniz*" der Einstein. Büyük dâhi farklı sonuçlar istiyorsak, yeni şeyler yapmak gerektiğini şu sözlerle anlatır: "*Her zaman yaptığını yaparak daha iyi bir sonuç beklemek deliliktir.*"

Kitabın çıkış noktası: Başarısızlığı nasıl yenmeli? Başarıyı en iyi şekilde nasıl öğrenmeli?

Kitabın özünde üç soru var: Cesaretimizi nasıl kaybediyor, başarısızlığı nasıl öğreniyoruz? Bizi başarısızlaştıran, *cesaretimizi kıran* bilgiyi nasıl "unutabiliriz?" *Tutkulu, umutlu ve mutlu bir hayat* yaşamayı nasıl öğrenebiliriz?

Bu soruların cevabını ararken ağırlıklı olarak üç kavramla çalışacağız: *Öğrenilmiş çaresizlik, atalet psikolojisi ve cam tavan sendromu.* Bu üç kavram çok kritik. *Öğrenilmiş çaresizlik*, özgüven ve motivasyonumuzu tüketiyor. *Cam tavan sendromu* hayal gücümüzü hadım ediyor. *Atalet* ise, karda donmadan önce hissedilen "son uyku" hali gibi, bizi uyuşturan bir psikolojik bataklık işlevi görüyor.

Bu üç kavramın ne olduğunu, nasıl çalıştığını, bizleri nasıl sınırladığını, onlarla başa çıkmak için neler yapmamız gerektiğini öğreneceğiz. *Bilimsel bir tutum içinde, ama akademik bir dil kullanmadan* çözümler sunmaya çalışacağım.

Şimdi bu üç kavrama biraz göz atalım.

1. Kaybetmeyi öğrenmek: Öğrenilmiş çaresizlik nedir?

İdeallerimizden kopup *sıradan hayatlara nasıl razı olduğumuzu* anlatan ilginç bir anekdot vardır. Hindistan'da yabani bir fil yavrusu yakalandığında, kalın bir zincirle büyük bir ağaca bağlanır. Yavru fil kaçmaya çalışır, ama başaramaz. Zamanla kaçma denemelerini bırakır. O ağaçtan hiçbir zaman kurtulamayacağına inanır. *Esareti öğrenmiştir artık.*

Bu aşamada ayağındaki zincir ağaçtan sökülerek bir odun parçasına bağlanır. Yavru fil her yürüyüşünde *o odunun peşinden geldiğini görünce, hâlâ o ağaca bağlı olduğunu düşünerek* artık kaçma girişiminde bulunmaz.

Başlangıçta yavru filin kaçabileceğine *inancı* vardır, ama kaçabilme *imkânı* yoktur. İkinci aşamada ise *kaçma imkânı vardır,* ama *kaçabileceğine olan inancını kaybetmiştir.* Çaresizliği öğrenmiş, özgürlüğün kendi elinde olduğunu *unutmuştur.*

Öğrenilmiş çaresizlik hepimizin içinde az ya da çok bulunuyor. Hepimiz bir şeyleri defalarca deniyor, yanılıyor, yeniliyoruz. *Bir daha yanılmamak için hiç denememeyi öğreniyoruz.* Bu arada *şartlar değişiyor.* Eğer şansımızı bir kez daha denersek başarabileceğimiz hale geliyor, ama biz *sınırlayıcı ezberlerimize sadık bir şekilde yaşamaya* devam ediyoruz. Hayat arazisi değişiyor, ama bizim *zihin haritamız* değişmiyor. Böylece *başarısızlığı öğrenmiş* ve *hayatımızda kalıcı hale getirmiş* oluyoruz.

Kaybetmeyi öğrenmek ve kabullenmek, insanın potansiyelini kendinden çalıyor. Düşlerimizi daraltıyor. Özgüvenimizi eritiyor, cesaretimizi kırıyor. Aslanı kediye çeviriyor. Kazanmayı denemek yerine, kaybetmeye katlanmayı öğretiyor.

2. Cam tavan sendromu: Hayallerinizin tavan yüksekliğini ne belirliyor?

"Cam tavan" kavramı, kendini geliştirme kitaplarında sıklıkla anlatılan "pire deneyi" anekdotundan çıkmıştır.

Hikâyeyi muhtemelen bilirsiniz; birkaç pire alınıp 30 santim yüksekliğindeki bir cam fanusun içine bırakılır. Fanusun üstüne cam, zeminine ise metal yerleştirilir. Sonra metal zemin ısıtılır. Sıcaktan rahatsız olan pireler zıplayarak kaçmaya çalışır, ama kafalarını tavandaki cama çarparak düşerler. Zemin sıcak olduğu için tekrar zıplarlar, bir daha başlarını cama vururlar!

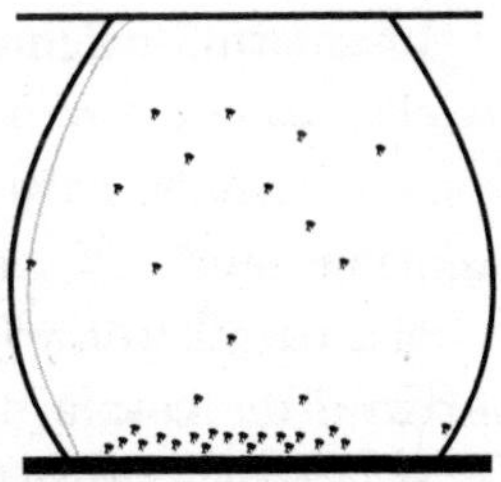

Pireler camın ne olduğunu bilmediklerinden, kendilerini neyin engellediğini de anlayamazlar. Defalarca kafayı cama çarptıktan sonra o zeminde 30 santimden fazla *zıpla(ya)mamayı* öğrenirler. Bu aşamada tavandaki cam kaldırılır. Zemin tekrar ısıtılır. *Tüm pireler eşit yüksekliğe, yani 30 santime zıplar!*

Üzerlerinde cam engeli artık yoktur, daha yükseğe zıplama imkânları vardır, ama buna cesaret edemezler. *Kafalarını cama vura vura öğrendikleri bu sınırlayıcı "hayat dersi"ne sadık halde yaşarlar.*

Pireler kaçmaya çalışmazlar, çünkü engel artık zihinlerindedir. *Onları sınırlayan dış engel (cam) kalkmıştır, ama kafalarındaki iç engel (burada "30 santimden fazla zıplanamaz" inancı) varlığını sürdürmektedir.*

Bu deney insanların kariyerlerinde nereye kadar yükselebileceklerini *nasıl öğrendiklerini göstermektedir.*

Bu pirelerin yaşadıklarına *cam tavan sendromu* denir. İş dünyasında, özellikle kariyer planlama konuşmalarında yaygın olarak kullanılan bir kavramdır. Bir insanın *gelebileceğine inandığı* en üst nokta onun cam tavanıdır. Cam tavanınız *iç limitlerinizi* ve *hayallerinizin tavan yüksekliğini* gösterir.

Sizin hayatınız ile pirelerin öğrenilmiş sınırları arasında ne gibi benzerlikler var? Sizin cam tavanınız ne kadar yüksek? Tavan limitiniz kapasitenizi mi, yoksa korkularınızı mı yansıtıyor?

3. Psikolojik atalet: Ataletli insan, el freni çekilmiş halde ilerlemeye çalışan otomobile benzer!

Yıllar önce, bir bekleme salonunda, bir grup yöneticiye yapacağım konuşmayı düşünüyordum. Sahneye çıkış saatimin gelmesini beklerken aklıma bir soru geldi.

İnsanların söylenmesine bakılırsa çoğu *başarısızdı, mutsuzdu, yaşadıkları hayattan memnun değildi,* ama bu durumu değiştirmeye yönelik *güçlü bir çaba* da göstermiyorlardı. Sürekli söyleniyor, ama *başarının gereğini* yerine getirmiyorlardı. Acaba sızlanmalarında samimi mi değillerdi, yoksa durumu değiştirecek stratejileri mi bilmiyorlardı? Bu insanları durduran neydi?

Seminer başlar başlamaz katılımcılara bir dizi soru sordum. Neredeyse her defasında birlikte "evet" cevabı veriyorlardı:

İşinizde daha başarılı olmak *istiyor* musunuz? –Evet!

Bunun için *neler yapmanız gerektiğini* biliyor musunuz? –Evet!

Bunları *niçin yapmanız gerektiğini* de biliyor musunuz? –Evet!

İsterseniz *nasıl yapabileceğinizi* biliyor musunuz? –Evet!

Yapmamakla *neler kaybettiğinizi* biliyor musunuz? –Evet!

Yaparsanız *neler kazanacağınızı* biliyor musunuz? –Evet!

Elinizi kolunuzu bağlayıp, sizi engelleyen biri var mı? –Hayır!

O halde sizi durduran ne?!

Sizin içinizde olup, *gücünüzü içinizden bağlayan* ne?

Bir süre sonra cevabı söyledim: *Atalet!*

Atalet fizik biliminde "eylemsizlik hali" demektir. Bir insan bir işi *yapması gerektiğini* biliyor, *niçin* yapması gerektiğini biliyor, isterse *nasıl* yapabileceğini biliyor, yapmazsa *neler kaybedeceğini* biliyor, yaparsa *neler kazanacağını* biliyor, ama *yine de yapmıyorsa* o kişi psikolojik atalet halinde yaşıyordur.

Psikolojik atalet; isteksizlik ile tembelliğin, kararsızlık ile kayıtsızlığın, yavaşlık ile yılgınlığın işbirliği yapıp insan ruhunu ele geçirmesidir. İki türlü atalet hali var: *Düşündüğünü yapmamak* ve *yaptığı üzerine düşünmemek*. İlki, duygusal atalet, ikincisi düşünsel (entelektüel) atalettir. Duygusal atalet gönlün, düşünsel atalet beynin yorgunluğudur.

Hayat atalet değil, hareket üzerine kurulmuştur. Varoluşsal bir zorunluluktur eylem. Bunu da en iyi şu deyiş anlatır:

"Afrika'da her sabah bir ceylan uyanır.
En hızlı aslandan daha hızlı koşması gerektiğini,
yoksa yok olacağını bilir.
Afrika'da her sabah bir aslan uyanır,
en yavaş ceylandan daha hızlı koşması gerektiğini,
yoksa açlıktan öleceğini bilir.
Aslan ya da ceylan olmanızın önemi yok,
yeter ki her sabah kalktığınızda koşmanız gerektiğini bilin."

Yaşadığın hayat yaşayabileceğin en iyi hayat mı?

Ben çoğumuzun hayatta gelebileceği en iyi yere gelmediğini düşünenlerdenim. "*Mutlu değilsen, suçlusun*" der Tolstoy. Başarılı değilseniz, kendinize karşı borçlusunuz! *Yaşamak istediğiniz hayat ile yaşadığınız hayat arasında farklar varsa, hayattan ve kendinizden başarı alacağınız var demektir.*

Bizler yaptıklarımızdan ibaret değiliz. Potansiyelimiz eylemlerimizden daha büyük. Hepimizin hayatında *fethedilmesi mümkün olan, ama henüz ayak basılmamış* topraklar var. *En güzel başarımız henüz gerçekleştirmediklerimiz!*

Nâzım Hikmet'in de dediği gibi:

"En güzel deniz, henüz gidilmemiş olanıdır.
En güzel çocuk, henüz büyümedi.
En güzel günlerimiz, henüz yaşamadıklarımız.
Ve sana söylemek istediğim en güzel söz,
Henüz söylememiş olduğum sözdür."

Bu kitap *hayatınızı yeniden şekillendirme* aracıdır. Kendi *ayakları üzerinde durmak*, kendi kanatlarıyla uçmak, başkalarına *bağımlı olmadan* yaşamak isteyenler için yazılmıştır. Hayatından büyük hayalleri olan, hayatını *bir beden büyütmek* isteyenler için bir yol haritasıdır.

Her Şey Seninle Başlar herhangi bir kitap değildir; felsefesi ve tekniğiyle bir *başarı ideolojisini* savunur. Ve bana göre, başarı *dünyayı daha iyi bir yer* yapacak olan en güçlü mekanizmadır.

Robin Hood ile Konfüçyüs bir gün hukuk fakültesi kantininde karşılaşırlar!

Benim çocukluk kahramanım "zenginden aldığını yoksula veren" Robin Hood idi. Hep onun yerinde olmak isterdim. Üniversitede hukuk okurken bunun *suç* olduğunu öğrendim! Bu sefer Konfüçyüs'ün meşhur, "*Balık tutup vermeyin, balık tutmasını öğretin,*" cümlesi aklıma takıldı.

Bir gün hukuk kantininde düşünürken Konfüçyüs'ün bilgeliği ile Robin Hood ruhunu bir anda birleştirdim. Ne yapmak istediğim kafamda netleşti: *Başarılı insanların nasıl başarılı olduklarını inceleyecek, bu bilgileri anlaşılır ve uygulanabilir şekilde sistematize edecek, konferans ve kitap yoluyla başarılı olmak isteyenlere anlatacaktım. Başarı bilgisine ulaşmakta fırsat eşitliği sağlayacaktım. Bir tür "entelektüel Robin Hoodluk" yapacaktım!*

Bu yolla *dünyanın metrekaresine düşen başarılı insan sayısını artırmayı* hayal etmiştim. Dünyayı daha iyi bir yer yapmak için benim yolum bu olmalıydı. *Bazen aklınızdan geçen bir düşünce tarafından ele geçirilirsiniz!* Bu fikir de bende *güçlendirici bir saplantıya* dönüştü. En yüksek puanlı hukuk fakültesini bitirdikten sonra, diplomayı kenara bırakıp, *hukuk alanında hiç kariyer yapmayıp* tamamen başarı araştırmalarım üzerine yoğunlaştım.

Zaman içinde geliştirdiğim en kullanışlı fikirlerin özetini bu kitapta bulabilirsiniz. Başarısızlık bölgesinden kurtulmak, *sistemli ve sürdürülebilir bir başarı gerçekleştirmek* için bilinmesi gerekenleri *en kristalize halde* anlatmaya çalıştım. Kitabın baş tarafında temel bilgileri, ilerleyen kısımlarda pratik uygulamaları bulacaksınız. İlk yarısı, *başarısızlık bilgisini içimizden temizlemeyi*, ikinci yarısı *pozitif başarı bilgisiyle yüklenmeyi* anlatıyor.

Okuduğunuz kitap sekiz yıl arayla iki kez yazıldı. Kendini geliştiren bir gelişim kitabı oldu! Genişletilmiş yeni versiyonda, *dünyadan örneklerle insanlığın ortak başarı mirasına* daha fazla yer verdim. Kitabın evrensel başarı kültürüne katkıda bulunmasını sağlamak istedim.

Kitapta; bilgi ile bilgeliği, sorular ile cevapları, bilim ile sanatı, doktrin ile uygulamayı, Doğu kültürü ile Batı kültürünü, iş hayatı ile özel hayatı iç içe geçmiş halde ele almaya çalıştım. Öğrenilmiş çaresizliğin teorisyeni Prof. Martin Seligman'ın görüşlerine de, Antik Yunan bilgelerinin özdeyişlerine de atıflar yaptım. Bilimsel araştırmalar kadar, *bilgelik belgelerine* de yer vermeye çalıştım. "Klişe" korkusuna düşmeden *klasikleşmiş örnekleri* anlattığım da oldu, *yeni kavramları* paylaştığım da.

Bazı cümlelerin kitap içinde *birkaç kez tekrarlandığını* göreceksiniz. Bunun nedeni özensizliğim ya da unutkanlığım değil, bazı kritik fikirleri birkaç kez tekrarlayarak zihninize yerleştirme çabamdır. Bu kitap "best-seller" diline sahip olsa da, son tahlilde *gücünü okurunu değiştirme yeteneğinden alan* bir eğitim kitabıdır. Hafıza araştırmalarına göre, en az dört kez tekrar etmek gerekiyordu, o kadarına cesaret edemedim!

Kılavuz kitabı kullanma kılavuzu

Bu kitap, onu okuduktan bir yıl sonra zirvede olacağınızı vaat etmiyor, ama *en az iki kez* okuduktan sonra bire bir *aynı kişi* olmayacağınızı iddia ediyor. Kitabı bitirdiğinizde, okumaya başladığınız kişi olmayacak, belki de olduğunuz yerde bile duramayacaksınız!

İzninizle, bir konuyu açıklığa kavuşturalım: *Tehlikenin farkında mısınız? Şu anda bir "kılavuz kitap" okuyorsunuz! Bazı arkadaşlarınız bu yaptığınızı görebilir ve sizinle alay edebilir!*

Bilirsiniz, bazı insanlar egolarının etkisiyle kılavuz kitap okumaya karşı çıkarlar. Gururlu bir karşı koyuşla, "*Bana nasıl akıl verir, kimse başkasına hayatı öğretemez*" derler! Bu tür insanlar kılavuz kitap okuyanlarla da alay ederler. Entelektüel hesap verebilirliği önemsediğim için açıklamaya çalışayım.

Avukata, iç mimara, doktora, kuaföre, musluk tamircisine işiyle ilgili bir şey sorduğumuzda, *bizden daha akıllı olduklarını değil, o konuda daha (b)ilgili olduklarını* düşünürüz. Biz de o kadar zaman harcarsak, onlar kadar bilgi sahibi olabiliriz belki, ama bunu yapmayıp, *onların harcadığı zaman ve enerjiden faydalanarak işimizi halletmek* daha iyi bir fikirdir. Buna *toplumsal işbölümü* deniyor!

Bizler de, akıl üstünlüğünden çok, *uzmanlığın getirdiği detay hâkimiyetiyle* böyle kitaplar yazabiliyoruz. Eğer özellikle benim neden kılavuz kitap yazdığımı soracak olursanız, en sevdiğim yazarlardan Bernard Shaw cevabı biliyor: *"Bir işin nasıl yapılabileceğini biliyorken, bir başkasının yapamadığını görüp dilini tutmak imkânsızdır!"*

Size kitabı daha verimli okumak için üç önerim olacak:

1. Kitaptaki düşünceleri bütünlük içinde anlamak için *uzun aralar vermeden* okuyup bitirmenizde yarar var.
2. Bu kitabı en az *iki defa* okumanızı öneririm. İçinde "konsantre" fikirler ve güçlü sorular bulunduğundan, tam anlamıyla sindirmek için en az iki kez okumak gerekir. İyi bir kılavuz kitabı, bir kez okumak bilgi sahibi, iki kez okumak fikir sahibi yapar. Üçüncü okuyuşta, fikirler dünya görüşünüzü yeniden yapılandırmaya başlar.
3. Coca-Cola'nın "soğuk içiniz" kuralından cesaret alarak, benim de bir isteğim var: "Lütfen bu kitabı okumadan önce iyi uyuyun!" Eğer algılarınız açıkken, *diri, duru ve dinlenmiş bir beyinle* okursanız, fikirlerin etkisi daha da artacaktır.

ÖĞRENİLMİŞ BAŞARISIZLIK: KAYBETMEYİ NASIL ÖĞRENİYORUZ?

Bir köpekbalığı aç halde akvaryuma konulur. Akvaryumun içinde yüzmeye başlar. Aynı akvaryuma bir tane de küçük balık bırakılır. Aç köpekbalığı hemen küçük balığı yemek için harekete geçer.[1]

İç ve dış şartlar gayet uygun görünmektedir. Köpekbalığı açtır (içsel motivasyon), küçük balığın *nasıl yeneceğini* bilmektedir (teknik bilgi) ve küçük balığı yemenin *kendi elinde olduğuna* (özgüven ve kontrol duygusu) inanmaktadır.

Köpekbalığı yaptığı ilk saldırıda kafasını ne olduğunu algılayamadığı sert bir şeye çarpar! Şaşkın bir halde kalakalır! Bilim insanları küçük balık ile köpekbalığının arasına *cam bir bölme* yerleştirerek onları ayırmıştır! Köpekbalığı camı *görememiş*, ama kafasını çarptığında *algılamıştır!*

Köpekbalığı bir süre sonra tekrar saldırmayı dener, yine kafasını cama çarpar. Defalarca dener, ama hep aynı şeyi yaşar. Tanımlayamadığı bir şey hedefine ulaşmasına engel olmaktadır.

Bir süre sonra köpekbalığı küçük balığı yemek için uğraşmayı bırakır. O meşhur "Büyük balık küçük balığı yer" kuralı artık o akvaryumda geçerli değildir! Köpekbalığı depresyona girmiş gibidir. Çabalamayı kesip kendini "hayatın akışına" bırakmıştır.

Ve deneyin ikinci aşamasına geçilir

Onun bu halini gören araştırmacılar deneyin ikinci aşamasına geçer.

Bu aşamada aradaki *cam bölme kaldırılır.* Artık köpekbalığı isterse küçük balığı yiyebilecektir. Önünde hiçbir engel yoktur! Çok da açtır!

Araştırma ekibi neler olacağını görmek için merakla beklemeye başlar. Şaşırma sırası bilim insanlarındadır. *Çünkü köpekbalığı küçük balığı yemek için hiçbir girişimde bulunmaz!* Büyük balık çok aç olmasına rağmen hiçbir hamle yapmaz.

Literatürde köpekbalığının içine düştüğü ruh haline *öğrenilmiş çaresizlik* denir. Öğrenilmiş çaresizlik, *defalarca denediği halde* istediği sonuca ulaşamayan bir canlının, bir sonraki denemede *başarısız olacağını beklemesinden dolayı, deneme cesaretini kaybedip* hiçbir şey yapmamasıdır.

Kaybeden olmak öğrenilmiştir

Biz bu yaşananlara *öğrenilmiş başarısızlık* da diyebiliriz. İnsan başarısız doğmaz, yaşadıklarından çıkardığı derslerle başarısız olmayı sonradan öğrenir.

Sürdürülebilir başarı gibi, *sürdürülebilir başarısızlık* da belirli bir bakış açısı gerektirir. Kaybeden olmanın bir kültürü, tecrübe tabanı, alışkanlıkları vardır ve kimse doğuştan bu bilgilere sahip değildir! Kazanan olmak gibi, kaybeden olmak da zamanla *öğrenilir.*

Köpekbalığı geçmişteki denemelerinde başarısız olunca, gelecekteki denemelerinde de *başarısız olacağını düşünmeye başladı.* Bu *başarısızlık beklentisi*, onun eylem kapasitesini felç etti. Atıl bir halde yaşamaya başladı. Tüm bunlar gösteriyor ki, *başarısızlığı kendimize sunma/açıklama biçimimiz, başarı kapasitemizi önemli ölçüde belirliyor.*

Hayat okulunda nihai yenilgi, deneme cesaretini kaybetmekle başlıyor.

Genellikle *başkalarının da cesaretini kırmaya çalışmakla* devam ediyor!

Biz babadan böyle gördük: "İtinayla" başarısız olmak öğretilir!

Şimdi bir düşünce egzersizi yapalım. Eğer deneyin sonunda akvaryumun içine köpekbalığının okuldan yeni gelmiş olan oğlu (ya da torunu) konulsaydı, aralarında nasıl bir diyalog geçerdi?

"Tecrübesiz" çocuk babasına seslenir: "Baba bak burada bir balık var, çok da açım, yakala da yiyelim."

Baba: "*Sakın o balığı yemeye kalkma, çarpılırsın! Yüzüne bir şey çarpar!*"

Çocuk: "Baba biz okulda gördük, o bizim yiyebileceğimiz balıklardanmış! Bak hem de sazan. Kafası da fazla çalışmaz bunun!"

Baba: "Evladım, büyük sözü dinle! Sen buralarda yenisin. Burası okul değil, orada anlatılanlar burada geçmez! Boşuna deneme, *o balık yenmiyor!"*

Çocuk: "Baba bu balığı annem olsa yakalardı! Neden korkuyorsun?"

Baba: *"Bu korku değil yavrum, tecrübe! Ben de eskiden senin gibi düşünüyordum, ama kafayı cama vura vura öğrendim hayatı. Benim yaşıma gelince sen de anlarsın!"*

Baba köpekbalığının kendi sınırlayıcı hayat dersini oğluna da öğretmeye çalışması tipik bir *öğretilmiş çaresizlik* örneğidir. Hayatta bazı şeyleri *bilmemek* avantaj olabiliyor! Özellikle başarısız insanlardan alınmış başarı derslerini!

Öğrenilmiş çaresizlik, insanın kafasını görünmez camlara vura vura öğrendiği, *duygusal yoğunluğu yüksek* deneyimlerden oluşur. "Acılı" başarısızlık derslerini unutmak ve tersini öğrenmek için güçlü bir *içsel çalışma* gerekir. İçimizdeki duygusal ve entelektüel enkazı kaldırma çalışması zaman, emek, destek, özen ve teknik bilgi gerektirir. İleride bu yöntemleri kapsamlı ve sistematik bir şekilde anlatacağım. Şimdi deneyden çıkarılacak dersler üzerinde biraz daha duralım.

İç engelleri aşamadan dış engeller aşılamaz

Bir hedefe yürürken iki tür engel(leyici) ile karşılaşırız: Dış engel(leyici)ler ve iç engel(leyici)ler. Örneğimizdeki cam bir dış engeldir; köpekbalığının "Ben asla o küçük balığı yiyemem" inancı ise iç engeldir.

Engellerin yapısıyla ilgili üç kritik noktayı bilmek gerekir:

1. *Dış engelleri aşmak için önce iç engelleri aşmak gerekir.* Fiziksel engelleri aşabilmek için önce zihinsel engelleri aşmak gerekir. İçinizde başaramadığınızı dışınızda da başaramazsınız. İç bariyerlerini aşamayanlar dış engelleri aşmayı çoğu kez denemez bile. Çünkü *kendi içlerinde tutuklu* kalırlar.

2. *İçimizdeki engeller daha tehlikelidir, çünkü onları göremeyiz.* Deneydeki hayvanlar bir dış engel olan camı göremez. İnsanlar ise dış engelleri iyi görebildikleri halde genellikle iç engellerini göremez. *İnsanların dış engelleri aşmasını zorlaştıran iç engelleridir, ama iç engellerini göremedikleri için dış engelleri suçlarlar!* Genellikle dışadönük yaşadığımız için, önümüzdeki engelleri içimizdekilerden daha net görürüz. *Neyi göremediğini görmek*, akıllanmanın başlangıcıdır! Bu kitap aracılığıyla *zihinsel bariyerlerinizi* keşfedebilirseniz, güçlü bir başlangıç noktası yakalarsınız. Kafanızın içinde olup da aklınızın hareketlerini kısıtlayan cam bölmeler neler?
3. *Dış engeller kendiliğinden ortadan kalkabilir, ama iç engelleri sizin aktif ve titiz bir çabayla içinizden/zihninizden silmeniz gerekir.* Çevremizdeki dış engeller, hızlı toplumsal değişim nedeniyle *kendiliğinden* ortadan kalkabilir, ama iç engellerimiz ancak bizim *farkındalığımız* ve *çabamızla* beynimizden silinebilir. *İç engeller, evin içindeki çöp gibidir, belediye onu gelip mutfaktan alamaz!* İç engellerinizin ortadan kaldırılmasını devletten beklememelisiniz! İç dünyanızda kontrol sizde olduğundan *bilinçli ya da bilinçsiz izniniz olmadan* büyük değişiklikler olmaz.

Kısacası, *sınırlayıcı iç inançlar, engelleyici dış şartlardan daha çok etkiler bizi*. Limitleri *şartlardan çok*, *zihin* koyar. Yapılamazlık çoğu kez *sınırlayıcı bir önyargıdır*. Aynı şartlarda yaşayan, aynı imkân(-sızlık)lara sahip kişilerden bazılarının çok başarılı, bazılarının ortalama, bazılarının çok başarısız olabilmesi bunun bir kanıtıdır.

Köpekbalığının yaşadıkları bize *engellenmişlik hissinin gücünü* gösteriyor. Hedefine ulaşması engellenen bir canlının, kendi içinde ürettiği bazı düşüncelerle *kendini iyice sabote edip hiçbir şey başaramaz hale gelişini* anlatıyor. Bu durumun temel nedeni, *hatalı zihin haritaları* üretip kullanmaktır.

Arazi değiştikçe zihindeki haritayı güncellemek gerekir

Dil psikolojisiyle ilgilenenler dış dünyayı araziye, iç dünyayı ise haritaya benzetirler. Hayat, aşk, insanlar ve başarı hakkındaki *düşüncelerimiz birer haritadır.* Bizler hayat arazisinde, *doğru zihin haritaları kullanarak* yol alırız ya da yanlış haritalarla yolda kalırız. Haritalarımız iç *gerçekliğimizdir.*

Akıllı insanlar, haritalarını araziye uydurma eğilimindedir. *Deliler ve dâhiler ise, ellerindeki haritaya göre araziyi şekillendirmeye çalışırlar!* Eğer siz de haritaya göre araziyi biçimlendirmeye çalışıyorsanız ve dâhi değilseniz... Gerisini anladınız![2]

Deneyin birinci aşamasında köpekbalığı avını *gerçekten* yiyemeyecek durumdaydı. İkinci aşamada cam kaldırılınca küçük balık yenilebilir duruma geldi. *Akvaryum içindeki arazi şartları (fiziksel/doğal gerçeklik) değiştiği halde, köpekbalığının kafasının içindeki düşünce haritası (zihinsel/algısal gerçeklik) değişmedi.* Köpekbalığının inançları akvaryumun gerçeğine uymadığı için sonuçta kaybetti. Bu duruma *dinozorlaşma süreci* diyebiliriz!

Eğer iç inançlarınız dış gerçeklere uymuyorsa *düşüncelerinizin son kullanma tarihi geçmiş* demektir. Köpekbalığının en büyük hatası, *arazi değiştiği halde zihin haritasını güncellememesiydi. Öğrenmek, kendini güncellemektir.* Akıllı telefon ve bilgisayarlarınızı sık sık "update" ediyorsunuz; peki, *beyninizi hangi sıklıkla güncelliyorsunuz?*

Günümüzün hızlı değişim ortamında, arazi sık sık yenilendiği için, *başarı ve başarısızlık derslerinin son kullanma tarihi hızla kısalıyor.* Bu da, hayat boyu öğrenmeyi tercih olmaktan çıkarıp mecburiyet haline getiriyor.

Peki, bu durumda nasıl düşünmeliyiz?

Her sabah dünya yeniden kurulur! Her sabah şartlar yeniden oluşur. Her gece kader ihtimalleri yeniden düzenler. Dün yapılamayan bugün yapılabilir hale gelebilir. Bugün mümkün olan yarın olmayabilir. Her gün yeniden ihtimallere "yoklama çekmek" gerekir.

İnancı varken imkânı yok, imkânı varken inancı yok

İdealist bir insan için bu köpekbalığının hayatından çıkarılacak en önemli derslerden biri *inanç ile imkân ilişkisidir.*

Deneyin birinci etabında, köpekbalığının küçük balığı yiyebileceğine *inancı* vardı, ama *imkânı* yoktu. İkinci etapta ise *imkânı* vardı, ama *inancı* yoktu.

Gençlik yıllarımızda büyük işler yapabileceğimize inancımız vardır, ama imkânımız (para, yetki, tanıdık, şirket vs) yoktur. Zamanla imkânlarımız artar, çeşitlenir, ama bu defa başarı isteğimiz ve başarabilirim inancımız zayıflamıştır.

Görkemli ve sürdürülebilir başarı için inanç ve imkânın doğru zamanda, doğru yerde, doğru kişide buluşması gerekir. Bunun kendiliğinden olmasını bekleyemeyiz; *doğru yerde pozisyon alıp, yapılması gerekeni yaparak, olması gerekeni oldurmalıyız.*

Deneyen kaybedebilir, ama denemeyen "hükmen" yenilmiştir

Bu deney özünde *deneme cesaretini kaybetmenin sonuçlarını* gösteriyor. Köpekbalığı bir sonraki denemede başarısız olacağına inandığı için çabalamayı bıraktı. Kendini daha fazla hayal kırıklığına uğratmak istemedi!

Fakat unuttuğu bir şey vardı: *Denediğiniz zaman kazanabilir ya da kaybedebilirsiniz, ama denemediğinizde hükmen yenik sayılırsınız!* Buna literatürde *piyango kuralı* denir. Piyango bileti aldığınızda büyük ikramiye size çıkabilir ya da çıkmayabilir, ama *bilet almadığınızda kesinlikle size çıkmaz!*

Çoğumuz kaybetme korkusuyla bir daha denemiyoruz, ama denememenin de bir maliyetinin olduğunu unutuyoruz. *Uzun vadede hiçbir şey yapmamanın kaybettirdikleri, bir şeyler yaparak kaybedilenlerden daha fazladır. Özellikle de kaybedecek pek bir şeyi olmayanlar için!*

Burada önerdiğim şey, *denemek için denemek* değildir. Başarı denemelerine amaçlı, planlı ve sistematik bir şekilde girişmek gerekir. Deneme, kör bir cesaretle de yapılmamalıdır. Bir Afrika deyişiyle, "*insan bulanık bir suyun derinliğini iki ayağıyla içine atlayarak ölçmeye kalkmamalıdır!*" Sürekli kendini analiz ederek; hedef, yetenek, donanım ve çevre şartlarına göre *neyin mümkün olup neyin olmadığını* keşfetmek gerekiyor. Bilinçli başarı bunu gerektirir.

Karakterinize uyan bir kariyer seçip, sınırsız sayıda denemeyi göze alabildikten sonra başaramayacağınız çok az şey vardır. Başarı türlerinin büyük çoğunluğu özel yetenek değil, *tutkulu çaba*, *sistematik akıl* ve *istikrarlı gayret* üzerine kuruludur.

Bu deney bize önemli bir noktayı daha gösteriyor: *Ödül yoksa emek de yoktur!* Düzenli ödül, *sürdürülebilir çalışmanın* gereğidir. Çabasının karşılığını alamayan balık, *ödülsüz çabayı* sürdürmemiştir. (Bu kısmı zam isteme döneminde patronunuza okutabilirsiniz!)

Kontrol kaybının zamanla kötümser bir kaderciliğe dönüşmemesine dikkat etmek gerekir. Mehmet Âkif, "*Atiyi [geleceği] karanlık görerek azmi bırakmak, alçak bir ölüm varsa, eminim budur ancak*" diyordu. Birçok insan hayat şartlarını ve olayları kontrol edemediğini görünce kendini *olayların akışına bırakmaya* başlar. *Bu tutum ironik bir şekilde, hayatlarını olayların daha fazla etkileyebileceği bir hale getirir.*

Kendini olayların akışına bırakanlara küçük bir hatırlatma:

"*Sadece ölü balıklar tamamen dalgaların götürdüğü yere giderler!*"

Sizin kafanızı cama çarptıkça deneme cesaretinizi kaybettiğiniz şeyler neler?

Şimdi kendi korkularınızı keşfetme ve itiraf etme zamanı! Sizin *köpekbalığı gibi "kafanızı çarparak" öğrendiğiniz sınırlayıcı hayat dersleri neler?* Hepimizin *zihinsel arşiv kayıtlarında* farklı öğrenilmiş çaresizlik dersleri bulunur. Hatta bazılarımızın hayatı, *öğrenilmiş çaresizlikler antolojisi* gibidir!

İşte farklı kesimlerden farklı kesitlerle, gündelik hayatımızdan çaresizlik örneklerimiz:

Yabancı dil kursuna yeni başlamışızdır. Yeni kelime ve kuralları heyecanla öğreniriz, ama kısa sürede unuturuz. Bir daha ezberleriz, bir daha unuturuz! Sonunda, "Bu dil kafama girmiyor," diyerek, çaresizlik marşını söylemeye başlarız! Bu aşamayı geçenlerin bazıları da ilk iki ayda öğrendiği birkaç kelimeyle *The New York Times*'ın o güzelim hafta sonu ekini okumaya kalkar. Hiçbir şey anlamayınca, "Yok, ben bunu yapamıyorum!" diyerek bunalıma girer!

Genç çiftimiz yeni evlenmiştir. Kadın hemen kocasını *kafasındaki ideal erkek modeline göre yeniden biçimlendirmek* için harekete geçer! Çaktırmadan kocasına format atacak, onu *Ortadoğu ve Balkanların örnek kocası* yapacaktır! Ona ev işlerine yardım etmesini, mutfakta salatadan daha fazlasını yapmasını ve romantik olup özel günlerinde hediyeler almasını öğretecektir. Kadın, "maçoyu modernleştirme projesi" için uzun süre uğraşır, ama karşısındaki "taş fırın erkeği"nin cansiperane direnişiyle zamanla pes eder. Sonunda talihine küsüp onu "olduğu gibi" kabul eder!

Çoğu kişinin iş hayatını düzenleme çabası da öğrenilmiş çaresizlikle biter. Her yılbaşında irade gücümüzü daha fazla kullanmaya, kariyerimize odaklanmaya, daha düzenli yaşamaya, daha çok kitap okumaya, tasarruf etmeye vs karar veririz. Yalan yok, birkaç kez aldığımız kararlara uyduğumuz da görülür. Ama bir süre sonra iç disiplinimiz çözülür, kararlarımız unutulur, ortalama ayarlarımıza geri döneriz.

Bazen fazla kilolardan kurtulmuş halimizi hayal eder, sıkı bir rejim kararı alırız. Çoğumuz kararı aldığıyla kalır, rejime hiç başlamaz. Bazılarımız birkaç gün diyet yapar, sonuç istediği gibi olmayınca başka bir diyete geçer. Yine ilerleme olmayınca, *niyetsizliğini* değil *diyetisyenleri* suçlar. "İşe yaramıyorlar, para tuzağı bunlar, ot yemekle kilo verilseydi bizonlar zayıf olurdu!" diye söylenerek eski düzene devam eder.

İşsiz kalınca iş aramaya karar veririz. Yedinci görüşmeden de istediğimiz sonuç çıkmayınca *hemen olayı, değiştirilmesi kendi elimizde olmayan* makro nedenlere bağlarız. Küresel ekonomik krizi suçlar, "Ülkede yüzde 10 işsizlik var!" deriz. Yüzde 10'un işsiz olduğu doğrudur, ama geriye kalanların bir iş bulabildiği de doğrudur!

Bazılarımız üniversite öğrencisiyken harçlığımızı çıkarmak için kapıdan kapıya pazarlamacılık yaparız. Elimize bir ürün verirler, randevulu görüşmelere gideriz. Üçüncü, beşinci, yedinci ret cevabından sonra "*Millet bu malı almıyor kardeşim!*" der, satıcılık kariyerimizde jübile yaparız. Oysa aynı şirketteki başka bir satıcı aynı üründen sürekli satmaktadır. O "ayın elemanı" ödülünü alırken, biz de içten içe gıcık oluruz! Biz yapamadıysak o iş "yapılamaz"dır, *o arkadaş da yapamamalıdır!*

Birçoğumuzun hayatının aşkını arama serüveni de genellikle trajikomik bir seyir izler. Tutkulu bir aşkın hayatımızı baştan aşağı değiştireceğine inanmışızdır. *Kendini geliştirme, kariyer, başarı gibi şeylerle uğraşıp yorulacağımıza, sadece bir aşkla tüm bunların verdiğinden daha büyük bir mutluluğu yakalamak isteriz!* Öpünce prens olacağını sandığımız kişiler gerçek kurbağa çıkar! Tetris oynar gibi, *hayatımızdaki eksikleri tamamlayacak doğru parçanın* gelmesini bekler dururuz! Ya hiç gelmez ya da gelir, ama biz umutsuzluktan başımızı çevirdiğimiz için onu göremeyiz. Zamanla kısmet teorilerine sığınır; yeni sevgilimiz, eski sevgilimizin yeni sevgilisi, yeni sevgilimizin eski sevgilisi arasında geçen küçük kıskançlıklarla oyalanır dururuz.

Neyse ki, öğrenilmiş çaresizlik kaçınılmaz bir kader değil, aşılabilir bir zihinsel durumdur. Bizim nasıl düşünmemiz gerektiğini ileride ele alacağız, peki köpekbalığı nasıl düşünmeliydi? Sürekli kafasını cama çarpmaya devam etseydi *bilim insanları cam bölmeyi hiç kaldırmayabilirdi!*

Hayatta ne zaman yer değiştirmek, ne zaman kendini yenilemek gerekir?

Neyse ki, bizler köpekbalığı gibi, *yaptığımız her harekete karşı anında koşulların yeniden düzenlendiği* deneysel bir ortamda değiliz. Evren bizimle oyun oynamıyor! Ayrıca bizde bilinç denilen *entelektüel bir radar* var. Bilincimizle başarı labirentinin üstüne çıkıp oyunun kurallarını çok hızlı bir şekilde çözebiliriz.

Köpekbalığının durumuna düşmemek için başarı radarını hep açık tutmak; içimizde ve dışımızda nelerin değişip nelerin aynı kaldığını keskin ve kesintisiz bir şekilde takip etmek gerekir.

Eğer dış şartlar ve/veya iç şartlar değiştiyse yeniden denemek iyi bir fikirdir. Yeni bilgi ve beceriler öğrendikçe, yeni duygu ve düşünceler geliştirdikçe *iç şartlar* değişmiştir. Çevremizdeki insanlar, imkânlar ve durumlar değiştiyse *dış şartlar* değişmiştir. Hayat iç şartlar ile dış şartların, *mecburiyetler ile mümkünlerin olasılık hesapları* üzerine kuruludur. Tüm bunları gözlemleyerek, ne zaman tutulan dalı bırakıp bir başka dala atlamak gerektiğine karar vermek gerekir.

O halde, defalarca denediğiniz halde başarısız olduğunuz bir konuda periyodik olarak kendinize şu üç soruyu sorabilirsiniz:

1. Bende değişen bir şey var mı?
2. Çevremdeki şartlarda değişen bir şey var mı?
3. Hedeflediğim şeyin kendisinde bir değişiklik var mı?

Sizin içinizde, çevrenizde veya hedeflediğiniz şeyde bir değişiklik varsa hemen bir daha şansınızı deneyebilirsiniz. Kendinizde değişiklik yapmanın tamamen size bağlı olduğunu unutmayın. Siz kendinizi geliştirdikçe şartlar değişecektir.

Hayat oyununun en zorlu sorularından biri bu konudadır: *Ne zaman azimle şartları zorlamalı, ne zaman sabırla beklemeli, ne zaman yer değiştirmeli, ne zaman kendimizi geliştirmeliyiz?* Bu, çok kapsamlı ve kişisel bir durumdur. Dışarıdan verilebilecek tek bir doğru cevabı da yoktur. Ne yapılabileceğine *içinizdeki güçler, önü-*

nüzdeki şartlar ve aklınızdaki seçeneklerle birlikte siz karar vermelisiniz. Benim bu kitapla yapacağım şey, size bu tür durumları değerlendirirken kullanabileceğiniz *işe yarar analiz araçları* vermektir. Kitapta başarı üzerine birçok ayrım ve analiz araçları bulacaksınız.

Peki dış şartlarda hiçbir değişiklik yoksa ne yapmalı? Hayat dinamik stratejiler ister. Bazen çıkış butonuna basıp *seçeneklerinizi daraltan o ortamdan ve oyundan çıkmak* iyi bir fikir olabilir. Kısır çekişmelerin ötesine geçip, başka bir oyunda kazanabilmek için mevcut durumdan çıkmak akıllıca bir manevra olabilir. *Kazanacağınız oyunu siz seçmelisiniz!*

Bu bölümde insanın kişisel *başarı cennetine ulaşması engellendiğinde* neler olduğunu anlattım. Bir sonraki bölümde insanların *başarısızlık cehenneminden neden kaç(a)madığına* göz atacağız. Sayfayı çevirirken düşünün: *Bir insan kaybetmeyi nasıl kanıksar?*

KAYBETMEYİ KABULLENMEK: İSTEMEDİĞİMİZ ŞEYLERE NEDEN KATLANIYORUZ?

İnsanın hayat mücadelesinin iki yönü vardır: Cenneti *arayış* ve cehennemden *kaçış*. Ya ideal bir durumu *arıyoruzdur* ya da berbat bir şeyden *kaçıyoruzdur*. Ya *istediklerimize yaklaşmaya* çalışırız ya da *istemediklerimizden uzaklaşmaya*. Acıdan kaçmaya, mutluluk veren şeylere yaklaşmaya programlı bir içgüdüyle doğarız.

Bir önceki bölümde, *istenen bir hedefe ulaşmamız engellenince* iç dünyamızda neler olduğunu öğrendik. Peki bir insanın *istemediği durumlardan kaçması engellenince* neler yaşanır?

Gazetelerdeki üçüncü sayfa haberlerini bir düşünün. Neden bazı insanlar hayatlarını mahveden kişi, yer ve ilişkilere bu kadar uzun süre katlanıyor? İnsanların yıkıcı tavır ve durumlara karşı *aktif bir direnç* göstermek yerine *pasif bir yılgınlıkla örtülü rıza göstermesinin* nedeni ne olabilir? Gerçekten çaresiz olmaları mı, yoksa çaresiz olduklarını sanmaları mı?

Bu insanlar içine kapatıldıkları kafesten çıkamadıkları için mi, yoksa kafeslerini kafalarının içinden çıkaramadıkları için mi *kişisel kurtuluş savaşlarını* başlat(a)mıyorlar? Bu bölümde konumuz, kapısı açık kafesi terk etmeyenler!

Elektrik şokları ve acıdan kaçış çabası

1960'lı yılların ortalarında Amerikalı profesör Martin Seligman ve arkadaşları, literatürde çığır açan bir deney tasarladılar.

Deneyde, bir kabinin içerisine yerleştirilmiş köpeklere zararsız, ama rahatsız edici elektrik şoku verilerek *acıdan kaçma davranışları* incelenecekti. Bunun için 24 tane köpek seçilip üç gruba ayrıldı.

Birinci gruptaki köpeklere acıdan kaçma imkânları olduğu için "kaçış grubu" [escape group] adı verildi. Bunların kabininde bir buton vardı ve köpekler burunlarıyla dokunduklarında elektrik şokunu kesebiliyorlardı.

İkinci grupta ise "çaresizler" bulunuyordu. "*Boyunduruk grubu*" [*yoked group*] adı verilen bu köpeklere, kaçış grubuyla bire bir aynı elektrik şoku veriliyordu, ama *kabinlerindeki butona bastıklarında şok kesilmiyordu.*

Üçüncü gruptaki köpekler ise, herhangi bir şoka maruz kalmayan, *kontrol grubuydu.* Diğer köpeklerdeki değişim, hiçbir deneye maruz kalmamış bu köpeklere bakılarak yorumlanacaktı.

Köpekler grup halinde değil, *teker teker* kabinlere yerleştirilerek deney yapıldı.

Deneyin birinci aşamasında, ilk iki grubun kabinine aynı anda 64 şok verildi. Eğer 30 saniye içinde düğmeye basılmazsa elektrik kendiliğinden kesiliyordu.

Elektrik şokunu kesme imkânına sahip olan kaçış grubundakiler, *düğmeye basmayı hızla öğrendi ve gittikçe daha kısa sürede basmayı başardı.*

Çaresizler grubundakiler düğmeye bassalar da elektrik kesilmeyince, *birkaç denemeden sonra düğmeye basmaktan vazgeçtiler.*

Şartlar değiştiği halde düşünceler aynı kalınca...

Birinci aşamanın sonuçları ortaya çıktıktan 24 saat sonra deneyin ikinci aşamasına geçildi.

Araştırmacılar bu defa köpekleri *iki bölmeye ayrılmış* olan yeni bir kulübeye götürdüler. Kulübenin *elektrik verilebilen ilk bölmesine* konulan köpekler, şok verildiğinde küçük bir çitin üzerinden atlayarak *rahat ve güvenli bölgeye* geçebiliyordu.

Bu aşamada köpeklere onarlı seriler halinde elektrik şoku veriliyordu. Köpeklerin bu denemelerin herhangi birinde *çitin üstünden atlayarak şoktan kurtulacakları* umuluyordu.

Ayrıca köpeklere şoktan bir dakika önce *ayırt edici uyarıcı* olarak (kaçış sinyali) ışık veriliyordu. Küçük bir çabayla, çitin üstünden atlayıp kaçan köpekler acıdan kurtulabiliyordu.

Deneyin sonuç raporuna göre; *ilk aşamada şoku kesme imkânı olan kaçış grubu ve hiçbir şok uygulanmayan kontrol grubu, ikinci aşamadaki şoktan kurtulmakta hemen hemen aynı başarıyı gösterirken, çaresizler grubu önemli ölçüde diğerlerinin gerisinde kaldı.*

Çaresizler grubu, canlarını yakan bu istenmedik durumdan kurtulmakta (kaçışta) büyük oranda *başarısız* olmuştu. Bu gruptaki *8 köpeğin 6'sı* çitin üzerinden atlayıp elektriksiz alana geç(e)medi. Elektrik şoku verildiğinde kaçmak yerine, oldukları yere yatarak beklemeyi tercih ettiler. Adeta enerjilerini acıdan *kaçmak* yerine *acıya katlanmaya* harcıyorlardı!

Bu gruptaki köpeklerin yüzde 75'i neredeyse karşıya hiç atlayamıyor, yüzde 62'si ise yedi gün geçmesine rağmen hâlâ başarısızlıklarını sürdürüyordu. *Bir hafta sonra bile bu 8 köpeğin 5'i karşıya atlamayı beceremedi.*

Seligman ve arkadaşlarına göre, deneyin sonuçları, ikinci gruptaki köpeklerin *çaresiz olmayı öğrendiklerine* işaret ediyordu.

Araştırma sonuçlarını yorumlamadan önce bu deneyin *hayattaki karşılığı* üzerine biraz düşünelim mi? Sizin hayatınızdaki benzer durumlar neler? Hayatınızın size acı veren *elektrikli alanları* nereler? Kendinizi toplayıp *çitin öteki tarafına atlamaya cesaret edemediğiniz* durumlar neler? Hangi konularda enerjinizi *bir şeyleri değiştirmek* yerine *bir şeylere katlanmaya* harcıyorsunuz?

Kendi kredi notumuzu yüksek tutmak: "Başın öne eğilmesin!"

Bu deneyden sonra Martin Seligman ve S. Maier, *Öğrenilmiş Çaresizlik* teorisini ortaya atıp geliştirmeye başladılar. Bu deney psikoloji literatüründe *devrimci değişiklikler* yapmış, *bilişsel terapinin davranışçı terapiye üstünlük* kurmasına katkıda bulunmuştur.

Seligman teorisini şöyle özetler: *"Ne zaman ki, bir kişi yaptığı hiçbir şeyin bir fark yaratamayacağına inanırsa, çaresizliği ve hiçbir şey yapmamayı öğrenecektir."*

Öğrenilmiş çaresizlik psikolojisinde üç kritik nokta bulunur. Birincisi, *yaptıklarının sonuca hiç etki etmediğini* (eylem ile sonuç arasındaki bağlantısızlık) düşünmektir. İkincisi, bu sonucun *benzer durumlarda da geçerli olacağına* (genelleme) inanmaktır. Üçüncüsü, yaşananların *gelecekte de aynen devam edeceğini* (başarısızlık beklentisi) düşünmektir. Buraya kadar anlattığımız deneylerin ikinci aşaması, *eski inanışların yeni koşullara taşınmasının sonuçlarını* gösterir. İkinci aşamadaki başarısızlıklar; *davranış ile sonuç arasındaki bağlantısızlık inancı*, *benzer durumlara genelleme eğilimi* ve *geleceğe yönlendirilmiş başarısızlık beklentisinin* sonucudur.

Daha önce söylediğim gibi, öğrenilmiş çaresizlik özünde *bir daha deneme cesaretini* kaybetmektir. İlk denemelerden çıkan olumsuz sonuçları, *kendini sınırlayacak şekilde yanlış yorumlamaktır.*

Öğrenilmiş çaresizliğin en tehlikeli sonuçlarından biri, *kişinin kendi gözündeki değerini* tehdit etmesidir. Birkaç denemede başarısız olunca, uluslararası derecelendirme şirketlerinin ülkeler için yaptığı gibi, *kendi gözümüzdeki "kredi notumuzu" düşürmeye* başlarız. Bu da hayat mücadelesinde gözümüzü korkak alıştırır, özgüven ve cesaretimizi zayıflatır.

İnsan deneyleri:
Çaresizlik deneyleri insanlar için de geçerli midir?

Öğrenilmiş çaresizlik ile ilgili balıklar, fareler ve kediler üzerinde yapılan birçok deneyde benzer sonuçlar ortaya çıkmıştır. Bazı kişiler, hayvan deneylerinin insanlar için geçerli olamayabileceğini, insanların başlarına gelen *olayları yorumlama becerilerinin farklı olduğunu* söylemiştir. Bunun üzerine ilk olarak Japon asıllı Amerikalı akademisyen Donald Hiroto, 1974 yılında *benzer bir deney modelini insanlara uygulayarak, "Çaresizlik insanlara öğretilebilir mi?" sorusunun cevabını test etmiştir.*

Hiroto, köpekler üzerinde yapılan araştırmaya benzer şekilde *iki aşamalı* ve *üç gruba ayrılmış deneklerin kullanıldığı* bir deney tasarlamıştır.

Birinci ve ikinci grubun bulunduğu yere *yüksek derecede gürültülü bir yayının* verilmesine, kontrol grubunun odasına ise, rahatsız edici ses verilmemesine karar verilmiştir.

Birinci gruptakiler (kaçış grubu) uzaktan kumanda aletine benzer bir panelin *düğmelerine doğru sırayla bastıklarında* gürültü kesilmektedir. İkinci grupta ise (çaresizler grubu) paneldeki düğmelere hangi şekilde basılırsa basılsın *gürültü kesilmemektedir.* Gürültü yayını başladığında ilk gruptakiler hızla doğru tuşları bularak gürültüyü kesmiştir. İkinci gruptakiler çabalamalarına rağmen sonuç alamayınca *bir süre sonra çaba göstermeyi bırakmıştır.*

Deneyin ikinci aşamasında, denekler yeni bir odaya alınır. Yine şiddetli bir gürültü yayını başlatılır. Bu defa sinir bozucu müziği kesmek için tek yapmaları gereken, ellerini bir kutunun sağ tarafından sol tarafına koymaktır.

Kontrol ve kaçış grubu, kısa sürede bu çözümü bulurken, *çaresizler grubunun hiç uğraşmadığı gözlenir.* Rahatsız edici sesi kapatmak için kollarını oynatmazlar! Hiroto'ya göre, *zaman ve mekân değiştiği halde* sesi kesmek için hiçbir şey yapmamaları, *onların yakın geçmişteki çaresizlik deneyimini yeni şartlara taşımasından dolayıdır.*

Bu ilk deney ve devamında yapılan yüzlerce araştırma, öğrenilmiş çaresizlik kuramının *insanlar için de geçerli olduğunu* kanıtlamıştır.

Hayat üniversitesi, çaresizlik fakültesi: Mücadele gücünü çökertme eğitimi!

Seligman ve arkadaşlarının çaresizler grubundaki köpeklere kurduğu *psikolojik tuzak* neydi?

Deneklere birinci aşamada elektrik şoku verilirken, bununla başa çıkmalarını sağlayacak *hiçbir yol* bırakılmadı. Onlara *hayatlarını etkileyen*, ama *engellenmesi kendi ellerinde olmayan* acı verici bir durum yaşatıldı. Çabalarının sonucu değiştiremeyeceği düşündürülerek, *mücadele güçleri ve "başarabilirim" duyguları* çökertildi. Rahatsız edici durumdan kurtulmak için hiçbir çözüm bulamayan köpekler, enerjilerini *acıdan kaçmak* yerine ona *katlanmaya* harcamaya başladılar. Çözüm aramak yerine *sorunla yaşamayı öğrendiler.* Bu bir *çaresizleştirme eğitimiydi!*

Bu eğitimin tersine ise *psikolojik güçlendirme ve pozitif başarı eğitimi* denir. Birtakım pilot uygulamalarla insanlara *güçlendirici başarı deneyimi yaşatmanın*, insanların özgüvenlerini, motivasyonlarını ve benlik saygılarını artırdığı, bunun da *başarı performansını yükselttiği* bilimsel olarak kanıtlanmıştır. Özellikle çocuklar ve gençlerin iç dünyasında, *güçlü bir başarı anısının, deneyiminin ve kaydının olması* çok önemlidir. Bunu *yaşayarak öğrenmeleri* idealdir, ama *seyretmeleri bile* fark yaratır. İngiltere'de her yıl yapılan Wimbledon Tenis Turnuvası'nı izleyen genç sporcuların *birkaç hafta boyunca performanslarında yükseliş olduğu* araştırmalarla doğrulanmıştır. Spor psikolojisinde bu duruma *Wimbledon etkisi* denilmektedir.

Deneydeki kritik noktalardan biri, köpeklerin yaşadıkları çaresizlik durumunun kaynağına dair *mantıklı bir açıklama* bulamayışlarıdır. *Köpekler çektikleri acıyı, yaptıkları ya da yapmadıkları bir şeye bağlayamıyordu.* Deneyin ilk aşamasında *kaçsalar da, yatsalar da* hiçbir şey değişmiyordu! Çektikleri acının *mantıklı ve anlamlı bir açıklamasını* bulamayışları, onları boşluk duygusuna, çaresizliğe ve eylemsizliğe götürdü.

Bir seçime dayanan, *amaçlı ve anlamlı acılar insanı onurlandırır*. İnsana dayanma gücü verir. Kendi seçimi olmayan *anlamsız ve amaçsız bir acıya katlanmak*, insan ruhunda *Kafkaesk bir kasvet* yaratacaktır. Bu da hayatta bir amaç sahibi olmanın önemini gösterir. *Amaçsızlık acının şiddetini artırır, amaç acıyı anlamlı ve katlanılabilir kılar.*

Politik propaganda yoluyla toplumlarda *çaresizlik algısı* ve *pasiflik psikolojisi* oluşturulabilir. Kitleleri koyunlaştırmanın en etkili yolu, öğrenilmiş çaresizlik psikolojisini yaygınlaştırmaktır. Bu yol bazı insanlarda işe yarar, ama bazılarında ters teper. Karanlık çoğaltıldıkça, *ışığını içinden alan yeryüzü yıldızları* parlamaya başlar! Baskılar, bu insanların direniş eğilimini güçlendirir. İnsanlık tarihi görkemli fatihler kadar, onurlu büyük direnişçiler tarafından da yazılmıştır. Büyük İskender *fethedişin* sembolüyse, *Che Guevara* da *direnişin* ikonudur.

Sahte çaresizlik ve gerçek çaresizlik

Hepimizin bazen maruz kaldığı gerçek çaresizlikler ile öğrenilmiş çaresizlik bire bir aynı şey değildir. Gerçekte tam olarak çaresiz durumda olmadığımız halde, geçmişteki hayal kırıklıklarımızdan çıkardığımız *sınırlayıcı önyargıların* ve *abartılı genellemelerin* etkisiyle çaresiz olduğumuzu *sanıp*, çözebileceğimiz bir sorunu çözmek için hiçbir şey yapmadığımızda *sahte çaresizlik* yaşıyoruz demektir.

Öğrenilmiş çaresizlik ile ilgili anlattığım deneylerin birinci aşamasında *gerçek çaresizlik*, ikinci aşamasında *sahte çaresizlik* durumu söz konusudur. Bu çok kritik bir noktadır. Çaresiz olduğunuzu *düşünerek* algılarınızı kapattığınız için, *çözüme götüren bir yol olduğu halde onu göremiyorsanız* bu "*sahte* çaresizlik"tir. Çaresizlik duygusu yaşayanlara terapistlerinin yönelttiği ilk soru şudur: "*Ger-*

çekten çaresiz durumda mısınız, yoksa çaresiz olduğunuzu mu düşünüyorsunuz?"

Algılanan çaresizlik ile *gerçek çaresizliği* duru bir zihinle ayırmak gerekir. Neyin sahte, neyin gerçek çaresizlik olduğunu zorluklarla boğuşurken ayırmak kolay olmayabilir. Şair Fuzûli'nin deyişiyle, *"Akıntıya kapılan, kıyıyı yürür sanır!"*

Hatalı mantık yürüterek çaresizlik algısını oluşturan da, bunu düzeltecek olan da beynimiz. *Beynimizi çıkarıp yerine başka bir beyin takamayacağımıza göre, onu çalıştırma şeklimizi değiştirmeliyiz.* Einstein'ın da sık sık vurguladığı gibi, her zaman kullandığımız mantık yürütme biçiminden dolayı yaşadığımız sorunları, ancak *o mantık kalıbının dışına çıkarak* çözebiliriz. Beyin kendi yarattığı bir sorunu, eğer *daha iyi bir seviyede ve daha farklı bir şekilde* çalıştırılırsa çözebilir!

Tıkalı olan yolumuz mu, aklımız mı?

İnsan zihni herhangi bir problemi çözmeye çalışırken bildiği (algıladığı) seçenekler içerisinden en iyisini seçer. Peki ya var olan, ama algılanmamış seçenekler?

Çoğu durumda çaresizlik *çıkış yolunun kapalı oluşundan* değil, *kapalı akıl nedeniyle açık seçeneklerin görülememesinden* kaynaklanır. *Tıkanıklık genellikle dışımızda değil içimizde, yolumuzda değil aklımızda, ayaklarımızda değil kafamızdadır.* Problemler çözümü görememekten doğar.

Ne demek istediğimi anlatan güzel bir hikâye var.

Yaşlı adam hapisteki oğluna mektup yazar: "Patates ekmek için tarlanın kazılması gerekiyor. Yaşlı ve hastayım, yapamıyorum. *Yanımda olsaydın, ne iyi olurdu..."*

Oğlu mektubu okur, hüzünlenir, ama hapistedir. Bu *gerçek çaresizlik* durumunda yapılacak bir şey yok gibi görünmektedir.

Neyse ki, genç adam bizim gibi düşünmez. Hemen babasına cevap yazar: *"Baba, sakın tarlayı kazma, cesetleri oraya gömdüm!"*

Polis cezaevi mektubunu okuyunca hemen harekete geçer, kanıtları bulmak için tarlayı baştan sona kazar, fakat bir şey bulamaz!

Birkaç gün sonra yaşlı adam oğlundan bir mektup daha alır: "*Baba, bu şartlarda elimden gelenin en iyisini yaptım!*"

Aşılamaz görülen engelleri *zekâ* ve *farklı düşünmenin* gücüyle aşmak, *yaratıcı başarı* tarzıdır. *Yaratıcı başarı eldeki imkânlara bağlı olmadığı için, sınırlı imkânlarla sınırları zorlayan sonuçlar aldırabilir.* Hiçbir şeyiniz yoksa, önünüzdeki engeller de çoksa, zekânız tek sermayenizdir. Sıfırdan zirveye miras değil *akıl teriyle* yükselmiş insanlara iyi bakın, *başlangıçta tek sermayeleri beyinleridir!*

Çok sayıda öğrenilmiş çaresizlik örneğini anlatmamın nedeni, içinizdeki *gizli çaresizlik çevrimlerini* her açıdan görebilmenizi sağlamak. Başarı ve başarısızlığın *içimizdeki mekanizmasını* anlamak için *detay hâkimiyeti* çok önemlidir. Ayrıntısını iyi bilmediğiniz bir şeyi tam anlayamazsınız, anlayamadığınız şeyi kontrol edemezsiniz, kontrol edemediğiniz şeyi yönetemezsiniz, *yönetemediğiniz şey ise sizi yönetir!*

Korkunun kendisi mi, korkulan şey mi daha fazla zarar verir?

Öğrenilmiş çaresizlik, *öğrenme ile korku arasındaki ilişkiyi* açıklar.

İnsan niçin bir daha denemez? Kaybetmekten korktuğu için! Peki hiçbir şey denemeyince ne olur? Kendini güçsüzleştirerek, en korktuğu şeye iyice teslim olur!

Shakespeare'e atfedilen bir metinde, "*İnsanların çoğu kaybetmekten korktuğu için sevmekten korkar*" deniyor. "İnsanlar sevilmekten korkuyor, kendisini sevilmeye layık görmediği için. Düşünmekten korkuyor, sorumluluk getireceği için. Konuşmaktan korkuyor, eleştirilmekten çekindiği için. Duygularını ifade etmekten korkuyor, reddedilmekten ürktüğü için. Yaşlanmaktan korkuyor, gençliğinin kıymetini bilmediği için. Unutulmaktan korkuyor, dünyaya iyi bir şey vermediği için. Ve ölmekten korkuyor, dolu dolu yaşamadığı için."

Geçmişteki başarısız sonuçlara takılıp kalmayın. Anatomik yapımızdaki bilgeliğe dikkat edin. İnsanın fiziksel yapısı, nasıl yaşaması gerektiğinin bir işaretidir. *Eğer sürekli geçmişimize bakarak yaşamamız istenseydi, gözlerimiz ensemizde olurdu!* Geçmişteki başarısızlıklarımızın sürekli gözümüzün önünde olması gerekseydi, *şakaklarımızda dikiz aynası olurdu!* Akıl her şeyden üstün olmasaydı, *vücuttaki en üst noktaya beyin konmazdı!*

Geçmişteki başarısızlıkları *ne unutun ne de büyütün.* Geçmişin kötü izlerinin geleceğinizi şekillendirmesine izin vermeyin. Pop ikonası Madonna'nın dediği gibi, *geçmişin yükleri birer vagon, siz ise lokomotifsiniz.* Sizi yavaşlatan vagonları taşımak zorunda değilsiniz! Zihinsel bagaj yüklerinin nasıl düzenlenmesi gerektiğini iki bölüm sonra öğreneceksiniz.

Çaresizlik psikolojisinin bedeli: Öğrenilmiş çaresizlik insanı beyninden vuruyor!

Öğrenilmiş çaresizlik üç şeyi zayıflatır: *Akıl, istekler ve duygular!*

Araştırmalara göre, uzun süren çaresizlik psikolojisi, insanlarda üç önemli zayıflığa (veya bozukluğa) neden oluyor: Motivasyonel [motivational] zayıflık, entelektüel [cognitive] zayıflık ve duygusal [emotional] zayıflık.

1. *Öğrenilmiş çaresizlik yaşayanlar önce tutkularını kaybeder.* İstediklerini elde etmenin kendi ellerinde olmadığını düşünen insanlar kendi isteklerine karşı ilgisizleşirler. Bu kişilerin isteyerek yaptıkları davranışlar azalır, *mecburi oldukları için* yaptıkları artar. Bazı kamu kurumlarına gittiğinizde gördüklerinizin bir açıklaması budur.
2. *Öğrenilmiş çaresizlik yaşayanların akılları ve düşünme yetenekleri de gittikçe zayıflar.* Yaptıklarının hiçbir işe yaramadığını düşünen bir kişi, *aklını kullanarak olayların akışını değiştirebileceğine inanmadığı için* sorunları çözmek amacıyla beynini zorlamayı bırakır. Zamanla aklı iyice körelir,

davranışları ile sonuçları arasındaki bağlantıyı görme yeteneği zayıflar. Bu yüzden seçimlerinin sonuçlarına karşı özensizleşir.

3. *Öğrenilmiş çaresizlik yaşayanların zamanla duyguları da zayıflar.* "İstek hayatın yarısıdır, kayıtsızlık ise ölümün" der Halil Cibran. Uzun süre acı çeken ve çabaladığı halde bundan kurtulamayan bir insan, çilesini yönetmek için biraz o acıyı *kabullenir*, biraz da *acılara karşı hissizleşmeye* başlar. Acıyı sınırlamak için *acı eşiğini yükselttikçe* yaşama sevincini de kaybeder. Böylelikle, o insanın duygusal renkleri solar, zevk yelpazesi daralır.

Öğrenilmiş çaresizlik canlıları sadece psikolojik olarak değil, biyolojik olarak da çökertmektedir. Bir araştırmada sekseninci elektrik şokundan sonra farenin biyolojik savunma mekanizmasının da değiştiği, hem psikolojik hem biyolojik olarak *tepkisizleştiği* gözlenmiştir. Uzun süre hapis yattıktan sonra serbest kalan insanların *hareketlerindeki yavaşlıkta* bu tür biyolojik belirtileri görebilirsiniz.

Öğrenilmiş çaresizliği bir bilgisayar programına benzetebiliriz. Beyninize yüklendiği andan itibaren *tüm sistemi ve işlemleri yavaşlatan* virüslü bir program. Bu programın en kritik fonksiyonu *başımıza gelen olaylara yüklediğimiz anlamı ve verdiğimiz tepkileri* olumsuz yönde etkilemesidir. Neyse ki bu programı ortadan kaldırmak ve *fabrika ayarlarımıza geri dönmek* mümkün.

Bir amaca ulaşması sürekli engellenen insanlarda ne gibi değişiklikler olur?

Çocukların istekleri yerine getirilmeyince yaptıkları komik hareketleri bilirsiniz. Yetişkinler de çok farklı değildir! Hayattan istediklerini alamayınca türlü tepkiler geliştirirler. Bazıları kendine zarar vermeye başlar, bazıları başkalarına, bazıları mistik öğretilere sığınır, bazıları uçuk hayallere…

Elinden oyuncağı alınan yetişkinlerde en sık görülen tepkiler şunlardır:

1. *Otomatik depresifler:* Bazı insanlar her durumdan bunalım çıkarır! İstekleri olmayınca dudak büzer, hayata küser, içe kapanır, yorganın altından çıkmak istemezler. Profesyonel depresif olanlar, bunalıma girip çıkmayı adeta bir kariyer haline getirmiştir. Bu kişileri tarife gerek yok, çok sayıda oldukları için bilirsiniz.
2. *Olağan öfkeliler:* Bu gruptakiler engellerle karşılaştıklarında agresifleşir, şiddet eğilimine girer. Öfkeli ve gururlu, kesintisiz sinirlidirler. Sürekli söylenir, birilerini suçlar (bazıları arabasında levyeyle dolaşır!) ve genelde sinirlerini ilgisiz kişilere yöneltirler. Patronları zam yapmaz, eve gidip eşlerini döverler!
3. *Komplo teorisyenleri:* Bu gruptakiler önlerine çıkan her engelde *paranoya yapar*, kendilerine *komplo kurulduğunu* düşünürler. Bir engeli nasıl aşacaklarını düşünmek yerine, ilk iş olarak *o engeli "kimlerin yola koyduğunu"* bulmaya çalışırlar! Engelin sebebi hakkında bilgileri olmasa da *niyet okuma yoluyla* birilerini suçlarlar. Özellikle kurnaz taşralı politikacılarda bu davranış biçimi çok yaygındır. Çünkü başkalarını da kendileri gibi bilirler!
4. *Kader-kısmetçiler:* Bu grup aşamadığı bir engelde hemen kısmetçiliğe yönelir. İstediğine ulaşamamışsa "kısmetinde" olmadığı içindir! *Bu grubun, kariyer planı yoktur, kısmeti vardır!* Geleneksel kesim istediği olmayınca kısmetçi olur, kentli ve eğitimliler ise spiritüel söylemlere yönelir. Spiritüeller de çeşit çeşittir; kimi evrenle konuşur, kimi enerji çağırır, kimi mistik kartları okur! Her şiddetli başarısızlıktan sonra spiritüel eğilimler daha da güçlenir. Bu arada kısmetçilerin bazıları bahtsızlığından şikâyet ederken, aslında gizliden gizliye övünmektedir. Çünkü *kişisel yetersizliğinden değil, bahtsız ve kısmetsiz olduğu için yapamamaktadır!* "Kısmetsizim" söyle-

mi başarısızlığı gizlemenin kurnaz bir yoludur. Bu kişilerin yürekten inandıkları kısmet teorisini doğrulayacak bir olay yaşadıklarında duydukları sevinç belgeseli çekilesidir!

5. *Mağduristler:* Zorlu bir engelle karşılaşınca *gariban kredisi* kullanmayı, *kendine acındırmayı* iyi bilirler. Bu gruptakiler bozulan bir arabayı yoldan geçenlere ittirir gibi, önlerine çıkan engelleri sık sık başkalarına kaldırtırlar! Bir engelle karşılaşınca ya hemen bir *kurtarıcı/kahraman* ararlar ya da insanların merhametini harekete geçirerek kitle desteğiyle istediklerine ulaşırlar.
6. *Arabeskleşenler:* İstediğini alamayınca küsüp mızmızlaşan, alınganlığı zamanla melankoliye dönüşen, her şeyi "gurur meselesi" yapan içli ve kırılgan arkadaşlardır. İçlerinde daima dönen bir plak vardır: *"Ben insan değil miyim / Ben kulun değil miyim / Tanrım dünyaya / Beni sen attın / Çile çektirdin derman arattın / Beni sen kullarına oyuncak mı yarattın!"*
7. *Kendine zarar verenler:* Bir engeli aşamayınca *özyıkım eğilimi geliştirip* kendisine zarar vermeye başlayan insanlardır. Konser sırasında Müslüm Gürses'e ulaşamayınca kendine jilet atmak bu davranışa bir örnektir! Kariyerinde hayal ettiği yere gelememiş bir sanatçının alkolik olması, sevgilisi tarafından terk edilen birinin kendisini yemeğe verip şişmanlaması bu tür kendini cezalandırma biçimleridir. Bu insanların kafasında yıkıcı bir mantık yürütme biçimi çalışır: "İstediklerime ulaşamıyorum, o halde değersizim. Değersiz olduğuma göre kendimi imha etmeliyim."
8. *Hayal dünyasına sığınanlar:* Hayallerindeki hayatı yaşayamayınca, *hayali bir hayat* yaşamaya başlayanlardır. Bu kişiler "sert" gerçekler tarafından engellenince "soft" hayallere sığınır. Katı sosyal gerçekle ilişkilerini asgari seviyeye indirip, kendi iç dünyalarına iltica edip ideal ve engelsiz evrenlerini yaratırlar. Yalnızlığı sever, izole yaşarlar. Bu gruptakilerden bazen çok başarılı şair ve romancı çıkabilir.

Aşılamayan engel karşısında en yaygın tepki türü depresyondur. Depresyonun iki yüzü vardır. Amacına ulaşması engellenince erkeklerin agresifleşmeye, kadınların ise depresifleşmeye eğilimli oldukları görülmektedir. Agresiflik de bir *maskeli depresyondur!*

Öğrenilmiş çaresizliğin sonuçları depresyon belirtilerine çok benzer: Kendine güven eksikliği, zayıf problem çözme yeteneği, dikkat dağınıklığı, yorgunluk ve umutsuzluk hissi gibi. Öğrenilmiş çaresizlik bilim dünyasında *depresyonu açıklayan bir model* olarak kabul edilmektedir.

Amacına ulaşması engellenen herkes depresyona girmek zorunda değildir. Bazıları zorluklar karşısında Nietzsche'nin ünlü sözündeki gibi, *"Beni öldürmeyen darbe, beni güçlendirir"* der, daha da keskinleşir. Azmin zaferine inanan bu insanlar, *"Bir insanı hedefine götüren yol göklerdeki yıldızların sayısı kadardır"* diye düşünerek, sonuç alıncaya kadar ısrarla denemeye devam ederler. İmkanların kıtlığı da onları durduramaz. "*Atımızı alan yolumuzu da almadı ya,*" atasözünden ilham alır, mevcut yolları bulamazlarsa kendileri yeni bir yol açarlar.

Katlanma katsayınızı belirlemek: Ne kadar uyum göstermeli, ne zaman meydan okumalı?

Deneylerin gösterdiği kritik bir nokta da *ters çaba* yasasıdır. Denekler önce tüm güçlerini *acı veren durumla başa çıkmak için* kullanmaya çalıştılar. Ancak istedikleri sonucu alamayınca, *tersine bir çabaya yönelip hayat enerjilerini acıya katlanmaya yönelttiler.* Katlanma merkezli yaşamak, arabanın *vitesini geriye takıp* gaza basmak gibidir! Beynimizi *zorluklarla başa çıkmak yerine onlara katlanmaya şartlandırınca,* o yönde genişleyip, iyice başarısızlık bataklığına saplanırız. Bu yüzden birçok insan başarısız oldukça acısını iyice köpürterek *arabeskleşme* eğilimine girer. Arabeskleşmiş akıl, sürdürülebilir başarısızlığın temelidir.

Hayatla ilgili en kritik noktalardan biri, *neye ne kadar katlanmak, neye ne zaman başkaldırmak gerektiğini bilmektir.* Her şeye kafa tutan bir *romantik isyankâr* olursak, doğuştan gelen büyük maddi imkânlarımız ya da olağanüstü yeteneklerimiz de yoksa, bir süre kafamıza göre takılsak da sonumuz pek iyi olmayacaktır. Her şeye katlanan, hiçbir şeye hayır diyemeyen, sürekli alttan alan, standartlarını hep daha aşağı indiren, kendinden istenene göre şekil alan biri olursak, bu ezik tavırla da başarılı biri olmamız çok zordur. Aşırı uyumluluk da, ölçüsüz dikbaşlılık da başarının sevdiği şeyler değildir.

Peki bu durumda kriterimiz ne olmalı? Hayatta ne kadarına katlanmalı, ne zaman meydan okumalı? Ne kadarını kabullenmeli, nereden sonrasını reddetmeli?

İki ayrı durum için *farklı katlanılabilirlik kriteri* belirlemeliyiz:

1. Kendi ideallerimizi gerçekleştirmek için katlanmamız gerekenler.
2. Başkalarının istedikleri ya da hayatın dayatmaları nedeniyle katlanmak zorunda kaldıklarımız.

Birinci grup, *başarının ev ödevidir.* Sonunda ödül olan bedellerdir. İkinci grup ise daha çok *angaryadır.* Sadece hayatta kalmaya yarar ve sonunda büyük ödül yoktur.

Geçimsiz bir asi olmayacak kadar uzlaşılabilir, her şeye katlanan bir ezik olmayacak kadar bağımsız bir birey olmak için kendinize bir *katlanma katsayısı* belirlemelisiniz. Bir gün dibe vurduğunuzda, zemine basıp yükselişe geçebilmeniz için, *kırmızı çizginizi* önceden net bir kafayla tespit etmelisiniz. Kurtuluş Savaşı dönemindeki kongreler *ulusal dip çizgilerimizi* tarif ediyordu. Kişisel kurtuluş savaşınızı başlatacak enerjiyi bulabilmeniz için, önceden "asla" sınırlarınızı çizmelisiniz. Başarılı insanların beyninde, *daha aşağısına razı olmayacakları bir kırmızı hat* bulunur. Sizin kırmızı hatlarınız nerede başlıyor?

Bu arada, birinci grupta yer alan çabaları "katlanmak" olarak görmemek için, başarıyı dönemsel bir faaliyet olmaktan çıkarıp *yaşam tarzına dönüştürmek* gerekir. *Kendinizi kariyerinizin gereklerine göre formatlarsanız; balığın yüzmesi, kuşun uçması kadar kolayca başarıya ilerlersiniz.* İşinizin gerektirdiği insana dönüşürseniz, başarı için verdiğiniz mücadelenin zorluğunu yarı yarıya daha az hissedersiniz.

Bir sonraki bölümde çevre tarafından insanlara kaybetme ve katlanma kültürünün nasıl "aşılandığını" keşfedeceğiz.

ÖĞRETİLMİŞ BAŞARISIZLIK: KAYBETME KÜLTÜRÜ NASIL YAYGINLAŞIYOR?

Bir internet sitesinde yapılan ankette, iş hayatında işlerin nasıl döndüğünü özetleyen en iyi hikâyenin ne olduğu sorulmuştu. Yarışmada "*beş maymun arasında yaşananların hikâyesi*" birinci seçilmişti.

Bu metne göre, beş maymun bir kafese yerleştirilir. Ortaya bir merdiven kurulur. Kafesin tepesine de muzlar asılır. Herhangi bir maymun merdiveni tırmanarak muzları almak istediğinde, *tüm maymunların* üzerine soğuk su sıkılır. *Sadece merdiveni çıkmaya çalışan maymun değil, diğerleri de bu soğuk sudan nasibini alır.*

Bazı maymunlar birkaç defa muza erişmeye çalışır, ama sıkılan suyla hepsi ıslanır. Bir süre sonra içlerinden biri muza yöneldiğinde *diğer maymunlar onu hemen engellemeye başlar.*

Sonra maymunlardan biri dışarı alınıp yerine yeni bir maymun (adı A olsun) konulur. A'nın ilk yaptığı iş muzlara ulaşmak için merdivene tırmanmak olur; fakat diğer dört maymun buna izin vermez ve *yeni maymunu döverler!*

Daha sonra ıslanmış maymunlardan biri daha yeni bir maymunla (adı B olsun) değiştirilir. B de merdivene yaptığı ilk atakta dayak yer. *Bu yeni maymunu (B) en şiddetli ve istekli döven sonradan kafese giren maymun A'dır!*

Islak maymunlardan üçüncüsü de değiştirilir. Yeni gelen maymun da (adı C olsun) muza ulaşmaya çalışınca dayağı yer. Döven dört maymundan ikisinin (sonradan gelen A ve B) yeni gelen maymunu (C) *niye dövdükleri konusunda hiçbir fikirleri yoktur!* Ama yine de onu döverler!

Son olarak en başta ıslatılan maymunların dördüncüsü ve beşincisi de yenileriyle (D ve E) değiştirilir. *Tepelerinde bir salkım muz asılı olduğu halde hiçbiri merdivene yaklaşmaz!*

Neden mi? Çünkü burada işler böyle gelmiştir, böyle gitmelidir![3]

Bu olay size tanıdığınız bir *ülkeyi, şirketi* ya da *aileyi* hatırlattı mı?

Maymunlar *neyin yapılamayacağını* dayak yiyerek öğrendi ve kendisinden sonra gelenlere *zorla öğretti.* Kendi içlerinde bir yapmama-yaptırmama kültürü oluşturdular.

Maymunlar "birlik ve beraberlik halinde başarısız olmanın" iki kutsal şartını yerine getirdi: *Düşündüklerini birbirlerine yaptırmadılar ve yaptıkları üzerine düşünmediler!*

Bu öykü bize bir toplulukta egemen olan *başarı kültürünün gücünü* gösteriyor.

Biz yaptık olmadı, sen de deneme!

"*Bu dünyaya bir dâhinin geldiğini şuradan anlayabiliriz: Bütün sıradan insanlar ona karşı birleşmiştir!*" der Jonathan Swift. Eğer çığır açacak bir başarı projeniz varsa, bazı insanlar iki kelimeyi sürekli kafanıza vurarak sizi durdurmaya çalışacaktır:

1. Yapamazsın!
2. Yapmamalısın!

"Boşuna uğraşma *yapamazsın*" ile cesaretinizi kırmaya, "*Buna gerek yok, yapmamalısın*" ile kafanızı karıştırmaya çalışırlar. Bu insanlar *kötü niyetli değildir*, sadece geçmişteki *başarısız denemelerinin* ve *düz mantıklarının* kurbanıdır.

Büyük bilge Yusuf Has Hacip, *"Göz odur ki, dağın ardını göre, akıl odur ki başa geleceği bile"* demiştir. Buna karşın dünya girişimcilik tarihi, gelecekte çığır açacak fikirlerini ilk ortaya attıklarında alay edilen, reddedilen, engellenen insanların öyküleriyle doludur.

Sadece ev telefonlarının kullanıldığı yıllarda, Murat Vargı adlı bir genç girişimci *cep telefonunun varlığını* öğrenir. Türkiye'ye getirmek ister, ama çok büyük altyapı yatırımı gerektiği için kendi başına yapamaz. Cep telefonu fikrini projelendirir, büyük holdinglere teklif olarak götürür. Önce Koç topluluğuna gider, yönetim kurulunda görüşülür, tutmayacağı gerekçesiyle reddedilir. Sonra Sabancı'ya gider. Bir rivayete göre Sakıp Sabancı "konuşmaların havada dolaşacağını" duyunca, *"Biz gözümüzle gördüğümüz şeylere para yatırırız"* diye kabul etmez! Diğer birkaç büyük gruba gider, sonuç değişmez. *Tam altı yılını, en büyük iş adamlarını cep telefonunun gelecekte çok kullanılacağına ikna etmeye çalışmakla geçirir!*

Sonunda Mehmet E. Karamehmet'le görüşür. Bu grup fikrin gelecek değerini görüp yatırım yapar. Sonuçta bugün New York borsasında da işlem gören, dünyada toplam 65 milyon abonesi olan Turkcell markası doğar. Turkcell'in patlamalı bir şekilde büyümesinden sonra Sabancı'ya ne düşündüğü sorulduğunda, kendine has üslubuyla şöyle der: *"Yüreğim yanıyor ağam, nasıl da göremedik!"*

İlk kişisel bilgisayarın icadında neler yaşandı?

Bilgisayarın neredeyse otomobil büyüklüğünde olduğu yıllardayız. Amerika'da Steve Jobs ve kankası Wozniak, sıradan insanların kullanabileceği ilk kompakt kişisel bilgisayarı (PC) akıl ettiklerinde, *üniversiteyi henüz bitirmemiş, yirmili yaşlarda* iki gençtir. O dönem çok popüler olan Atari firmasına gidip, *her eve girebilecek bir bilgisayar yaptıklarını*, bu ürünü yaparken de Atari'nin bazı parçalarını kullandıklarını, eğer seri üretimini yapmak isterlerse onlara verebileceklerini, hatta kendilerinin de orada maaşlı olarak çalışabileceklerini söylerler. Firma PC'leri kimsenin almayacağını söyleyerek kabul etmez. HP'ye aynı teklifle giderler, onlar da Jobs'un söylediğine göre, *"Fikrinize ve size ihtiyacımız yok, daha üniversiteyi bile bitirmemişsiniz!"* diye reddeder.

İki kafadar kendi şirketlerini kurmak ve ilk kişisel bilgisayarları üretmek için bankaya başvurduklarında, *"bu tür pahalı oyuncakların kimseye satılamayacağı"* gerekçesiyle onlara kredi verilmez. Onlar da evdeki hesap makinesi dahil birçok şeyi satarak denkleştirdikleri parayla, *evlerinin garajında* kendi şirketlerini kurarlar. Kurdukları *Apple* şirketi zaman içinde *Macintosh*, *iPhone*, *iPad* ve *iPod*'u üreterek sektörün en büyüklerinden biri olur. Apple'ın 2011 yılı *piyasa değeri* 422 milyar dolara ulaşır. Aynı yıl koca Türkiye'nin GSMH'sı 750 milyar dolardır!

İnsan düşünmeden edemiyor: *Steve Jobs'un görebildiğini neden bu kadar çok insan göremedi?* Apple yıllar sonra çok konuşulan bir reklam filmiyle bunun cevabını intikam alırcasına verdi. Reklamda Edison, Einstein gibi dâhilerin resimleri eşliğinde şöyle deniyordu: *"Çılgınlar, uyumsuzlar, asiler, baş belaları, eski köye yeni âdet getirenler. Onlar kural düşkünü değildirler ve statükoyu umursamazlar. Onlardan yararlanabilir, onlara karşı çıkabilir, onları yüceltebilir veya alçaltabilirsiniz. Yapamayacağınız tek şey onları görmezden gelmektir, çünkü onlar değişim yaratanlardır. Onlar insanlık koşusunu bir adım ileri götürenlerdir. Bazıları onlara deli diyebilir. Bizim için onlar birer dâhidir. Dünyayı değiştirecek insanlar, onu değiştirebileceğini düşünecek kadar çılgın olanlardır."*

Hezarfen Ahmet Çelebi'nin kendi kanatlarıyla uçma denemelerinden, Kolomb'un Amerika'yı keşfetmesine kadar onlarca benzer örnek sıralayabilirim. Kolomb kendisine bir keşif gemisi tahsis edilmesini sağlamak için altı yıl boyunca İspanyol kraliyet ailesini ikna etmeye çalışmıştı!

Kolomb'un keşfettiği Amerika, dünyanın en yenilikçi ve girişimci kültürlerinden biri olduğu halde, orada da birçok trajikomik örnek yaşanmıştır. ABD patent dairesi başkanı 1899'da, *"Artık icat edilecek her şey icat edildi"* der; IBM genel müdürü Thomas J. Watson 1943'te, *"Dünyada sadece 5 bilgisayarlık piyasa vardır"* der. 1797'de ilk demir döküm saban üretildiğinde, New Jersey'deki çiftçiler, *"Demir saban zehirlidir, mahsulü bozar, yabani otları çoğaltır"* gerekçesiyle kullanmayı reddeder. İlk seri otomobil üretimi yapan Henry Ford 1903'te bankaya kredi başvurusu yaptığında reddedilir. Ekspertiz raporunda şöyle yazar: *"Atlar her zaman kullanılacaktır. Otomobil ise ancak geçici bir moda olabilir!"*

Çığır açan yeni bir düşünce cezasız kalmaz!

Ticari girişimcilikler gibi, *yenilikçi sosyal hareketler* de genellikle alaycı, engelleyici, sınırlayıcı tavırlarla karşılanır. "Dünya güneşin etrafında dönüyor" dediği için Galileo'nun başına gelenleri bilirsiniz. Köleliğin kalkması gerektiğini söyleyen ilk insanlar *toplum düzenini temelden bozmakla* suçlanmıştı. Lincoln köleliği kaldırdığı için vuruldu. *"Sorgulanmamış hayat yaşanmaya değmez"* diyerek, yerleşik yanlış yargıları sorgulamaya kalkan Sokrates, ölüme mahkûm edilmişti.

Yaşadıkları çağın ortalama insanının taşladığı birçok insan, ilerleyen çağlarda insanlık tarafından onurlandırıldı. *Bugün geçmişte yapılanları komik ve haksız bulan bizler, günümüz öncülerine taş atmakta, eskinin "statükocu" sıradan insanından çok da farklı değiliz.* Bu yüzden, her öncü insan duvar panosuna şu sözü yazmalıdır: *"Büyük öncü insanların heykelleri hayattayken üzerlerine atılan taşlardan yapılır!"*

Bu yaşananlar bize bir sosyal gerçekliğin doğum sürecini göstermektedir. Alman filozof Schopenhauer'e göre bir gerçeğin doğumu üç aşamadan geçer: *"Önce alay edilir, sonra şiddetle karşı çıkılır, en sonunda da, 'Zaten böyle olduğu biliniyordu' diye kabul edilir!"* Bir hayalin gerçekleşme süreci de çoğu kez buna benzer. Önce alay edilir, sonra karşı çıkılır, sonunda *"Zaten bunu birisinin yapması gerekiyordu"* denir!

İnsanlar ikiye ayrılır: *Eskimiş fikirlerden korkanlar* ve *yeni fikirlerden korkanlar*. İkinci gruptakiler hemen her toplumda daha fazladır. Bu gruptakiler *nelerin yapılamayacağını* öğrenmekle yetinmez, başkalarına da zorla öğretmeye çalışırlar. Sınırların dışında düşünen, yerleşik kalıpların ötesine geçmekte ısrar eden olursa *maymun hikâyesindeki gibi, sebebini bile tam bilmeden onu döverler!*

Eğer bir alanda öncüyseniz, cesaret kıran çoğunluğa karşın, neyse ki destekleyici bir azınlık da gelip sizi bulur. Bu insanlar içimizdeki zekâyı, yaratıcılığı, sanatı ve yeteneği görmeye eğilimlidir. Her toplumda; iyimserler ile kötümserler, çekiştirenler ile geliştirenler, destekleyenler ile engelleyenler yan yana yaşar. Hangi kesimin ne kadar baskın olduğu *o toplumdaki başarı kültürünün karakteristiğini* belirler. Başarı kültürü de başarı davranışlarını doğrudan etkiler.

Yeni bir kavram önerisi: Öğretilmiş başarısızlık!

Prof. Dr. Martin Seligman'ın öğrenilmiş çaresizlik kuramı, işin içine *insan faktörü* girdiğinde, bir boyutta eksik kalmaktadır. İnsan öğrenmekle yetinmez, öğretir de! Bu yüzden, yeni bir kavrama daha ihtiyacımız var: *Öğretilmiş çaresizlik!*

Başka bir ifadeyle: *Öğretilmiş başarısızlık!*

Bir hayvan çaresizliği öğrenir, pasifleşir, susar. Bir insan da çaresizliği öğrenir, ama bununla kalmaz; çevresindeki dost, akraba, çoluk çocuk kimi bulursa ona da bunu anlatır! Çaresizlik duygusu, onun elini kolunu bağlasa da, *dilini daha çok açar!*

İnsan çaresizliği öğrenmekle yetinmez, "çaresizlik dili ve edebiyatı"nı geliştirir. Çaresizliğin şarkısını söyler, kitabını yazar, filmini çeker, şakasını yapar, şiirini, nasihat ve atasözlerini üretir. *Yaşadığı acıdan ne kadar derin etkilenmişse, onu o kadar çok kişiye yayar.*

Bu duygu ve düşünce birikimi yoğunlaşıp yaygınlaşarak toplumdaki *kaybetmişlik kültürünü* oluşturur. "Başarı insanın çabasına bağlı değildir" mesajı bir toplumda çok benimsenince, orada *kaybetme kültürü baskın hale gelir.* Kaybedenler kültürü domine edince, *kaybetmenin fazileti kazanmanın faydasından* daha fazla yüceltilir. Kazananlar örtülü bir suçluluk duygusu yaşamaya başlar. Başarıların ahlaki değeri ve *meşruiyeti* sorgulanır. Toplum gittikçe kaybetmeyi fetişleştirir, başarısızlıkta eşitlenir.

Öğrenilmiş çaresizlikte bireyler deneme yanılma yoluyla kaybetmeyi öğreniyordu. Öğretilmiş çaresizlik ve kaybetmişlik kültüründe ise, çevre tarafından bireylere *neleri yapamayacakları o kadar güçlü bir şekilde yüklenir ki*, kişiler içindeki güçlere, elindeki fırsatlara ve önündeki şartlara bakmayıp, herhangi bir denemede bile bulunmadan *peşin olarak kaybetmeyi kabullenir!*

Çaresiz olduğu "öğretilen" bir kişi, sık sık "*olduğu kadar, olmadığı kader*" demeye başlar, ancak aradaki fark "*kederi*" olmaya devam eder!

Kaybetmişlik kültürünü aktarma araçları, hayat üzerine sohbetler, filmler, kitaplar veya müzik olabilir. Çilekeş şarkılar ve arabesk müzik güçlü bir öğretilmiş çaresizlik "aşılama" aracıdır.

Tutunamayanların tabletleri: "Garibin çilesi ölünce biter!"

Kaybetme kültürünün derin kodlarını okumak için bakılması gereken yerlerden birinin kamyon arkası yazıları olduğuna inanırım. Kamyon arkası yazıları, *o ülkede hayatın "en ağır yükünü taşıyan" insanların felsefesini yansıtır.* Türk şoförlerin kamyon arkası yazıları çaresizlik kültürünün ve *kaybetmeyi kabullenişin* ağıtlarıdır.

Bizde yaygın olarak kullanılan bazı kamyon arkası yazılarının çaresizlik ve kaybetmişlik kültürüyle ilişkisini gösteren birkaç örnek:

- Çaresizlik kültüründe vazgeçmişlik duygusu yüksektir: "*Bu âlemin insanları bana müsaade!*"
- Çaresizlik kültüründe yarışma motivasyonu düşüktür: "*Sataşma baba yorgun!*"
- Çaresizlik kültüründe kişi başarısızlık şaşkınıdır: "*Hayat sen ne çabuk harcadın beni!*"

- Çaresizlik kültüründe hak ettiğini alamama düşüncesi yaygındır: *"Zalim dünya aslanı kediye boğdurdun!"*
- Çaresizlik kültüründe kısa vadede çözüm beklentisi düşüktür: *"Garibin çilesi ölünce biter!"*
- Çaresizlik kültürünü içselleştirmiş olanlar hayatları üzerinde denetimleri olmadığına inandıklarından, kendilerini "havada savrulan yaprak" gibi metaforlarla ifade ederler: *"Yaprak dalından kopmuş bir kere, rüzgâra gerek yok!"*
- Çaresizlik kültüründe hayata küsme ve boşvermişlik yaygındır: *"Yaşamak buysa eğer, bırak üstü kalsın!"*
- Çaresizlik kültüründe hâkim olan duygu "hüzünlü bir veda" halidir: *"İşte geldik gidiyoruz, şen olasın Halep şehri!"*

Kamyon arkası yazılarında reddedilmelere ve acılara rağmen azmini kaybetmeyenler de yok değildir: *"Gönlünde yer yoksa fark etmez güzelim, ben ayakta da giderim!"*

"Sen işini kış tut, yaz çıkarsa bahtına!"

Her ne kadar günümüzde tersine bir eğilim olsa da, asırlar süren savaşlar ve yokluğun etkisiyle olacak ki, *geleneksel başarı kültürümüz kazanmaktan çok, kaybetmemek üzerine kurulmuştur.*

"Sen işini kış tut, yaz çıkarsa bahtına" der aile büyüklerimiz. *"Ne oldum deme, ne olacağım de"* diye tembihler atasözlerimiz. *"Akarken hemen küpünü doldur"* diye uyarır meslek büyüklerimiz. Hep bir *istikrarsızlık ürküntüsü*, belirsizlik korkusu ve başarısızlık beklentisi egemendir. Gol atmaya değil gol yememeye, *on numara futbolculuğa değil* kaleciliğe hazırlanırız. Başarıyı *büyütmekten* daha çok *başarısızlığı bölüşmeyi* öğreniriz. Başarıyla ilişkimiz daha *travmatik*, kaybetmemişlikle ilişkimiz daha *tanıdıktır*. Başarı bölgesi *gurbetimiz*, başarısızlık bölgesi *anavatanımız*dır. Elbette herkes bu anlayışta değildir, ama *kayda değer bir kitle* böyledir.

Öğrenilmiş çaresizlik bazı toplumlarda *çözülmesi gereken bir problem*, bazılarında ise kabullenilmiş bir *kimliktir*. Çaresizlik özellikle Doğu toplumlarında *normalleştirilmiş bir yaşam biçimidir*. Kültürün harcında vardır; gelenektir, töredir. Türküler onu anlatır, atasözleri onu öğretir. İçli şarkılar, dertli maniler, dramatik filmler onun üzerine kuruludur. *"Melali anlamayan nesle aşina değiliz"* der Ahmet Hâşim. Mutsuzluğu anlatan edebiyat mutluluk edebiyatından daha çoktur. Çaresizlik tarihimiz, çaresizlik coğrafyamız, çaresizlik felsefemiz vardır.

Çaresizlik kaybedenlerin kimliği, hayatı açıklama tarzı ve hayat arkadaşıdır. Doğu insanını çaresizliğin içinden çekip çıkarsanız da, çaresizlik kültürünü onun içinden kolayca çıkartamazsınız. *Çaresizlik kültüründen kopamaz, çünkü en kötü günlerinde yanında hep o vardı!*

Kaybetme kültürünün egemen olduğu toplumda başarılı olmak nasıl bir şeydir?

Çaresizlik ve kaybetmişlik kültürünün baskın olduğu toplumlarda başarının *kişinin çabasına bağlı olduğuna* inanılmaz. Bunun birkaç kritik sonucu vardır.

Birincisi, kişiler *işini iyi yapmak* yerine *ilişkilerini iyi tutarak* yükselmeye çalışır. Bu da *ilişki oyunlarını*; yancılığı, "evet efendimciliği," imalı iletişimi, *gerçek düşünceleri gizlemeyi* çoğaltır. Ayrıca devlete bağımlı, siyasi destekli ve sürdürülebilir olmayan başarılar yaygınlaşır. Bu tür toplumlarda bir insanın başarısını tartmak için, önce arkasına ("dayısı" var mı?), sonra yukarısına (kısmetli/şanslı mı?), sonra geçmişine (bir şaibesi var mı?) bakılır. En son *kişinin içine;* yani yeteneğine, zekâsına ve çabasına bakılır! Bu tutum, hak ederek başarı kazanmış insanlar için çok incitici bir durumdur.

İkinci sonuç, başarılı kişilerin takdir edilmek yerine *kıskançlıkla* karşılanmasıdır. Başarının çaba ve yetenekle değil, şans ve ilişkilerle geldiğine inanıldığı için, kişinin onu *"gerçekten" hak etmediği* düşünülür. Bu yüzden bu tür toplumlarda başaranların çoğu, *kendileri gibi olmak* yerine "ben de sizdenim" gösterileriyle *tevazu taklidi* yapar. Özel hayatları ile sosyal hayatları arasındaki makas açıldığı için toplumsal *ikiyüzlülük oranı* da artar. Kaybedenlerin baskın olduğu bir kültürde ünlü, zengin, başarılı ve hatta mutlu bile olabilirsiniz, ama kolay kolay *kendiniz*, yani *özgür* olamazsınız!

Başarı kültürünün merkezindeki çekirdek soru: Hayatımızı ne kadar kontrol edebiliriz?

İnsanın temel içgüdülerinden biri hayatını kontrol altında tutabilmektir. *İstediğimizi yapacak güce* ve *istemediğimizden uzaklaşacak imkâna* sahip olmak isteriz. Güven ve özgürlük duygumuz, *kontrol imkânımızdan* gelir. Akıl, bilgi, irade, hukuk, para gibi araçlar hayatı kontrol mekanizmasının aparatlarıdır.

Hayata dair büyük soru şudur: Bir insan hayatını ne kadar kontrol edebilir? Soruyu biraz daraltırsak: *Hayatta başarılı olmak ne kadar kişinin kendi ellerindedir?*

Bu soruya verdikleri cevaba göre, insanlar ve toplumlar iki ana gruba ayrılırlar:

1. Kontrolcüler
2. Kaderciler

Kontrolcülere göre, insanın hayatı *kendi eseridir.* Herkes kendi hayatının *mimarıdır.* Akıl ve özgür irade sayesinde hayatımızı kontrol edebilir, olacağımız kişiyi seçebiliriz. *Seçim yapmamak da bir seçimdir!* Aklımız, kararlarımız ve seçimlerimizle sonuçlarımızı yaratırız. *Hak ettiklerimizi* yaşıyoruz ve sonuçlarımızdan *sorumluyuz*. Her şey elimizde değildir, ama *elimizde olanların oranı olmayanlardan fazladır.* Elimizde olanları iyi yaparsak, elimizde olmayanlar da *çoğunlukla bizim lehimize* hareket eder.

Kadercilere göre, insan içinde yaşadığı *toplumsal koşulların* ve *kültürel koşullanmaların* ürünüdür. İnsanın ne yapacağı *çevresindeki şartlar* ile *içindeki genler* tarafından belirlenir. İnsan kendi hayatının öznesi değil, evrenin bir nesnesidir. Özgür irade bir illüzyondur. *Neyi seçeceğimizi bile seçmediğimiz şeyler belirler!* Schopenhauer'in deyişiyle: "İstediğimizi gerçekleştirebilsek bile, *neyi isteyeceğimizi biz seçemeyiz!*" Kaderci anlayışa göre; insan hayatını seçemez, yönetemez. Olabildiğince zorlayıp olmuyorsa *akışına bırakmak* en iyisidir.

Kadercilik anlayışı ile tek tanrılı dinlerin *kader inancı* bire bir aynı şey değildir. Kadercilik anlayışı, kader inancının tembelce yorum biçimidir. *Kadercilik anlayışının [fatalizm]* üç dinden önce de güçlü bir taraftar kitlesi olduğunu unutmamak gerekir.

Kaderciler ile kontrolcülerin keskin tavırlarının dışında duran, insan hayatının *yarı-kontrol edilebilir yarı-kontrol edilemez* olduğunu düşünen üçüncü bir grup daha vardır. Bu kesim kategorik bir tavır yerine, *her bir somut olaya göre* kontrolün kimde olduğuna karar verilmesi gerektiğini düşünür. Bu grubun da tarafsız kalamayacağı soru şudur: *Hayat bir anonim şirkete benziyorsa, çoğunluk hissesi (yüzde 51) bizim kontrolümüzde midir, yoksa bizim dışımızdaki değişkenlere mi bağlıdır?*

Genellikle Batı ülkeleri ve seküler toplumlar kontrolcü kültüre yatkınken, Doğu kültürlerinde kadercilik anlayışı daha baskındır. Bu farkın Doğu ile Batı insanını nasıl etkilediğini iyi gözlemleyen insanlardan biri YKB'nin kurucusu olan öncü bankacı Kâzım Taşkent'tir.

Yaşadığım Günler adlı kitabında Doğu ve Batı insanının dünya görüşünü ve gündelik davranışlarını karşılaştırır. Cümlelerinin çoğu genelleme olsa da ilginç ipuçları veriyor: "*Doğulu hisseder, Batılı düşünür. Batılı düşünür, Doğulu konuşur. Batılı konuşur, Doğulu ya susar ya bağırır. Doğuda beraberliğin toprağı sevgi ve inançtır, Batıda yararlılık ve güven düşüncesi insanları birleştirir. Büyük sözleri Doğuda ihtiyarlar, Batıda bilginler ve filozoflar söyler. Doğuda sevgi düşünceden önce gelir, Batıda düşünce sevginin önündedir. Batılı büyük eserlerini sadece mesleğinde verebilir. Doğulu, eserini mesleğinin dışında verme çabasındadır. Doğulunun tabiliği Batılıyı bir şelale karşısındaymış gibi etkiler. Batının uygarlığı ise Doğuluyu, bir baraj karşısındaki hayranlığa sürükler. Birinin görünüşü, öbürünün işleyişi diğerine güzel gelir. Doğulu severse, Batılı inanırsa fedakârlık yapar. Batılı önce yapılması gerekli olan şeyleri öğrenir, Doğulu ise yapılmaması gerekli olanları. Batılı kafasıyla duygularını ayarlar, Doğulu duygularıyla kafasına yol çizmek sevdasındadır. Doğulu, doğanın ulu gücüne öylesine hayrandır ki, kendini ona teslim eder. Batılı doğanın gücünü bilir ve ona egemen olmaya çalışır. Doğulu geçmişine bağlıdır ama geçmişten pek ders almaz, Batılı kendini geçmişe bağlı saymaz ama ondan ders almasını bilir. Doğu memleketlerinde liderler fikirlere öncülük eder, Batı'da fikirler liderlere yol gösterir. Batıda fedakârlığın en güzel örneklerini sorumluluk taşıyanlar verir. Doğuda fedakârlık sade vatandaştan, yoksun halktan beklenir."*

Hangi düşünceye inanırsan, onu doğrulayan verileri daha çok görürsün

Alman filozof Kant'a göre, biz gerçeği *olduğu gibi* değil, *olduğumuz gibi* görebiliriz. İnsan algı aynalarında gerçeği belirli bir çerçeve içinde görür. Daha kötüsü o *kadrajlanmış gerçeği* bile bir miktar *çarpıtma, bozma* ve *saptırma* ile algılayabilir. Yedek beynimiz olmadığından, bu yanlış algıların *sağlamasını* kendi içimizde yapmakta zorlanırız. İnsanların *gerçek olduğunu sandıkları* şey kişisel yorumlarıdır.

Ortada yerçekimi kadar kesin bir fiziksel gerçeklik yoksa, ki bu tür şeyleri kabul ettirmek bile ciddi bir mücadele gerektirmiştir, insanlar *neye inanıyorlarsa onu doğrulayacak şekilde düşünmeye* eğilimlidirler. İnsanların günlük gazete tercihlerine bakarsanız, *kendi bakış açılarını besleyen yayınları* tercih ettiklerini görürsünüz. *İnsan beyninin çalışma şekli, yanlış dahi olsa inandığını beslemek üzerine kuruludur.* Hem kaderci anlayış hem de kontrolcü bakış kendini doğrulayacak şekilde çalışır. Bu da bakış açımızı sınırlandırır.

Hem kaderci hem kontrolcü anlayış gerçeğin kendisi değil, *yorum biçimidir.* Her iki bakış açısını *doğrulayan* ve *yanlışlayan* binlerce argüman bulunuyor. En az beş bin yıldır bu tartışmanın devam etmesi, iki tarafın da *haklılık (ve haksızlık!) payı* olduğunu gösteriyor.

Hangi düşüncenin kesin doğru olduğu bilinemese de, hangi şıkkın *kimler tarafından daha fazla benimsendiği* sosyal psikoloji araştırmalarıyla ortaya çıkmıştır. Herhangi bir toplumda üst sınıflar daha kontrolcüyken, gelir ve eğitim seviyesi azaldıkça kaderci anlayış daha baskın hale gelir. İnsanlar başarı, para, iktidar ve bilgi gibi *hayatı kontrol araçlarına sahip oldukça* kontrolcü görüşe daha fazla inanma eğilimindedir.

Kadercilik ya da kontrolcülük anlayışı mutlak değil oransaldır. Bir insan yüzde 70 kaderci, yüzde 30 kontrolcü olabilir. Bir alanda kaderci olan, diğer alanda kontrolcü olabilir. Özel hayatında kader-kısmetçi olan bir insan, kariyer başarısı söz konusu olduğunda kontrolcü olabilir.

Bugün kontrol edebileceklerimiz, gelecekte kontrol edebileceklerimiz, hiçbir zaman kontrol edemeyeceklerimiz

Konferanslarımda sık sık sorulur: Bir insanın başarısı *ne kadar* kendisine bağlıdır?

Soranlara önce "huzur ve kontrol duası" denilen ünlü sözü hatırlatırım:

"Tanrım bana değiştirebileceğim şeyleri değiştirecek cesareti, değiştiremeyeceğim şeyleri kabullenecek sabrı ve ikisini birbirinden ayıracak aklı ver!"

Hayatta başarımızı etkileyen bazı faktörler elimizdedir, bazıları değildir. Elimizde olmayan faktörler lehimize sonuç verirse kendimizi şanslı, aleyhimize gelişirse şanssız hissederiz. *Elimizde olma-*

yan faktörlerin bazılarını zamanla kendimizi geliştirerek kontrolümüze alabiliriz.

O halde önümüzde üç kategori bulunuyor:

1. *Başarımızı etkileyen ve kontrol edebileceğimiz şeyler.* Bazı öğrenciler inanmasalar da, internette dolaşmak yerine ders çalışmak kendi elimizde olan bir etkinliktir! Sigarayı bırakmak, kilo vermek, düzenli spor yapmak, daha çok kitap okumak da bu gruba girer.
2. *Şu anda kontrol edemediğimiz, ama kendimizi geliştirerek kontrolümüze alabileceğimiz şeyler.* Büyük bir aşktan sonra eski sevgiliyi unutmak elinizde değilmiş görünse de, bilişsel terapi teknikleriyle ayrılık acısını yönetmeyi öğrenebilirsiniz. Şu anda beş bin kişilik bir topluluğa konuşma yapmaktansa, Serengeti Parkı'nda aslanları tımar etmeyi tercih edebilirsiniz, ama iyi bir eğitimle kürsü korkunuzu kontrol etmeyi öğrenmeniz mümkün. Kendini geliştirmek, dün yapamadığını bugün yapabilir hale gelmektir. Hayat üzerindeki güç ve kontrol alanınızı genişletmektir.
3. *Başarımızı etkileyen ve hiçbir zaman kontrol edemeyeceğimiz şeyler.* Yaşadığımız şehirdeki hava durumu, kimin çocuğu olarak doğacağımız, ülkemizde kimin başbakan olacağı, doğal afetler gibi şeyler hayatımızı etkiler, ama tamamen kontrolümüzde değildir.

Kontrolümüzde olmayan şeyler karşısında tamamen çaresiz değiliz. Onları tamamen değiştiremeyiz, ama *etkileyebiliriz*. Bunu da iki şekilde yapabiliriz: *Onların üzerindeki etkimizi artırabiliriz* ve/veya *onların bizim hayatımıza etkisini azaltabiliriz*. En önemli hayat becerilerinden biri, kontrol edemediğimiz şeylerin *bizim üzerimizdeki etkisini* kontrol edebilmeyi ve yönetebilmeyi öğrenmektir. Annemizi seçemeyiz, ama annemizle ilişkimizi yürütme biçimimizi seçebiliriz. Güzel bir yüzle doğmayı seçemeyiz, ama gülümseyen bir yüzle yaşamayı seçebiliriz. Sevdiklerimizin ölmesini engelleyemeyiz, ama kayıp duygusunun bizi mahvetmesini engelleyebiliriz. Bunlar gibi birçok şeyi şu anda yapamasak da *öğrenerek yapabilir hale gelebiliriz.* Tüm bunlar kendimizi profesyonelce geliştirmeyi; *iç sistemlerimizi tanımayı*, oto-kontrol becerilerimizi artırmayı, içsel gözlem yeteneğimizi keskinleştirmeyi gerektirir. *"Bilgi güçtür"* der Bacon. En büyük güç, *kendi hayatını kontrol edebilme bilgisini* öğrenmektir.

Seçim sizin: Kanıtlar denk olsaydı neye inanmayı seçerdiniz?

Bir insanın başarısının hangi oranda kendisine, hangi oranda kontrolünde olmayan faktörlere bağlı olduğu asırlarca tartışılabilir. Gerçeğin ne olduğu ise *matematiksel bir kesinlikle* tespit edilemez. Sosyal bilimlerin *doğası* böyledir.

O halde cevaplanması gereken asıl soru şudur: *Siz neye inanmayı seçiyorsunuz? İnsan başarısının çoğunlukla (en az yüzde 51 oranında) kendi elinde olduğuna mı, yoksa olmadığına mı inanmak istiyorsunuz?* "İnanmayı seçtiğiniz" şeyin sonuçlarını yaşayacaksınız; ister farkında olun, ister olmayın! Kontrolün sizde olmadığına *inanmayı seçiyorsanız* hayatınız üzerindeki kontrolünüz daha da azalacak. Şansa ne kadar çok inanırsanız *şanssızlığın şiddetini* o kadar sert yaşarsınız. Bazen tersi de doğrudur; kontrolcülüğü çok abartıp denetim delisi olursanız bu da iç sisteminizi aşırı yüklenmeden çökertecektir.

Kontrol fikrine inanmayı seçerseniz, *başarı ve başarısızlığınızdan sorumlu olmayı* da kabul etmiş olursunuz. Birçok insan bu durumdan ürker! Hayatındaki sonuçların sorumluluğunu üstlenmemek için, bir tür (s)avunmacı ego çırpınışıyla her şeyin şans ve kısmete bağlı olduğu düşüncesine sarılır. Yanlışlayan binlerce örneği görmeyip, doğrulayan birkaç örnek üzerine sevinçle titrer!

Sosyal gerçekler göreceli olduğundan, *neye inanmayı seçerseniz o sizin iç gerçekliğinizi oluşturur.* Bu arada dış gerçekliğin sizden bağımsız olarak yaşamaya devam ettiğini unutmamanız gerekir.

Philip Dick'in deyişiyle: *"Gerçeklik, siz ona inanmayı bıraktığınızda orada durmaya devam eden şeydir."*

Bana sorarsanız, hayat bir deniz, ömür bir kayık, başarı ise sudaki balığa benzer. Kürekler ve yelkenler ise hayatı kontrol araçlarımızdır. Denizdeki *dalgaların hareketini* kontrol edemeyiz, ama *kürekleri kullanma derecemizi* seçebiliriz. Üstümüzde esen rüzgârları biz yönlendiremeyiz, ama *yelkenlerimizi tutma şeklimizi* biz seçebiliriz. Elbette kürekleri denize atıp kendimizi suyun akışına da bırakabiliriz, ama *istemediğiniz bir noktaya sürüklendiğinizde kaderimizden şikâyet etmek adil ve mantıklı olmayacaktır!*

Ne ilginçtir ki, aynı denizde, benzer dalgaların üzerinde yaşayanlardan bazıları gemisini yüzdüren kaptan olur, bazıları dalgalardan şikâyet eden mızmız. Aynı denizde benzer iklimde zıt hayatlar yaşanır. Tutunamayanlar rüzgârı suçlar, galipler yelkenleri tutma şekilleriyle övünür!

Kritik nokta şudur: Kontrolü amaç edinenlerin kontrol becerileri gelişir. Kontrolsüzlüğe inanıp kendini bırakanlar, *başkaları tarafından kontrol edilecek hale* gelir. Net ve sert gerçek: *Amaçları olmayanlar amaçları olanların aracı olur!*

Başarı kendini gerçekleştiren çevrimlerle çalışır. İnançlar düşünceleri, düşünceler duyguları, duygular davranışları, davranışlar sonuçları yaratır. Sonuçlar tekrar inançları besler. En baştaki düğme yanlış deliğe iliklenince, diğerleri de yanlış yere iliklenir. Başarı hakkındaki inançlarınızdan sorumlusunuz, çünkü sonuçlarınızı onlar yaratır.

Dünya tarafından kontrol edilmenin ötesine geçip dünyayı kontrol etmeye çalışmak

İnsanlar kabaca ikiye ayrılır: *Şartlar tarafından şekillendirilenler* ve *yaşadıkları şartları şekillendirenler.* Sizde oran ne durumda? Hayat mı sizi yönetiyor, siz mi hayatınızı yönetiyorsunuz? Kontrol çoğunlukla kimde?

Sıfırdan zirveye gelmiş insanların biyografilerini okuduğunuzda, *kendine inanan bir insanın gücünün nasıl genişlediğini* şaşkınlıkla karışık hayranlıkla izlersiniz. Bu insanların hırsları, özgüven ve yetenekleri geliştikçe, güçleri de dalga dalga yayılarak *hâkimiyet alanlarını* büyütür.

Sıfırdan zirveye çıkanların hikâyelerinde üç ortak nokta göze çarpar.

Birincisi, onlar da yolun başındayken alaylar, yenilgiler, yoksulluk ve yalnızlıkla boğuşurlar. *Onları başarılı yapan karşılaştıkları iyi olaylar değil, kötü olaylarla başa çıkma biçimleridir.*

İkincisi, bu insanların kontrol imkânları kendilerine duydukları inanç oranında genişler. Kontrole inandıkça kontrol mekanizması geliştirirler, kontrol mekanizmaları geliştirdikçe kontrolün gücüne daha fazla inanırlar. Teknolojiden sigortacılığa birçok icadın temelinde kontrol içgüdüsü bulunur.

Üçüncü nokta, her başarı hikâyesinde kahramanın dibe vurup yükselişe geçtiği bir an, *tüm zorlukları göğsüne alıp yürüdüğü bir nokta* vardır. İşte bu an, *her şey benimle başlar noktasıdır.*

Günümüz insanlarının çoğu hayatını kontrol etmek ister, ama bunu irade gücüyle yapmaktan pek hoşlanmaz. Birçok kişi, iradeli bir hayat yaşamaktansa yere uzanıp *ölü taklidi yapmayı* tercih eder! Tiryakiler sigarayı bırakmanın insanın elinde olmadığını savunur. Şişmanların çoğu az yemenin kontrolünde olmadığını anlatır. Gece yarısı eski sevgiliye mesaj atıp sabah pişman olan âşıklar bu davranışın denetimlerinde olmadığını söyler. Bazı öğrenciler interneti kapatıp ders çalışmanın insanın elinde olmadığını iddia eder!

TV'nin başından kalkıp tarih sınavına çalışamayan genç de insandır, o tarih kitabına geçen büyük savaşçılar da! Bu iki insan grubu arasındaki kritik fark, *kendini ve hayatı kontrol etme becerisinde* saklıdır. Hayatı kontrol, kendini kontrolle başlar. Kendini yenen dünyayı yener. İşte sıradışı bir örnek...

Her şey bir insanla başlar

Dokuz yaşındaydı. Bir gün babasıyla yolda giderken karşılaştıkları insanlar yemek ikram etti. Kabile reisi olan babası onlara güvendi, yemeği yedi, zehirlenip öldü! Kendisi kurtuldu. Adı Timuçin'di. İçinde *çelik çekirdek* taşıyan çocuklardandı.

Asya'nın vahşi steplerinde, genç yaşında obasının başına geçti. Kötü olaylar ardı ardına geliyordu. Avda olduğu bir gün başka bir kabile gelip obasını yakıp yıktı. Yeni evlendiği eşi dahil sağ kalanları esir alıp götürdüler. Olayları son anda gördü, hiçbir şey yapamadı. Çaresizdi, düşmanlarla çevriliydi ve kimsesi yoktu...

Burhan Dağları'nda bir mağaraya sığındı. Günlerce ot ve yabani hayvan yiyerek yaşadı. Kendisiyle yüzleşti; ya korkaklar gibi bir inde yaşayacak ya da çıkıp her şeyi tersine çevirecekti. "Her şey benimle başlar" dediği *o kes(k)in kararlılık noktasına* ulaştığında büyük bir *başarı yemini* etti. Kudretiyle dünyayı dize getirecekti. Acımasız hayattan intikamını "başarıyla" alacaktı!

Bir süre kabile reisi olan bir arkadaşının yanına sığındı. Yiğitliği ve yeteneğiyle onun saygısını kazandı. Beraber kabilesinden kalanları kurtardılar. Bozkırkurdu fena hırslanmıştı: *Sertleşmiş bir kalbi, çevik bileği, tehlikeli zekâsı, acımasız gözleri vardı!*

Hızla adam toplayıp eğitmeye başladı. O dönemin tankları sayılan, *koşan at üstünde ok atabilen askerleri* yetiştirdi. Emsallerinin tersine organize, sistemli ve disiplinliydi. Cesareti korkusundan, aklı hırsından büyüktü.

Teker teker diğer kabileleri yenmeye başladı. *Geleneği yerle bir edip, soylular yerine yeteneklileri komutan yaptı!* Tarih boyunca küçük boylar halinde yaşayan Moğolların ilk devletini kurdu. Sonra Cengiz Han adını alıp devletin başına geçti. Başlangıçta bir kişiydi, devleti kurduğunda tebaası *1 milyon kişiye* ulaşmıştı!

Birçokları için bu kadarı yeterliydi, ama bozkırın yeni efendisinin sınırı gökyüzüydü. *"Gökyüzünde bir tengri varken yerde iki kral olmaz"* deyip, önüne çıkan her yeri fethetmeye başladı. Kafkaslardan Kore'ye, Çin'den Rusya'ya, Hindistan'dan İran'a birçok ülkeye kısmen ya da tamamen diz çöktürdü. Elindeki 1 milyon kişiyi örgütleyip 20 yılda 100 milyondan fazla nüfusu fethetti. Düşünün; *1'e karşı 100 oranında kazanılan bir zafer!* Pek zarif ve hümanist bir tarzı olmadığı için fethederken bu kadar insanın üçte birini öldürdü!

Büyük İskender'in sekiz katı kadar alanı fethetti. Ülkesi Roma İmparatorluğu'nun iki katı büyüklükteydi. *Yaptıkları ahlaki olarak onaylanamayacak kadar acımasız, başarısı kayıtsız kalınamayacak kadar görkemliydi.* Kanlı bir tarih yazmış olsa da, bugün akademik ders kitaplarında dahi "tarihin gelmiş geçmiş en büyük kara imparatorluğunu kuran kişi" olarak onun adı geçiyor. Bütün krallar ülkelerinin sınırlarını genişletmeye çalıştı, en çok genişletebilen o oldu.

Moğolistan'da yüzyıllardır aynı gökyüzü, aynı iklim şartları, aynı halklar vardı, ama bir lider geldi, önce kendini, sonra kabilesini, sonra ülkesini, sonra kıtasını fethedip tarihin akışını değiştirdi!

Sonuç: İyi ya da kötü, her şey bir insanla başlar!

Burhan Dağları'ndayken sadece bir kişiydi! Bu dünyada *ayaklarının altı kadar* yeri vardı. Öldüğünde, Asya kıtasının çoğu onundu. Yaşadıkça, her yıl *her şey benimle başlar dediği o mağarayı* ziyaret etmişti!

Şimdi bir daha düşünün:
Bir tek insanın gücü neye yeter?
İnsan için mümkün olanın sınırı neresidir?
Gücünü içinden alan bir enerji nereye kadar yayılabilir?
Bir insan hayatını kontrol imkânını ne kadar genişletebilir?
Hâlâ interneti kapatıp ders çalışmak benim elimde değil diyen?
Hâlâ sigarayı bırakmak insanın elinde değil diyen?
Hâlâ spor yapmamak elimde değil diyen?
Muhafızlar!

HAYAL KIRIKLIĞI TERAPİSİ: BAŞARISIZLIK PSİKOLOJİSİYLE BAŞA ÇIKMAK İÇİN NELER YAPMALI?

Buraya kadar, başarısızlığın nasıl öğrenildiğini ve öğretildiğini keşfettik. Bu kısımda kapsamlı ve sistematik bir şekilde çözümleri ele alacağız. Başarısızlık bilgisini unutmak, zihinsel arşiv kayıtlarımızı yeniden düzenlemek, yetersizlik psikolojisini aşmak, özgüven ve cesaretimizi güçlendirmek için yapabileceklerimiz neler?

Konuyla ilgili profesyonel çözümleri incelemek için önce köpekler üzerinde yapılan deneyin sonuç raporuna bir göz atalım. Bakalım, öğrenilmiş çaresizliği tedavi etmek ve köpekleri *ilk baştaki duruma geri getirmek* mümkün olmuş mu? Prof. Dr. Martin Seligman, *Learned Optimism* [Öğrenilmiş İyimserlik] adlı kitabında bunun cevabını veriyor: "*Steve Maier'le birlikte öğrenilmiş çaresizlik yaratabileceğimizi bulmuştuk. Peki, bunu tedavi edebilecek miydik? Çaresiz olmayı öğrenmiş bir grup köpeği aldık ve bu zavallı, isteksiz hayvanları kutunun içinde ileri geri götürdük. Bölmeyi (çıtayı) tekrar tekrar aşırttık. Sonunda kendi kendilerine hareket etmeye başladılar ve tam anlamıyla tedavi oldular.*"

Seligman aynı kitabında, çaresizlik psikolojisiyle başa çıkmaya dönük başlıca gözlemlerini şöyle özetliyor: "*Öğrenilmiş çaresizlik, deneğe eylemlerinin artık işe yaradığı gösterilerek iyileştirilebiliyordu. Ayrıca deneğe başarısızlığa uğramasının nedeni konusunda farklı düşünmesi öğretilerek de iyileştirilebiliyordu. Çaresizlik yaşantısı gerçekleşmeden önce denek –o şartlarda– eylemlerinin işe yaradığını öğrenirse, öğrenilmiş çaresizlik önlenebiliyordu. Bu ustalık yaşamda ne kadar erken kazanılırsa, çaresizliğe karşı bireyin bağışıklığı o kadar fazla oluyordu.*"[4]

Diğer çözümleri kapsamlı bir şekilde ele almadan önce bir şeyi merak ediyorum: *Siz olsaydınız ne yapardınız?* Öğrenilmiş çaresizlik yaşayan o köpekleri çitin öbür tarafına *nasıl atlatırdınız?* Öğrendiklerini *unutturmayı* mı denerdiniz? Diğer köpekleri atlatıp kendilerinin de yapabileceğini *örneklerle* göstermeye mi çalışırdınız? Çitin öte yanına daha fazla kemik mi (ödül) koyardınız? Daha çok elektrik şoku vermeyi mi (ceza) düşünürdünüz? Yoksa onlara şefkat-terapi yapıp, *cana yakınlıkla güvenlerini kazanarak* mı eyleme geçirirdiniz? Cevabınızın doğruluk değerini biraz sonra anlatacaklarım içinden test edebilirsiniz.

Otomatik çaresizler ve doğuştan azimliler

Öğrenilmiş çaresizlik deneyleri yapılırken sonuçlardaki şaşırtıcı bir detay bilim insanlarının dikkatini çekiyordu. Üstelik bu ilginç durum, insan ve hayvan deneylerinde benzer oranlarda çıkıyordu!

Araştırmacıların, çaresizleştirmek için uğraştıkları insan ve hayvanların *üçte biri* çaresizliği bir türlü "*öğrenmiyordu!*" Çaresizleştirmeye karşı *bağışıklık sistemleri* çok güçlüydü. Acıya, engelleme ve dayatmalara azimle direniyorlardı! Pes etmeyi reddediyorlardı. Mücadele gücü yüksek bu gruba *yılmayanlar* diyelim.

Deney sırasında dikkat çeken bir grup daha vardı: ***Doğuştan yılgınlar!***

Bu grup pes etmeye, tembelliğe, hiçbir şey yapmamaya o kadar hazırdı ki, onlara hiçbir şey yapılmasa da bir şey yapmıyorlardı!

Şöyle ki, kontrol grubunda yer alan ve *üzerine herhangi bir rahatsız edici şok uygulanmayan* insan ve hayvanlardan yüzde 10'u deneyin ikinci aşamasında *şok yemiş çaresizler gibi davranıyordu!*

Denekler teker teker kabine alınmasına ve onlara ilk aşamadaki *çaresizleştirme eğitimi uygulanmamış olmasına rağmen*, ikinci aşamadaki rahatsız edici uyarıcıdan kurtulmak için hiçbir şey yapmıyorlardı. Adeta *"doğuştan" çaresizlik eğitimi almış* gibiydiler!

Deney sırasında aynı yerde, aynı olaylara, aynı şekilde ve miktarda maruz kalan insanlardan (veya hayvanlardan) bazıları hemen pes ederken, diğerlerinin azimle direnebiliyor olması akla şu soruyu getiriyordu: *Pes edenler ile vazgeçmeyenler arasındaki farkı yaratan nedir?* Acaba yılmayanlar *doğuştan* mı böyledir, yoksa *çocukluk yaşantılarından kazandıklarıyla* mı bu hale gelirler? Yoksa kafalarındaki *özel bir düşünme biçimi ya da hayat felsefesi* nedeniyle mi pes etmiyorlar? Azimli, mücadeleci ve *psikolojik dayanıklılığı yüksek* bu insanların beyninde nasıl bir *mekanizma* çalışıyor olabilir?

Sizi içinizdeki "mana müdürü"yle tanıştırayım: Mr. Naif psikolog!

1950'li yıllarda sosyal psikolog Fritz Heider insanların *başlarına gelen olayları nasıl yorumladıklarını* ele alarak, "naif psikoloji" dediği bir kuram ortaya attı. Heider'e göre, hepimizin kafasında *amatör bir psikolog* yaşıyordu ve gündelik olayları sürekli *bize açıklıyordu.* Tıpkı futbol yorumcuları ve gazete köşe yazarları gibi, naif psikoloğumuz da *hayatımızı etkileyen iç ve dış olayların sebeplerini* yorumluyordu. O bizim bir tür akıl hocamız, iç sesimizdi. Hayat boyu en fazla birlikte zaman geçirdiğimiz varlıktı.

Kafamızın içindeki bu psiko-yorumcunun iki görevi vardı. Birinci görevi, iç dünyamızı *anlamlı*, *tutarlı* ve *dengeli* hale getirmekti. Yorumlarıyla *iç çatışmalarımızı azaltıp iç bütünlüğümüzü artırmaya* çalışıyordu. Çünkü iç çelişkilerimiz ve tutarsızlıklarımız *komşunun matkap sesi gibi bizi gerip* hayat enerjimizi düşürüyordu.

İç psikoloğumuz ikinci olarak, *davranışlarımız ile çevre arasındaki etkileşimi* yönetiyordu. Benliğimizin özünü korumayı, iç ve dış kontrolümüzü artırmayı, böylece çevremiz üzerindeki etkimizi yükseltmeyi amaçlıyordu. Hepimiz iki şeyin peşindeydik: *İç dünyamızı çelişkisiz hale getirmek ve çevremiz üzerindeki kontrolümüzü daha fazla artırmak.* Naif psikoloğumuz bu iki görevi başarmak için "içimizden" sürekli bizimle konuşuyordu.

Yanlış nedene bağlama: Hangi fişi, hangi prize takmalı?

İç psikoloğumuz bize danışmanlık yaparken, *başımıza gelen olayları* ve *yaptıklarımızın sonuçlarını çeşitli nedenlere bağlayarak* (atfederek) açıklamaya can atar. Elinde bir fiş (sonuç), karşısında voltajı farklı onlarca priz vardır. Genelde iyi şeyler yapsa da, bazen prizi yanlış fişe takar, *sonuçlarımızı yanlış sebeplere bağlar.* Bulduğu nedenler yanlı(ş) olsa da biraz ona güvendiğimizden, biraz da *bulduğu sebepler işimize geldiğinden* onu çok sorgulamayız!

Naif psikoloğumuzun çalışma tarzını bir ergen aşkı üzerine uygulayalım. Uzun süredir gizliden gizliye âşık olduğunuz biri var, ama o sizi pek fark etmiyor! Bir hafta sonu buluşmak için randevulaştınız. İlk baş başa görüşmeniz, heyecanlısınız. Kafanızda güzel hayaller, karnınızda kelebeklerle sözleştiğiniz yere gittiniz. Bekliyorsunuz, ama gelmiyor. Telefonları da kapalı! Ne yaparsınız? Muhtemelen hemen *neden gelmediği üzerine* düşünmeye başlarsınız. O anda orada olmamasının (sonuç) nedeni hakkında düşünürken, naif psikoloğunuz devrededir. Size bazı sebepler önerir, siz de birisine *inanmayı seçersiniz. Bunun farkında olmamanız, o seçimi yapmadığınız ve sonuçlarını yaşamayacağınız anlamına gelmez!* Onlarca ihtimal var. Başına kötü bir şey mi geldi acaba? Yoksa sizi önemsemediğinden mi gelmedi? Belki de hayatında başka biri var! Acaba siz mi günleri karıştırdınız? Çok yakındayken, şarjı bitmiş olabilir mi? Naif psikoloğunuz elinde bir fiş, onlarca prizden birine takıp, *kafanızda bir ampulün yanmasını sağlamaya çalışıyor!*

Burada ilginç olan nokta, *başkasının aklını okumak için kendi aklımızı kullanıyor oluşumuzdur!* Bir insanın, başka birinin *neyi niye yaptığını tahmin ederken yaptığı yorumlara* dikkat edin. *Onun kişiliğinin en karanlık noktaları* bu anlarda sızar! Başkasının neyi niye yaptığının açıklamasını yaparken, normalde hiç olmadığımız kadar *kendimizi ele veririz*. TV'deki siyaset ve spor yorumcularını izlerken bir de bu gözle bakmanızı öneririm.

Yapılan araştırmalar *neden bulma biçimimiz*, yani *atfetme eğilimlerimiz* üzerine bazı kritik noktaları ortaya çıkarmıştır.

1. Aynı şeyi yapmış olsak da, kendimiz ile başkalarının davranışlarını *farklı nedenlere bağlama* eğilimindeyizdir. Kendimizi kayırırız. Kötü bir şeyi biz yapıyorsak, *şartlar* zorladığı içindir; başkası yapıyorsa, *karakteri* bozuktur! Aile komedilerinden bilirsiniz: Evde birlikte yemek yenirken, yanlışlıkla biri su bardağını düşürüp kırarsa, *aynı sonuca farklı açıklamalar* yapılır. Bunu yapan çocuksa "sakar" olduğu için *kırmıştır*, anneyse o bardakta bir "uğursuzluk" olduğu için *kırılmıştır*, eli çarpan babaysa *"o bardağın orada ne işi var!"dır.*[5]
2. Davranışlarımızın açıklamalarını yaparken, köşe yazarlarının *sabit siyasi ideolojilerine göre* olayları yorumlaması gibi, bizim iç psikolog da genellikle *aynı nedenlere dayandırma eğilimindedir. "Elinde sadece çekiç olan, her şeyi çivi olarak görür"* der Maslow. Şansa inanan her şeyi şansla, kurnazlığa inanan üçkâğıtla, eğitime inanan eğitimle açıklar. Bu da bazen bizi dar bakış açılarına, sabit fikirliliğe, hatta Horkheimer'in deyişiyle "akıl tutulması" na götürebilir.
3. Beklenmedik olaylarda ve *canımızı acıtan durumlarda* daha yoğun ve güçlü linkler kurar/sebepler arar/atıflar yaparız. Sıradan olayları *otomotik pilota bağlı* bir şekilde ve rutin düzeyde algılayıp nedenleri üzerine pek düşünmezken, şok edici bir durumda hemen bunun "nedenini" arar, kendimizce doğru ya da yanlış bir açıklama buluruz. Sıradan bir olay sıradışı bir deneyime dönüştüğü anda neden bulma sistemi devreye girer.

Küçük bir çocuk komşunun kedisiyle neşeli bir şekilde oynamaktadır. Kuyruğunu sert bir şekilde çekince kedi onu tırmalar. Bizimki çığlığı basmakla kalmaz, çektiği acıyı o anda bir şeye linkler/yükler! Acısını kedinin tüyüne, kulağına, ayağına bağlayabilir! Bu *sebep ataması* mantıklı olmasa da çalışır. Sonra da bu korkusunu *genellemeye* başlar. Tüye bağladıysa, dedesinin sakalından korkar, onun kucağına gitmez. Kulaklara linklediyse, atlardan da korkmaya başlar! Dört ayağa linklediyse, köpekten korkmaya başlar. Her durumda böyle yapılmaz, ama fobiler bu tür yanlış ve abartılı atıflardan doğar.

Bebeklerin böyle davranabileceğini, yetişkinlerin ise böyle şeyler yapmayacağını düşünüyorsanız, *yaşadığınız en büyük deprem anını* hatırlayın. Korkunuzu nelere linklediniz? Havaya? Binaya? Şehre? Saate? Sıcak ve bunaltıcı bir yaz gününde olduysa, *bir sonraki yıl aynı mevsimde, benzer havalarda* aklınıza deprem ihtimali gelmedi mi? Hava durumu ile deprem arasında hiçbir bağlantı/korelasyon olmasa da, algınız o linki kurabilir. Bu nöral çağrışım zinciridir.

Bir sonucu bağladığımız (atadığımız) neden, o konuda *ne hissedeceğimizi* ve *gelecekte ne yapacağımızı* belirlediği için, *aktif linklerimizin farkında olmamız* çok önemlidir. *Beynimizdeki linkler entelektüel kablolarımızdır, düşüncelerimiz onlar üzerinden akar.* Trenlerin ray üzerinde gitmesi gibi, düşüncelerimiz de nöral linklerimiz üzerinden kafamızın içinde dolaşır. Beyin *kendini tekrarlayacak şekilde düşünmeye* [*paternizm*] eğilimli bir organdır. Çoğu insan *yerleşik düşünce kalıplarının* dışına pek çıkmadığından, ilk atıflar/linklemeler kişinin kaderini belirler. Bu linklere mahkûm değiliz, beynin nasıl çalıştığını ayrıntılarıyla öğrenerek nöral kablolarımızı yeniden düzenleyebiliriz.

Başarısızlığı daha çok neye bağlıyorsunuz?

1970'li yıllara gelindiğinde, California Üniversitesi'nde *atfetme kuramı* üzerine çalışan sosyal psikolog Bernard Weiner'in aklına bir soru takıldı. *Azimli, mücadeleci ve başarılı insanlar ile çabuk pes eden, dayanıksız ve başarısız insanların arasındaki farkı yaratan atfetme (neden bulma) biçimleri olabilir miydi?*

Weiner ve arkadaşları yaptıkları deneylerle, insanların *başarı ve başarısızlıklarının nedenleri hakkındaki düşünme biçimlerinin onların başarı motivasyonunu belirlediğini* kanıtladılar. Kuramlarına, *Başarı Motivasyonu Modeli* [Achievement Motivation Model] adını verdiler.

Bu modele göre; başarı ve başarısızlık durumunda, insanlar *yaşadıklarını açıklamak* için *içsel* veya *dışsal* nedenler bulurlar, ancak bu yeterli değildir. Bulunan nedenlerin *geçiciliği ve kalıcılığı, kontrol edilebilirliği ve edilemezliği* de önemlidir.

Sonuçlar istediğimiz gibi olmayınca, üç soruyla düşünmeye başlarız: *"Bu sonuç başarısızlık mı?" "Başarısızlık ise neden başarısız oldum?" "Başarısızlık nedenlerim geçici mi kalıcı mı, dışsal mı içsel mi, bir boyutta mı her boyutta mı hayatımı etkiler?"* İçimizden yaptığımız bu yorumlar *hayat tecrübemizi üretme biçimimizi* belirler.

Eğer futbolcuysak ve derbi maçında kritik bir penaltıyı kaçırdıysak, hemen *içimizde* bir *açıklama üretiriz.* Bu açıklamanın makul olanlarını basına da söyleriz! Bu açıklamalar *başarısızlık gerekçelerimizdir* ve mahkemelerin *gerekçeli kararına* benzer. Başarısız bir sonucu dikkatsizliğimize bağlarsak içsel, sahanın çamurlu olmasına bağlarsak dışsal nedene dayandırmış oluruz. Kalecinin şansına bağlıyorsak dışsal ve değişebilir, boyumuzun kısalığına bağlıyorsak içsel ve değişmez bir nedene dayandırmış oluruz.

Futbol takımlarının galibiyet ve mağlubiyet sonrasında yaptıkları *ilk açıklamalara bakarak atıf ve açıklama alışkanlıkları* ortaya çıkarılabilir. "Saha çamurluydu", "hakem karşı tarafı tutuyordu", "artık önümüzdeki maçlara bakacağız" vs.

Başarı ve başarısızlığımızı dayandırdığımız dört ana neden kategorisi vardır:

1. İçsel ve değiştirilebilir nedenler (örn. Çalışkanlık)
2. İçsel ve değiştirilemez nedenler (örn. Yaşımız)

3. Dışsal ve değişebilir nedenler (örn. Hava durumu)
4. Dışsal ve değişmez nedenler (örn. Yer çekimi)

Yeşil sahalardan duygusal alanlara, tekrar ergenler arası aşk turnuvasına geçelim. Âşık olduğunuz kişiyle sonunda buluştunuz. Yarım saat geç geldi! Siz biraz "trip" yaptınız, o da ait olmadığı bir gezegendeymiş gibi davrandı. En ilginç anılarınızı bile *gözünü devirerek* dinledi! Birbirinizin yüzünden çok, cep telefonlarınıza gelen mesajlara baktınız. Sonuçta, her şey kötü geçti. Aranızda bir şey olamayacağını da ima etti. Onu hâlâ biraz seviyorsunuz, ama sizi önemsemediği için de kızgınsınız, kafanız biraz karışık!

Onun yanından ayrılınca, sosyal medya hesabınıza, "*İnsanı üzen yaşananlar değil, yaşanabilecekken yaşanmayanlardır*" gibi imalı şeyler yazdınız! Sonra "kafanızı dinlemek" için sahil kenarında tek başınıza yürüyüşe çıktınız. Naif psikoloğunuz mikrofonun başına geçti. Neden olmadığına dair birlikte *cevap* arıyorsunuz. Bir "olmadı çünkü"ye ihtiyacınız var!

Yüzlerce ihtimal içinden seçeceğiniz neden *ne hissedeceğinizi* ve *ileride benzer durumlarda ne yapacağınızı* belirleyecek. *Kendinizi iyi anlatamadığınız için* olmadığını (içsel ve değişebilir) düşünürseniz ufukta hâlâ umut vardır. Sizi sevmemesinin nedenini, *boyunuzun kısalığına* bağlarsanız (içsel ve değişmez) psikolojiniz yerlerde sürünecektir. Eğer onun "o gün moralinin bozuk olmasına" bağlarsanız dışsal ve değişebilir bir neden seçmiş olursunuz. Sizi reddedecek kişinin ancak "kendi cinsine ilgi duyan biri" olabileceğini düşünürseniz (dışsal ve değişmez) ne hissedeceğinizi bilemedim şimdi!

Kişisel başarı algoritması: Neden bulma sistemi nasıl çalışır?

Başarısızlığı kendimize nasıl açıkladığımız kadar *başarılarımızı neye bağladığımız* da önemlidir. Nelerin başarımızda *belirleyici faktör* olduğunu düşünürsek onlara daha fazla önem verir, o boyutta kendimizi daha çok geliştiririz. Bilirsiniz; bazı insanlar her şeyi tanıdık çevresiyle açıklar, bazıları yetenekle, bazıları parayla, bazıları isteğin gücüyle. Neye önem verirseniz o yönde kendinizi geliştirip daha iyi olursunuz. Neye önem vereceğinizi de *sonuçlarınızı neye bağladığınız* belirler.

Weiner'e göre, insanlar bir işte başarılı olup olmadıklarına karar vermeden önce dört şeye bakar. Hepimiz *görevin* zorluk derecesine, kişisel *yetenek* düzeyine,[6] harcanacak *çabanın* miktarına ve *şansın* rolüne göre değerlendirmemizi yaparak kendi başarı (ya da başarısızlık) notumuzu veririz. Bu analizi *bir işi başarmaya kalkmadan önce* ve *işi sonuçlandırdıktan sonra*, sonucun başarı ya da başarısızlık olması fark etmeksizin içimizden yaparız.

Matematikte kötü olan bir öğrenci bir defalığına kolayca sınavı geçerse bu sonucu kendine nasıl açıklayabilir? "İyi konsantre olunca yaptım" derse *içsel çabaya*, "Bu sefer sorular kolaydı" derse *görevin zorluk derecesine*, "Çalıştığım yere denk geldi" derse *şansa*, "Hocanın vücut dilini okuyarak, çıkacak soruları sezdim" derse *yeteneğe* (!) bağlamış olur. Bunlar *gerçek nedenler* olmayabilir, ama beynimiz için *algılanan gerçektir! Sebep atamalarımızda* objektif olduğumuz söylenemez, ama elimizdeki sonuçları birtakım nedenlere dayandırmadan ve bunların doğru olduğunu düşünmeden duramayız. Freud'un keşfettiği *savunma mekanizmalarının* temeli de budur. Bu öğrencinin kullandığı sebep atama şekli, onun gelecekte matematik sınavlarındaki performansını ciddi oranda etkileyecektir. Açıklama biçimimizin sonuçlarını gelecekte yaşadığımız için ondan sorumluyuz.

Kişisel başarı algoritmamızı tam anlamak için, Weiner'in kriterlerinin birbiriyle ilişkisini de toplu olarak ele almalıyız. İçsel-dışsal kriterine göre bakınca, çaba ve yetenek kişinin iç dünyasına aitken, şans ve işin zorluk derecesi dış dünyaya, yani çevreye aittir. Kalıcılık-geçicilik kriterine göre bakılırsa; yetenek ve görevin zorluk derecesi kalıcı, şans ve çaba ise geçici nedenlerdir. Kontrol edilebilirlik kriterine göre bakılırsa; çaba kontrol edilebilir nedenlere, şans ise kontrol edilemez nedenlere örnektir.

Bir öğrencinin akademik başarısını bağladığı nedenler				
	İÇSEL		DIŞSAL	
	Kalıcı Nedenler	Geçici Nedenler	Kalıcı Nedenler	Geçici Nedenler
Kontrol Edilebilir	Çaba	Sadece bir sınav için gösterilen çaba	Öğretmenin yanlılığı	Başkalarından bir defalık görülen yardım
Kontrol Edilemez	Yetenek	Sınav sırasındaki ruh hali	Sınavın zor olması	Şans

Kaynak: B. Weiner'den Çiğdem Kağıtçıbaşı, *Yeni İnsan ve İnsanlar*, İstanbul, Evrim Yayınevi

Burada kritik soru şudur: Olayları yorumlarken iç nedenlere bağlayanlar mı daha başarılı olur, dış nedenlere bağlayanlar mı? *Kontrol edebileceği değişkenlere* bağlayanlar mı daha başarılı olur, *kontrol edemeyeceği değişkenlere* bağlayanlar mı? Başarısızlığı *geçici* nedenlere bağlayanlar mı daha başarılı olur, *kalıcı* nedenlere bağlayanlar mı?

Hayat değiştiren 5 kritik soru: Kötü sonuçları nasıl yorumlarsak kendimizi başarısızlıktan koruyabiliriz?

Gündelik hayatta bir insanın başına gelebilecek küçük başarısızlık örneklerini bir düşünün. İş mülakatında kendinizle ilgili bir soruya çok saçma bir cevap verdiniz! Yeni sevgilinizle ilk randevunuzda hamburgerin ketçabını beyaz gömleğinize döktünüz! Gittiğiniz tango kursunda gösterilen hiçbir hareketi yapamadınız! Şirketler arası dostluk maçında çok önemli bir maç sayısını kaçırdınız! Çok çalışmanıza rağmen bir dersten sınıfta kaldınız! Milletvekili yeminini ederken okuduklarınızı beş kere karıştırdınız!

Büyük bir çuvallamadan sonra, içinizden "*yapamadım çünkü*" derken hangi açıklamalara *daha sık* başvurursunuz? Atıf yapma alışkanlığınızı ele veren, *sıklıkla kullandığınız nedenler* hangileridir?

Yapamadım çünkü:

"Bu iş beni aşıyor, kapasitemin üzerinde."

"O gün çok şanssızdım."

"Başkaları hile yaptığı için kazandı!"

"Başka işlerde iyiyim, ama bu işten anlamıyorum."

"Tüm gücümle yüklenmedim, ondan olmadı."

"Eğitimini almadan yaptığım için beceremedim."

Davranışlarınızın ve sonuçlarınızın, iç ve dış nedenleri hakkındaki tahminleriniz hayat tecrübenizin oluşma biçimini belirler. *Tecrübe çıkarma şeklimiz olayın kendisinden daha önemlidir.*

İnsanların hayat tecrübelerini oluşturma biçimi; Heider, Seligman, Weiner, Abramson gibi bilim insanları tarafından çeşitli kriterlerle analiz edilmiştir. Bu analizlerin sonuçlarına bakılırsa, yaşadığımız bir başarısızlığı ele alırken kendimize sorduğumuz kritik (5-K) sorular şunlardır:

1. Kalıcılık: Başarısızlık nedenim geçici mi, sürekli mi?
2. Kişisellik: Sadece ben mi (bireysel), yoksa herkes (evrensel) mi?
3. Kapsam: Bir alanda mı (lokal), her alanda mı (global) etkili?
4. Kaynak: İçsel nedenler mi, dışsal nedenler mi?
5. Kontrol: Değiştirmek elimde mi, değil mi?

1. Kalıcılık: Bu durum geçici mi, sürekli mi?

Bir başarısızlığı yorumlarken verdiğimiz ilk kritik karar, durumun geçici mi, yoksa kalıcı mı olduğu hakkındadır. Başaramayınca hemen kendimize sorarız: "*Bunu her zaman mı yapamam, yoksa bu defalık mı yapamadım?*"

Aşkta reddedildiğinizde, "başarısızlığı" o günkü kıyafetinize bağlarsanız *geçici*, doğduğunuz yere bağlarsanız *kalıcı* nedene dayandırmış olacağınızı artık biliyorsunuz.

Araştırmalara göre, bir insan başarısızlığını *geçici* nedenlere dayandırıyorsa, kalıcı nedenlere dayandıranlara göre *daha az* olumsuz etkilenmektedir. Başarısızlığı geçici görmek, onu geleceğe taşımayı engeller. Depresyona yatkın kişiler *başarısızlık durumunun sürekli olacağına inanma eğilimindedirler.*

Kötü durumların geçici olduğunu düşünmek, umudun gücüne dayanmaktır. Umut, dışsal bir vaade değil, içsel bakış açısına bağlıdır. Üzerinize dolu yağarken iki şeyi hatırlamalısınız: Bir, o anda dünyanın bazı yerlerinde dolu yağmıyor. İki, bir gün güneş bulutların arasından mutlaka çıkacak.

2. Kişisellik: Bunu sadece ben mi yapamıyorum, yoksa herkes mi yapamıyor?

İkinci önemli nokta, *başarısızlıktaki teklik* ile ilgilidir. Bir işte başarısız olunca hemen kendimize sorarız: "*Bunu sadece ben mi başaramıyorum, yoksa herkes mi yapamıyor?*"

Araştırma sonuçlarına göre, kişi eğer başarısız olduğu şeyi *sadece kendisinin yapamadığını* düşünüyorsa kolayca bunalıma girebiliyorken, *başkalarının da yapamadığını gördüğünde* kendisine olan saygısını ve güvenini daha fazla koruyabilmektedir.

Literatürde sıklıkla kullanılan bir örnekle açıklarsak; çocuğu kanser olan bir baba onu iyileştirmek için her yolu dener, ama sonuç alamaz. Bu baba üzülür, ama özsaygısını kaybetmez, çünkü kansere *kimse* çare bulamamıştır. Bu tür çaresizliklere *evrensel çaresizlik* denmektedir. Bir çaresizliğin evrensel olması için *dünya çapında* olması gerekmez, *algılanan dünya* yeterlidir. Çoğunluğun kaldığı bir sınavdan geçemeyen bir öğrenci, üzülse de kendini *aşağılanmış* hissetmez. *Birçok insanın yapabildiğini yapamamış olmak ise kişisel çaresizliktir ve insanın kendisine olan güvenini ve saygısını ciddi miktarda eksiltebilir.*

Bir düşünün: Sizin çok isteyip de yapamadığınız bir şeyi, *sevmediğiniz ve sizden daha azgelişmiş olduğunu düşündüğünüz bir kişinin başardığını görmekten* daha kötüsü ne olabilir ki? Will Rogers ince zekâsını yansıtan bir cümlesinde şöyle demişti: *"En iyi oyunculuğu, Oscar gecesinde ödül alamayan oyuncuların yüzlerinde görürsünüz!"*

O halde "evde kalmak" neden kötüdür? *Başkaları* evlenebildiği için! Patronumuzun bizim maaşımıza zam yapmamasından daha kötüsü ne olabilir? *Başkalarına* zam yapması! Bizim bir sınavı geçememememizden daha kötüsü ne olabilir? *Başka* herkesin geçmesi! Kıskançlığın mantığını sanırım anladınız. Hiçbirimiz *tek ve son çaresiz* olmak istemeyiz! Sartre boşuna *"Cehennem başkalarıdır"* dememiş!

3. Kapsam: Bu sonuç bir alanda (lokal) mı yoksa her alanda (global) mı hayatımı etkiler?

Başarısızlığı yorumlarken üçüncü önemli nokta, başarısızlığın hangi ölçekte hayatımızı etkileyeceğini beklediğimizdir. Bir işte başarısız olunca kendimize sorarız: *"Sadece bu işte/durumda mı başarısızım, yoksa her alanda mı başarısızım?"*

Başaramadığımız şeyin hayatımızı sadece *bir boyutta mı, yoksa her boyutta mı etkileyeceğini* bilmek isteriz. Domino etkisinin sınırını görmek isteriz. Bu konudaki düşüncelerimiz doğrudan başarısızlığımızı ne kadar genellediğimize bağlıdır. Attığımız top basket olmadıysa, bu "başarısızlığımızı" nasıl ve ne kadar genelleyebiliriz?

Küçükten büyüğe doğru *başarısızlığı genelleme* örnekleri:

Durumla sınırlı dar yorum: "*Bu atışım* kötüydü."

Zamanla sınırlı dar yorum: "*Bugün* iyi oynayamıyorum."

Alanla sınırlı geniş yorum: "*Basketbolda* iyi değilim."

Zamanla ilgili geniş yorum: "*Son yıllarda* performansım çok kötü."

Her alana yayılma: "Artık *hayatta hiçbir şeyde* iyi değilim."

Başarısızlığını uzaya taşıma: "Ben *bu dünyada fazlalık* biriyim!"

Bu örnekler abartılı geliyorsa gazetelerin *üçüncü sayfa haberlerine* bakabilirsiniz. Sevgilisi reddedince intihara kalkışan ergenler, trafikte "yan baktı" diye birbirine giren sürücüler, boşandı ya da boşanmadı diye eşini vuran erkekler! *Mantık kayışı kopmuş* insanları derinlemesine incelerseniz içlerinde *eldeki sonuçları yanlış ve abartılı nedenlere bağlayan ama pek de naif olmayan bir psikolog* bulursunuz.

Bir alanda başarısız oldunuz diye *onu genelleyip hayatınızın her alanına* yaymak, *hayal gücünün kötüye kullanılma biçimidir*. Bir karar verin, *kimden yanasınız?* İnsanlar başarısızlığı kafalarında çok büyütürlerse korkularını çoğaltırlar. Başarılarını çok fazla büyütürlerse egolarını yükseltirler. Başarı sizden sağduyu ister.

4. Kaynak: İçsel nedenler mi, dışsal nedenler mi?

Dördüncü önemli kriter, başarısızlığın kaynağını *içimizde* mi yoksa *dışımızda* mı aradığımızdır. Başarısızlık halinde hemen düşünmeye başlarız: "*İçsel/kendime bağlı nedenlerden mi, yoksa dışsal/bana bağlı olmayan nedenlerden mi başarısız oldum?*"

Sosyal psikolojide, *kendini kayırma eğilimi* diye bir kavram vardır. Bazı insanlarda bu eğilim yüksektir. *Bu kişiler, iyi olayların nedenini kendilerine, kötü olayları dış dünyaya bağlama eğilimindedirler.* Bu yüzden benlik saygıları ve özgüvenleri fazla düşmez. Bu kişiler bir başarısızlık durumunda hızla hatalarını düzeltirlerse, moral seviyelerini korudukları için başarıya kolayca ulaşabilirler. Hatalarından hızlı bir şekilde ders çıkaramazlarsa hem başarısız hem kendini beğenmiş biri olabilirler.

Bu grubun tersine, *özyıkım eğilimi yüksek* olanlar ise, *kötü olayları hep kendilerine bağlama, iyi olayların kaynağını ise dış dünyada arama* eğilimindedirler. Bu kişiler *kendini suçlama alışkanlıkları* nedeniyle hep bunalım halinde yaşarlar. Başarısızlığın şiddetinin üzerine bir de kendini suçlamanın baskısı eklenince kendilerini toplamaları iyice zorlaşır.

Her iki tutum da abartıldığında *gerçeklik algısına* zarar verebilir.

Kendini kayırma ve kendini sabote etme eğilimi, başarı davranışlarına da yansır. Bazılarımız "ne ararsan kendinde ara" tavrıyla yaşarken, bazıları başarısızlığın suçunu hep dışarı atar!

İdeal tutum nedir? Suçu hep başkasına atarsak biraz rahatlar, kuyruğu dik tutar, özgüveni koruruz, ama hatalarımızı hızla düzeltmezsek başarısız kalmaya devam ederiz! Hep kendimizi suçlarsak iç bunalımlarımızda boğulur, kendimize içimizden çelme takar dururuz.

İdeal tutum *suçlamayı değil, öğrenmeyi* seçmektir! Başkalarını da kendimizi de suçlamadan, *sonucun nasıl ortaya çıktığını mantıklı bir şekilde analiz ederek*, bir sonraki teşebbüste başarısız olmamak için neler yapmak gerektiğini düşünmektir. Geçmişe değil geleceğe bakmalı, suçlamayı değil öğrenmeyi seçmeliyiz. Başarısızlık durumunu bir *trafik kazası gibi* ele almak gerekir. Kazanın nedenleri *–trafikteki "kusur paylaşımı" gibi–* içsel ve dışsal nedenlere objektif bir şekilde *dağıtılmalıdır.* Kendinizi ve başkalarını *suçlamadan*, (s)avunma mekanizmalarına sığınma kolaycılığına kaçmadan, olayların *görünen ve gerçek* (aktif/çalışan) nedenlerini analitik bir akılla ortaya çıkarmak akılcı başarının temelidir.

Bu süreçte sık sık şu tür soruların üzerine düşünmeliyiz: Neyi doğru yaptık? Neyi yanlış yaptık? Neyi yapmamız gerektiği halde yapmadık? Neyi yapmamamız gerektiği halde yaptık? Bir sonraki seferde istediğimiz sonucu almak için şimdi ne yapmalıyız? Neleri değiştirmeli, neleri aynen sürdürmeli, neleri daha iyi yapmaya çalışmalıyız?

5. Kontrol: Değiştirmek elimde mi, değil mi?

İstenmeyen bir sonucu yorumlarken kullandığımız son kriter, başarısızlığın nedenini ve sonuçlarını değiştirmenin güç alanımızın içinde olup olmadığıdır. Kendimize sorarız: *"Beni başarısızlığa iten bu nedeni değiştirmek kendi elimde mi, yoksa etki ve kontrol alanımın dışında mı?"* Eğer kişi yenilginin nedenini derisinin rengi, cinsiyeti, boyu, yaşı gibi kendisinin *değiştirmesi mümkün olmayan içsel ne-*

denlere ya da iklim şartları, hukuki düzenlemeler, makro ekonomik veriler gibi yine *kontrolünde olmayan dışsal nedenlere dayandırmayı alışkanlık haline getirmişse* cesaret ve motivasyonu hep düşük olacaktır.

Bazı insanlar içsel nedenlerin aynı zamanda kontrol edilebilir olduğunu, beşinci maddeye gerek olmadığını düşünebilir. Oysa duygularımız gibi bazı içsel faktörler yarı kontrol edilebilir, yarı edilemez faktörlerdir. Beşinci madde dördüncünün tamamlayıcısıdır.

Başarı yolunun henüz başındayken dış faktörleri pek kontrol edemeyiz, ama içgüçlerimizi yönetebiliriz. Şöhretimiz, servetimiz, makamımız, üst düzey ilişkilerimiz yoktur, ama zekâmız, azmimiz, çalışkanlığımız ve irade gücümüz elimizin altındadır. *Hiçbir şeyi olmayanların elindeki en önemli araç ve kaldıraç iç kaynaklarıdır.* Bu kaynakları işleyip iş hayatına sunulabilir hale getirmek profesyonel gelişim demektir. *İnsanlar iç araçlarını iyi kullanabildikçe başarılı olur, sonra da hem iç hem de dış araçları kullanarak başarılı kalır.*

Naif psikoloğu başarı koçuna çevirmek

Başarı yolunun başındayken, sonuçların sorumluluğunu azim, kararlılık, çabalama gibi kendi elinde olan nedenlere bağlayanların başarı motivasyonu daha yüksek olacaktır. Bu tutum akademik anlamda *objektif ve gerçekçi bir tavır* gibi görünmeyebilir, ama pratikte başarı için *çok yararlı bir tercihtir.* Yolun başındayken, kafanızdaki terazide iyimser ve kötümser ihtimalleri tartarken, *iyi ihtimallerin kefesine bir parmağınızı koyarak umuda avans* vermeniz akıllıca bir harekettir. Zeki, entelektüel, ama kötümser insanların başarısını engellen şey, "gerçekçi ve akılcı olacağım" kaygısıyla, *iyimser ve değiştirilebilir ihtimallere yeterince yoğunlaşamayıp* eylemsizliğe düşmeleridir.

Azimli, atak ve akıllı bir insan olmak öğrenilebilir. Kafanızdaki naif psikoloğu *başarı koçuna çevirerek* bunu yapabilirsiniz. Bunun yollarından biri, kararsız kaldığınız anlarda "eğer" sorusuyla düşünce egzersizi yapmaktır. Düşünün: *Eğer aklına ve başarı zekâsına hayran olduğunuz bir kişi o anda kafanızın içindeki naif psikolog olsaydı size ne önerirdi? Eğer o sizin yerinizde olsaydı, ne düşünürdü, ne yapardı, ne yapmazdı?* Anılarına bakılırsa; Roosevelt Lincoln'u, Einstein da Newton'u bu şekilde kafasında *ücretsiz olarak çalıştırıyordu!* Newton, "kendinden önceki devlerin omzundan baktığı için" ileriyi görebildiğini söylemişti. Siz de bu *entelektüel empati tekniğini* kullanarak aklınızın menzilini uzatıp, yeni bakış açıları kazanıp, görüş mesafenizi genişletebilirsiniz.

Bir mucit ile mafya babasının davranışları arasındaki farkı yaratan nedir?

Pes etmeye karşı bağışıklık sistemi güçlü insanların bakış açısına sıklıkla verilen örnek, Edison'un kafasındaki naif psikoloğun yorum biçimidir. Ünlü mucit tüm fabrikası yanıp kül olduğunda, "*Bütün hatalarımızı da yaktık, artık sıfırdan başlayabiliriz*" diyebilmiştir. Bir deneyde defalarca başarısız olduğunda, sonuçsuzluğu "başarıya götürmeyen yolları elemek" diye adlandırıp, "*Her denememde başarısız olmaya götüren bir yol daha buluyorum,*" demiştir. *Edison felsefesine göre, başarısızlığa götüren bütün yollar tükenince geriye sadece başarıya giden yol kalır!*

Kendimizi geliştirme sürecinde öğrenmemiz gereken en kritik farkındalık şudur: *Başımıza gelen olaylar değil, olayları yorumlama şeklimiz ne hissedeceğimizi ve ne yapacağımızı belirler.* Aynı durumun iki farklı yorumu insanı çaresizliğe veya başarıya götürebilir. Hayatını kontrol etmek isteyen bir insanın yapması gereken ilk şey, *kendi yorum biçiminin nasıl çalıştığını keşfetmek ve onu kontrol altına almaktır.* Yorum şeklimiz kaderimizi belirliyorsa, onu kendi haline bırakamayız. Yorum şeklini yönetmek üstün bir yeteneğe değil, konuyla ilgili bilgi sahibi olmaya bağlıdır.

Bir insanı mucit ya da mafya babası yapan, kafasının içindeki yorum biçimidir. Edison'la aynı ülkede ve benzer dönemde yaşayan ünlü gangster Al Capone, onu mafya babası olmaya götüren akıl yürütme biçimini şöyle açıklamıştı:

"Çocukken her akşam yatmadan önce ve aklıma geldiği her an Tanrı'ya bana bisiklet vermesi için dua ederdim. Bir gün Tanrı'nın çalışma tarzının bu olmadığını anladım! Ertesi gün gittim, kendime yeni bir bisiklet çaldım ve her akşam yatmadan önce Tanrı'ya günahlarımı affetmesi için dua ettim!" Kafa içi psikoloğumuz her zaman "naif," pozitif, erdemli ve iyimser olmak zorunda değildir! İyi ya da kötü olmasından bağımsız olarak, kafanızın içinde en çok tekrarladığınız düşünceye dönüşürsünüz.

Dünyanın en ilginç olaylarından biri, bir ailenin iki çocuğundan birinin *çok başarılı,* diğerinin ise *başarısız* olmasıdır. Bu çok nadir bir durum da değildir. Bu örnekler, başarının *genler* ve *çevrenin* ötesinde bir şeyle, olayları yorumlama biçimimizle bağlantısı olduğunu işaret eder. En başarılı ile en başarısızı *aynı genler ve çevre şartlarından çıkaran* aileler adeta bir *başarı laboratuvarıdır!*

Bana neden bulma şeklini göster, sana ne kadar başarılı olacağını söyleyeyim

Tek bir başarısız olay kadar, başarı ve başarısızlık *olgusunu* neye dayandırarak açıkladığımız da çok önemlidir. *Olaysal atıflar* kadar *olgusal atıflara* da dikkat etmek gerekir. *"Başarı, işini ne kadar iyi yaptığına değil, kimleri tanıdığına bağlıdır"* diyenle, *"Başarı, bir işte herkesten iyi olmaktır"* diyenin başarı davranışları aynı olmayacaktır. "Başarı, çabayla üretilir" diyenle, "Kısmetinde varsa ayağına gelir" diyen aynı derecede çaba göstermeyecektir. Başarının bağlı olduğu faktörler hakkındaki yorumunuz başarı davranışlarınızı belirleyecektir.

Bana bir insanın başarı ve başarısızlığını *hangi oranda neye bağladığını* gösterin, size onun *ileride ne kadar başarılı olabileceğini* söyleyeyim. Bir sonucu doğru nedenlere, doğru oranlarda bağlayabilmek gelecekteki muhtemel başarı veya başarısızlığınızın kapasitesini, şeklini ve ölçülerini ele verir. En sık yapılan hatalar, sonuçları *tek bir nedene indirgeme*, nedenlerin sonuç üzerindeki *etki oranlarını* yanlış tahmin etme ve görünen nedenler ile *arka plandaki gerçek (kaynak) nedenleri* ayıramamaktır.

Neden bulma biçimi, başarı ve başarısızlığı sahiplenme davranışını da etkiler. Başarı yolunda ilerlerken, önünüze birçok *seçim noktası* çıkar. *Seçeneklerimizi hayat hazırlar, seçimleri biz yaparız.* Sonuçlar iyi çıkarsa, bunu biz başarmışızdır; kötü çıkarsa, başkalarının suçudur! Bilirsiniz: *İyi notu öğrenci alır, düşük notu öğretmen verir! Bir kitap çok satmışsa, bu yazarın başarısıdır, az satmışsa yayınevinin başarısızlığıdır!* Başarının her zaman birden çok baba adayı vardır, ama başarısızlık hep ortada kalır.

Garantili bir şekilde bunalıma girip başarısız olmanın yolları!

İnsanlar ikiye ayrılır: *Kendinden yana olanlar ve kendine karşı olanlar.* Kendini inşa edenler ve kendini imha edenler. Kendine yardım etmeyi seçenler ve kendine çelme takanlar. Siz hangi gruptansınız?

Buraya kadar, kendine yardım etmeyi seçenler için teknikler anlattım. Adil olmak adına, şimdi de bunalıma girmek için can atan, özyıkım eğilimi yüksek arkadaşlara birkaç öneride bulunmak istiyorum!

Bunalıma girmek bir *sanattır*; uygun bir *bakış açısı* ve *aktif bir çaba* ister! Garantili bunalım için, istediğiniz bir sonucu alamadığınızda, bu *fırsatı* hemen değerlendirmelisiniz! Olumsuz sonucu *geçici değil kalıcı* nedenlere bağlamalısınız. Başkalarının da bu tür şeyler yaşayabildiğini unutup, *sadece sizin başınıza geldiğini* düşünmelisiniz. Olumsuz sonucun hayatınızın *bir boyutunu değil, her boyutunu* etkisi altına alacağını hayal etmelisiniz. Başarısızlığı dışsal değil, *içsel ve değiştirilemez nedenlere* dayandırmalısınız. Eğer bunları sarsılmaz bir kararlılık ve istikrarlı bir alışkanlıkla yaparsanız, kendinizi "başarıyla" bunalıma sokabilirsiniz! Tabii *sürdürülebilir bunalımlılık* da çok önemlidir. Bunalımlı olmak yetmez, bunalımlı kalmak da gerekir!

"Büyük acılara geçici nedenler bulmak umut sanatıdır"

"Geçici nedenler bulmak umut sanatıdır ve umut çaresizliği zamanla sınırlar," diyen Seligman'a göre, şanssız bir olayla karşılaşan insanlardan kolay pes edenler, *"Hep benim yüzümden oldu, bu durum sonsuza kadar sürecek, yaptığım her şeye zarar verecek"* diye düşünmeyi alışkanlık haline getirmiştir. Pes etmeyen iyimserler ise, *"Şartlar yüzünden böyle oldu, zaten çabucak geçer, dahası hayat bundan ibaret değil ki"* derler.[7] Konuyla ilgili Mayo Clinic'in bir raporuna göre, iyimserlik; "Başınıza iyi şeyler geleceğine ve olumsuz gelişmelerin aşılması mümkün olan geçici engeller olduğuna inanmaktır."

Yorum biçimi bir seçimdir. Nazi kamplarından sağ çıkan efsanevi psikiyatr Victor Frankl, *"Hiç kimsenin elimizden alamayacağı son özgürlük, temel özgürlüğümüz, içinde bulunduğumuz koşullar ne denli zorlu, ıstırap verici ve karmaşık olursa olsun, tavrımızı seçebilme özgürlüğüdür"* der. Dışarıdan etkilense de ele geçirilemeyecek nihai özgürlük alanımız, *başımıza gelen olay ile olaya verdiğimiz tepki arasındaki zaman diliminde ne yapacağımızı (tutumumuzu) seçebilme* imkânımızdır. Bu noktada eylemlerimize kendimizi yansıtabilir, savrulmadan yönümüzü ve yolumuzu bulabiliriz. Tavrımız üzerinden kaderimizi seçebiliriz. Tek bakış açısına, tek bir tutuma mahkûm değiliz. Söylenmek ya da sonuç almak, depresyonu ya da motivasyonu seçmek bize bağlıdır.

Olumsuz iç konuşmaları yönetmek

Hayatta iki türlü konuşma vardır: *İçedönük konuşma ve dışadönük konuşma.* Kendimizle kurduğumuz iç iletişim ve çevreyle kurulan dış iletişim. Başarı davranışlarımız kendi kendimizle yaptığımız iç konuşmaya doğrudan bağlıdır. Dış konuşmalar, iç konuşma mekanizmasından geçerek kalıcı sonuçlar doğurabilir.

Her insan kendi kendisiyle konuşur! Bu şekilde başına gelenleri yorumlar. Mesela, *"Kendi kendime dedim ki,"* derken iç konuşmamızdan alıntı yaparız. Şu anda içinizden, *"Ben deli miyim ki, kendi kendime konuşayım,"* diyorsanız, üzgünüm ama yakalandınız, işte bu bir iç konuşma! Şimdi de içinizden, *"İyi espriydi,"* dediyseniz bu da bir iç konuşma! İçinizden, *"Bakalım bunu daha nereye kadar uzatabilecek!"* diye düşündüyseniz bu da bir iç konuşma! Şu anda iç konuşma yoluyla düşünüyor, size yaptığım "akıl okuma" oyununu iç sesinizle yorumluyorsunuz.

Sokrates, *"Düşünmek, ruhun kendi kendisiyle konuşmasıdır,"* der. İç konuşmalarla kendimizi motive edip güçlendirebileceğimiz gibi, yıkıcı duyguları tetikleyip mahvedebiliriz de. *Araştırmalara göre, aklımızdan günde ortalama 70.000 civarında düşünce geçiyor.* Başka bir araştırmada iç konuşmalarımızın *yüzde 75'inin kötümser*, üzüntü verici ve güçsüzleştirici olduğu bulunmuştur. Çoğumuz geleceğimizi inşa edecek fikirler hakkında içimizden konuşmak yerine, geçmişin kötü olaylarını kafamıza takıp, bozuk plak gibi çeviriyoruz. İç konuşma enerjimizi değiştiremeyeceğimiz şeyler için harcadığımızdan, elimizde olan şeyleri düzeltmeye takatimiz kalmıyor. Sonunda, "yorgunum dostlarım, yoruldum artık" diyen şarkılarda iç çekiyoruz. Bütün bunlar, iç konuşmalarımızı çok verimsiz ve yıkıcı bir şekilde kullandığımızı gösteriyor. İç konuşma yönetimi öğrenilebilir bir beceridir.

İç konuşmayı yönetmek için birkaç kritik noktayı bilmek gerekir. *Bir düşünceyi içinizden çok fazla tekrarladığınızda beyin onu gerçekmiş gibi algılar.* Kendinize bir şeyi kırk kez söylerseniz beyniniz onu gerçek sanacaktır. Olumsuz iç konuşmaları kafada çok tekrarlamamak gerekir. Olumsuz konuşacağınıza hiç konuşmamayı tercih edebilirsiniz! Çok konuşan kötümser bir beyin kendi küpüne zarar verir. Yararlı şeyler okumak depresif beyni susturmanın iyi bir yoludur.

Bir düşünceyi içinizden çok duygusal bir ses tonuyla söylerseniz, beyin daha az tekrarla, daha kolay inanır. "Ben düşük zekâlıyım" ya da "bu iş kesin olmayacak" gibi negatif ve sınırlayıcı düşünceleri *duygusal yoğunluğu yüksek bir ses tonuyla* çok sık tekrarlamamalısınız! Bu tür cümlelerle gücünüzü bağladığınızın farkında olun. Olumlu cümle ve telkinlerin tekrarlanması ise sizi güçlendirecektir. Hayatınız boyunca kendinizle vakit geçireceksiniz, *içinizden kendinizle güzel konuşma sanatını* öğrenmelisiniz.

İç konuşmanın ilginç bir boyutu da *söylenmektir!* Ahmet Hâşim, "*Türk söylemez, söylenir*" der. Anneler genellikle bir şeyi bir kez söyler, ikinci kez tekrarlar, yapılmayınca ya *terlik atar* ya da *söylenmeye* başlar! Hangisinin ev ahalisine daha zararlı olduğu İsviçreli bilim insanlarınca araştırılmaktadır! Söylenmek bir *çene patinajıdır.* Söylenme davranışı; "Söylesem faydası yok, sussam gönül razı değil" noktasında başlar! Aşırı söylenme ruhsal radyasyon yayarak, hem söyleyen hem dinleyen bünyeye zarar verir. Ayrıca muhatabın *kayıtsızlık eşiğini yükseltip* mesajların duyulmasını engeller.

Mutfakta söylenerek yemek yapan anne modelinden, bilim felsefecisi Karl Popper'in *yanlışlanabilirlik kuramına* geçelim! Nasıl ki, *buzluğa koyduğunuz su donunca kabın şeklini alıyorsa,* iç konuşmalarımız da algı kalıplarımızdan, yani zihniyetimizden etkilenir. Artık biliyorsunuz, beynimiz *taraflı* bir organdır ve *tarafsız olması için fazladan çaba harcamak* gerekir. Beyin rutin çalışma sürecinde, inandıklarını doğrulayan şeyleri seçer, süzer, alır. Yanlışlayanları ise görmezden gelir, reddeder, kadraj dışında bırakır. Bu yüzden tutucular yenilikçilerden, taraflı insanlar objektif bakanlardan daha çoktur. Akıllı ve entelektüel biri olmak istiyorsak, *beynimizin bu zaafıyla başa çıkmak için aklımızı tersine çalıştırmayı öğrenmeliyiz. Bunun için de algı kalıplarımızı yanlışlayan verileri bulmak için aktif bir çaba göstermeliyiz.* "Siyah kuğu"yu aramalıyız! (Bkz. google.com!) Tüm bunlar öğrenilebilir becerilerdir. Böylece, *düşüncelerimizin kölesi değil efendisi* olabiliriz. Nasıl yapılacağını öğrenerek, algı kalıplarımızı nörolojik ve psikolojik olarak yeniden yapılandırabiliriz.

Önleyici yaklaşımlar: Çaresizlik duygusu henüz oluşmadan ondan korunmak en doğrusudur

Hayatta birçok durumda iki seçeneğimiz vardır: *Önleyici* yaklaşım ve *tedavi edici* yaklaşım. Azimli bir insan düştüğü bir kuyudan başarıyla çıkar. Hem azimli hem akıllı insan ise *o kuyuya hiç düşmez!*

Öğrenilmiş çaresizlik psikolojisinden çıkmak ciddi miktarda çaba gerektirdiğinden, *çaresizliği hiç öğrenmemek* en iyisidir! Bu amaçla başarısızlığa karşı *bağışıklık sistemi güçlendirilmelidir*. Bunun için de başa çıkma bilgisi, farkındalık ve önleyici tedbirler iyi bir savunma hattıdır. Başarısızlık ve çaresizlik psikolojisine karşı farkındalık yaratan kitaplardan her evde bir tane bulunması gerekir.

Öğrenilmiş çaresizlik ve ataletin *içimizde nasıl oluştuğunun mekanizmasını anlamak*, onunla başa çıkmanın da ilk adımıdır. Bu kitap size hiçbir çözüm göstermeseydi bile, sorununuzu *teşhis etmenizi* sağladığı için, sizi yolun yarısına kadar getirmiş sayılırdı. Artık herhangi bir başarısızlık ya da çaresizlik duygusuyla karşılaştığınızda, içinizde nasıl bir mekanizmanın çalıştığını biliyor olacaksınız. *Başarı bilinciniz ve başarısızlıkla başa çıkma yeteneğiniz hâlâ bu kitabı elinize ilk aldığınız noktada mı?* Çaresizlik çevriminin nasıl çalıştığını artık öğrendiniz. Beyninize yerleşirken onu yakalayabilir, henüz büyümeden önleminizi alabilirsiniz.

Buraya kadar çok sayıda yöntem anlatıldı. Şimdi bu teknikleri kullanma zamanı. Bir kılavuz kitabı okumak değil, *onu gündelik hayattaki ilgili durumlara uygulamak* fayda getirir. *Kullanışlı fikirler sunan bir kitap bulmak kadar, fikirleri kullanmayı bilen bir okur olmak da önemlidir.* Kitapta yazılanlardan daha çok, kitabı *okurken aklınızdan geçenler* sizi geliştirir. Bu kitap başarı algınızı güçlendirmek, tutkunuzun kapaklarını açmak için yazıldı. Kafka'nın dediği gibi, *"Kitap içimizdeki donmuş denizin buzlarını kırmaya yarayan bir araçtır."*

Şimdi düşünün: Geçmişte yaşadığınız kötü olayları kitaptan öğrendikleriniz ışığında nasıl *yeniden yorumlayabilirsiniz?* Gelecekte zorlu bir durumla karşılaştığınızda bu teknikleri nasıl kullanabilirsiniz? Ve bu öğrendiklerinizi kullanarak *başkalarına nasıl yardımcı olabilirsiniz?*

Çevrenizdeki insanları ikiye ayırabilirsiniz: Çaresizlik yayanlar ve çaresizlik savanlar!

İnsan yaşamında en kritik seçimlerden biri, yakın çevremizdeki diğer insanlardır. İlişki ekosistemimiz ruh iklimimizi belirler. Çaresizlik duygusu ve *başarısızlık bilgisi bulaşıcıdır.* Bu yüzden *tanıdıklarınızı ikiye ayırabilirsiniz: Çaresizlik savanlar ve çaresizlik yayanlar!* Zamanınızı neyi niye yapamayacağınızı anlatanlardan çok, neyi nasıl yapabileceğinizi gösterenlerle geçirmelisiniz.

Hayatınız hangi tür insanlarla kuşatılmış durumda? Beyni *bunalım baz istasyonu* gibi çalışan insanlar arasında mı yaşıyorsunuz? Bu insanları bu duygudan çıkarmak için bu kitabı nasıl kullanabilirsiniz? Değiştirilebilir gibi görünmüyorlarsa, kendinize yeni bir yaşam çevresi seçebilir misiniz? Bunu da yapamıyorsanız, kötüyü iyiyle dengelemek için *pozitif ruhlu insanları* hayatınıza nasıl katabilirsiniz?

Yakın çevrenizin negatifliğiyle uğraşmaktan bıktıysanız, "Savunmanın en iyi biçimi saldırıdır," diyerek bu kitabı *onların kafasındaki virüsleri temizleme aracı* olarak kullanabilirsiniz!

İnandırıcı olmak için, önce kendi içinizdeki öğrenilmiş çaresizlik virüsünü temizlemekle işe başlamalısınız. Sonra beyninize *pozitif başarı bilgisi yüklemelisiniz.* Sınırlarınızı bir birim zorlayacak bir hedef seçmeli, hedefi sonuçlara çevirmeli, başarıyı düşünce ve duygu olarak deneyimlemelisiniz. Bu arada içten veya dıştan gelen *başarısızlaştırıcı telkinlere karşı bağışıklık sisteminizi güçlü tutmalısınız.*

Hiçbirimiz sınırlayıcı çevrelere mahkûm değiliz. Toplumun tümünü değiştiremezsiniz, ama *beraber yaşadığınız topluluğu* seçebilirsiniz. Dünyaya son şeklini siz veremezsiniz, ama *kendi dünyanızı* ciddi oranda biçimlendirebilirsiniz. Kendinize neşeli, geliştiren ve anlamlı bir *ilişki çevresi* oluşturabilirsiniz.

Size benzer insanları bulmakta iyimser olmalısınız. Her ruh kendine benzeyen başka ruhlarla beraber dünyaya gelir. Benzerlerini bulması biraz zaman alır, ama çabası ölçüsünde bu süre kısalır. Hayat felsefesi sizin gibi olan; sizin gibi düşünen, yaşayan, hisseden insanlar var. Onları bulmak için yollar da var. Yeter ki siz bu uğurda eyleme geçecek kadar çok isteyin!

Çocukluk etkilerini yönetmek: "Öğrenilmiş çaresizliğin temelinde incinmiş bir çocukluk vardır"

Varoluş, deneme ve başarma üzerine kurulmuştur. Doğmadan önce milyonlarca sperm arasından birinci gelerek *ilk başarımızı* kazanırız! Doğduktan sonra da, başarı denemelerimiz devam eder. Bazılarımız istediği sonuçları alır, bazılarımız alamaz. İstediği sonuçları alanlar, başarıyı kendi gücüne bağlar, özgüvenini büyütür. İleride herhangi bir denemesinde *başarısız olsa dahi gücünü koruyacak kadar* "özgüven kontörü" biriktirmiş olur. Özgüven bir *duygusal sermaye birikimidir.*

Çocukluk döneminde *başarısızlıklarımıza gösterilen hatalı tepkiler bizde yıkıcı etkiler* oluşturabilir. Başarısız olunca alay edilen, cezalandırılan, *aşağılanan* çocuklar yeni başarı denemelerinden korkacaktır. Başarısızlıkla alay etmek bir *sosyal şiddet biçimidir!* Hukuki olarak suç olmasa da *ahlaki olarak suçtur.* Anne, baba ve öğretmenlerin bir çocuğun hata ve başarısızlıkları karşısında gösterdiği tavırlar çok önemlidir. André Maurois'e göre, "*Başarısızlık ve felaketlere rağmen hayata karşı güvenlerini koruyabilen iyimser insanlar, daha çok iyi bir anne tarafından büyütülmüş olanlardır.*"

The Health Center'ın öğrenilmiş çaresizlikle ilgili bir raporuna göre; "*Öğrenilmiş çaresizliğin temelinde incinmiş bir çocukluk vardır.*

İçinizdeki bu incinmiş çocuk, bugünkü duygusal problemlerinizi çözebilecek donanımda değildir. Hatta sizin daha fazla incinmenize neden olabilmektedir."

Rapordaki bir diğer tespit, çaresizlik psikolojisi ile suça yönelim arasındaki ilişkiyi açıklıyor: "*Çocuğun başarısızlığına gösterilen hatalı tepkiler, onda yetersizlik duygusu ve öğrenilmiş çaresizlik psikolojisi oluşturur. Bu tür çocuklar derslerde başarılı olamayacaklarına inanıp ders çalışmayı bırakırlar. Bununla da kalmaz, kendilerini fark ettirmek için okulun en yaramazı olarak sivrilmeyi seçebilirler. Aynı durum yetişkinlerde suça yönelme şeklinde kendini gösterir."*[8]

Çocukların başarısızlıklarına karşı alaycı ve yargılayıcı değil, destekleyici ve iyimser olmak önerilir. Yetişkinlerden farklı olarak, çocukların başarısını sonuçlara bakarak değil *gayret dereceleriyle* ölçmek gerekir. Sonuçlarından önce azimlerini alkışlamalıyız. Çocukların yanlışlarını değil doğrularını yakalayarak onları geliştirmek daha doğru bir yaklaşımdır. Onlara başarı duygusunu bir an önce yaşatmak, küçüklükten ağızlarına *baş+arı balı çalmak* önemlidir!

Kitabın ikinci kısmına geçmeye hazır mısınız?

Birçok insanın hayat serüveni bana Hollywood filmlerindeki "Meksika sınırı" sahnesini hatırlatır. Bu tür sahnelerde kahramanın hayatını belirleyen üç kritik nokta bulunur: *Kaçtığı* bir cehennem vardır, *ulaşmaya çalıştığı* bir cennet ha(ya)li vardır ve bu ikisi arasındaki yolculukta *imkânların onun kontrolünde olması için* ("Tanrım bu çölde arabam bozulmasın ve benzin bitmesin!") gösterdiği çaba vardır.

Bizim hayatımız da özünde; *istemediğimiz şeylerden kaçınmak, istediğimiz şeylere ulaşmaya çalışma ve bu ikisi arasındaki yolculukta kontrolü/ipleri elimizde tutabilme mücadelesinden oluşuyor.* Başarısızlıktan kaçış, başarıyı arayış ve iki nokta arasındaki geçiş için *gerekli araçlara* sahip olma çabası.

Kitabın buraya kadarki kısmında başarısızlık bölgesinden uzaklaşma üzerinde yoğunlaştık. Başarısızlığın *içimizdeki kalıntılarını* temizlemeye dönük, *onarım merkezli terapik bir anlatım* vardı. *Amaç, hayallerimizdeki başarı ülkesine negatif bilgilerden arınmayı öğrenmiş bir şekilde geçebilmekti.* Ayak bağlarımızdan nasıl kurtulacağımızı öğrendik; artık aklımızın kanatlarını açıp, tutkumuzun gücüyle kendimizi ileri fırlatabiliriz.

Buradan sonra farklı türde bilgi, teknik ve stratejiler başlıyor. Kitabın dilinde bile değişiklik göreceksiniz. Bizi sınırlandıran başarısızlık bilgisinden, bizi güçlendirecek *pozitif başarı eğitimine* geçiyoruz. Pozitif başarı eğitimi, *içsel kalkınmamız* için güçlü bir kaldıraç olacaktır.

Pozitif başarı eğitiminin ana hatları biraz tanıdık gelebilir, ama detaylarda büyük sürprizler var. İlk iş olarak, başarının hayatımıza ne katacağını göreceğiz. Sonra neyi *başarmaya yatkın olduğumuzu ve başarıyı nasıl öğrenebileceğimizi* keşfetmeye çalışacağız. Bir sonraki adım *hayallerimizin tavan yüksekliğini* artırmak. Ardından *ataleti yenme ve kendimizi harekete geçirme* konusuna değineceğiz. Amaçlarımıza giderken karşılaşacağımız *engelleri aşma ve sonuç alma* üzerinde duracağız. *Özgüvenimizi geri kazanmak* bir sonraki adım. Arada *başarısızlık propagandasına karşı bağışıklık sistemi güçlü olan başarı örneklerini* inceleyeceğiz. Son adım *kişisel kurtuluş savaşınızı* başlatmak... Öyküsü yazılmaya değer bir hayat yaşamak ve görkemli işler başarmak isteyenler için en güzel bölümler daha yeni başlıyor!

BAŞARMAK GÜZELDİR: BAŞARI HAYATINIZI NASIL DEĞİŞTİRİR?

"Beyaz bir balina zıpkınladım!
Kocaman bir beyaz balina
Bu akşam bütün lengerler dolacak
Bu akşam bütün mideler dolacak
Ve herkes beni, büyük bir avcı diye övecek."[9]

Eski bir Eskimo şiirinde avcının biri başarı duygusunu işte böyle tarif ediyordu. Siz başarıyı nasıl tarif ederdiniz? Başarmışlık duygusu sizce nasıl bir şeydir?

Başarmak güzeldir. İnsanın ruhunu yüceltir. Büyük işler başarmak çok daha güzeldir! Her büyük başarımızla bir kez daha doğarız. *Mutluluk canan, başarı candır!*

Bu bölümde konumuz: "Niçin başarı?" *Başarıya övgü* bölümündesiniz! *Nasıl başaracağımızı* öğrenmeden önce *niçin başarmamız gerektiğini* bilmeliyiz. Roketler nasıl ateşleme kapsülleriyle yer çekimine karşı koyabiliyorsa, insanlar da *başarı gerekçeleri* üzerinde yükselir. Başarı nedenlerimiz ruhsal kaldıraçlarımızdır. Başarı yolunda çekeceğimiz acıları anlamlandırır. Nietzsche'nin deyişiyle, *"Yeterince güçlü bir niçini olan, her türlü nasıla dayanır."*

Tutkulu bir insan hayaline ulaşıncaya kadar yaşadığı her yerde turisttir!

Her büyük başarı projesi başlangıçta bir hayaldir. Her hayal kendi tereddütünü de doğurur. Bir yanınız yapabileceğinizden emindir, diğer yanınız şüphe eder. Bir yanınız karşı koyar, diğer yanınız ister! Bir yandan *gerçekçi olup hayallere kapılmamaya* çalışırsınız, diğer yandan *hayallerinizi kovalayacak cesareti* kendi içinizde üretmeye...

Başarısızlık öykülerinin, başarı öykülerinden daha fazla olduğunu bile bile *sanki başarınız garantiymiş gibi harekete geçer,* uzun ve ince bir yola koyulursunuz. Bunu denemezseniz hayatınızda bir şeylerin *eksik kalacağını* hissedersiniz. *Tutkulu bir hayali olan insan, ait olduğu yere gidinceye kadar yaşadığı her yerde turisttir!*

Çevreniz sizi *garantili küçük kazançlara* yönlendirmeye çalışır, içinizdeki *ani duygu kabarmaları* ise o güzelim hayalinize. Bazen kendinize bazen etrafınızdakilere, "Göreceksiniz işte, olacak!" diye meydan okursunuz. İçinizde *özgüven meydan muharebeleri* yaşanır; *korkularınız* ile *umutlarınız* çarpışır, kafa içi sesleriniz birbirine karışır. Zamanla tereddütleriniz azalır, emin olma duygunuz ve içsel netliğiniz artar. O zaman daha hızlı ilerlemeye başlarsınız.

Çoğunlukla, ilk denemede başarı kendini teslim etmez. Küçük ilerlemeleri küçüklü büyüklü hayal kırıklıkları izler. Çevrenizdeki bazı insanlar, ısrarla yönünüzün ve yolunuzun yanlış olduğunu söyler. Beraber ve solo, "yapamazsın" korosuna rağmen, içinizdeki bir ses sizi onaylar: *"Göreceksiniz işte olacak, bir gün mutlaka!"*

Büyük bir hayatın bedeli binbir biçimde ödenir

İlerledikçe istediklerinizin bedelini ödeme miktarı artar. Az miktardaki paranızı keyfinize değil, *umutlarınıza* yatırırsınız. Hayalleriniz için *uykusuz* kalırsınız. Özel hayatınızdan, sağlığınızdan, rahatınızdan fedakârlık edersiniz. Çoğu kez *başarmak adına yaşamayı ıskaladığınızı* bile bile yolunuza devam edersiniz.

Başarı merkezli yaşamaya başladığınızda, içinizdeki hedonist tarafınız kadar, çevrenizdekiler de homurdanmaya başlar! Sevgiliniz *işinize ondan daha fazla önem verdiğinizden* şikâyet eder. Aileniz ve arkadaşlarınız *onlara yeterince zaman ayırmadığınızı*, "bencil" olduğunuzu ima etmeye başlar. Kimileri *elinizdekilerle yetinmeyip daha fazlasını istediğiniz* için "muhteris" (aşırı hırslı) biri olduğunuzu iddia eder! Birlikte yola çıktığınız "dava arkadaşlarınızdan" bazıları ilerleme hızınıza ayak uyduramayıp geride kalır. Tüm bu yaşananlar sizi biraz üzse de, zamanla yolda sizin gibi yeni insanlar bularak yürümeye devam edersiniz. Başarı, onu hak ettiğinizden emin olmak için, türlü sınavlara sokar sizi. Maraton değil, triatlon değil, pentatlondur yaşananlar.

Hayat şartları da pek teşvik edici değildir çoğu zaman. Hayalinizdeki sonuca ulaşmak için aklınıza gelen ilk yollar bazen çıkmaz sokağa götürür sizi. Yorgun ayaklarla en başa döner, yeni yollar ararsınız. Yeni yollarda *aşılması gereken yeni engellerle* karşılaşırsınız. *Sadece doğal engellerle değil, insanlarla da uğraşmak zorunda kalırsınız. İşten çok insanlar tüketir enerjinizi!* Hayalinize giden yolun köşe başlarını tutan, *kariyerli ama karaktersiz bazı insanlar* sizden ahlaki ödünler vermenizi ister. Başarının adil bir oyun olduğuna inancınız sarsılabilir böyle anlarda. Hemen pes etmemelisiniz; karakterli ve kariyerli olmak mümkün.

En zor zamanlarda bazen içinizdeki ses çatallanır: Biri, "devam et" der, diğeri "acaba?" *İnanç* ile *şüphe* arasında savrulursunuz. Galip gelen geleceğinizi belirler. Başarı, kurduğu hayale *kanıtsız inanan insanları* kayırır. Uzun emekler sonunda, kazanabilir veya kaybedebilirsiniz, maç bitinceye kadar *kesin kanıt yoktur. Kestirilemezliklerle dolu bir* yolda olabildiğince *kesin bir kararlılıkla* yürümeniz gerekir. Kararlı olmalı, ama kör de olmamalısınız! En iyi ihtimali ummalı, *en kötüye de hazırlıklı olmalısınız!* Her ihtimali sorgulamalı, ama tereddütlerinizi kafanızdan ayağınıza indirmemelisiniz! *Başarı şizofrenik derecede zıtlıkları bir arada düşünebilmeyi, ama bu düşünceler arasında dengesini kaybetmeyip, sağduyulu seçimler yapabilmeyi gerektirir.*

Ve bir gün tünelin sonunda ışığı görürsünüz, zafer ânıdır artık!

Ve bir gün o an gelir, karanlıktaki uçuş biter, hayalinizi hayatınızda görürsünüz. Bildikleriniz, seçimleriniz ve iradeniz işe yaramış, hayaliniz gerçek olmuştur. Tebrikler başardınız! İç ve dış engelleri aşıp, büyük bir *aslan vurdunuz!* Artık avınızın üzerine ayağınızı koyup *zafer pozunuzu* verebilirsiniz! *Yapmanız gerekeni yaptınız, olması gerekeni oldurdunuz.* Aldığınız sonuçla insanları *şaşırttınız.*

Başka insanlar da yapmak istiyordu, ama siz *yapabildiniz. Sonuç almak kutsaldır!* Hem kendinizin hem de başkalarının gözünde "özel" birisiniz artık. Çemberin dışında değil içindesiniz. Sınıf atladınız, sosyal başarı piramidinde üst kata çıktınız.

Başarı insanı onurlandıran bir deneyimdir. Başta anneniz olmak üzere, *birçok insanın sizden gururla bahsetmesi* bir insanın başına gelebilecek en güzel şeylerden biridir. Bu süreçte karşılaşacağınız *abartı soslu övgüler*, yolda çektiğiniz *acıları ve alayları* unutturur. Başarının ödülleri bedellerini telafi eder.

Başarının güzel yanlarından biri de başka insanlara yardım etme imkânı vermesidir. Başarınızla başkalarına ilham ve cesaret verebilmek çok *onurlu bir mutluluk duygusudur.* Başka insanların hayatını olumlu yönde iyileştirmek, *iyilik ve merhamet önderi* olmak, insaniyetini kaybetmemiş bir kalp kadar *başarılı bir kariyer* de gerektirir. *Sizde olmayanı başkasına veremezsiniz!*

Başarı başınıza gelebilecek en güzel şeydir!

Başarılı olmanın bedelleri malum, peki ya ödülleri?

Başarının doğduğu, bir hayalin gerçek olduğu anlarda hissedilen *doruk mutluluk duygusu*, başarı için ödenen onca bedelin en güzel karşılıklarından biridir.

Şampiyon sporcuların ödül törenine dikkat edin. *Sonucun açıklandığı anda* gözlerinin içine derinlemesine bakın. Hüzünlü gözlerle etrafı tararlar. Boğazlarında *şiirsel duygular* düğümlenir. Büyük bir sınavın kazanıldığı, bir seçim sonucunun açıklandığı, hayaldeki evliliğin yapıldığı, bir maçın sonucunun belli olduğu an insanların gözlerine bakarsanız, *doruk mutluluk duygusunun* resmini görebilirsiniz.

Hayatınızı istediğiniz gibi şekillendirebilme imkânına sahip olmak, başarının büyük ödüllerinden bir diğeridir. Böylece kişiliğinizi hayatınıza yansıtmanız mümkün olur. Başardıkça *özgünleşir, anonimlikten* kurtulursunuz. Birçok insanın *rüyasının* sizin *gerçeğiniz* olduğunu bilmek, *şükran duygunuzu ve minnettarlık hissinizi* artırır.

Başarı çektiğimiz acıları da kutsar ve anlamlandırır. *Türk Usulü Başarı* adlı kitabımda, "*Çektiğimiz acılardır başarımızın gerekçesi,*" demiştim. *Çoğumuz başarılı olmak için acı çekmiyoruz, acı çektiğimiz için başarılı oluyoruz!* Her başarılı insanın içinde, dışarıdan görülmeyen bazı derin yaralar bulunur. En görkemli başarı hikâyeleri *yaralı ve yaratıcı insanlardan* çıkar. "*Her büyük başarı, yanan bir yüreğin hikâyesidir*" der Tavern. Büyük başaranlar orta sınıf mutluluklarda teselli bulamayan, "bir meselesi olan" insanlardır.

Başarı seçeneklerimizi çoğaltarak özgürlük alanımızı genişletir

Başarının getirdiği en büyük armağanlardan biri de kişisel özgürlüktür. *Başarılıysanız seçen siz olursunuz, başarısızsanız seçilen siz olursunuz.* Büyük işler başarmış bir doktor çalışmak istediği hastaneyi kendisi *seçebilir*, ortalama bir doktor ise özgeçmiş hazırlayıp "seçilmek" üzere hastanelere göndermek zorundadır. Ne kadar başarılı olursanız o kadar *çok seçenek ve seçim hakkı* sahibi olursunuz. Başardıkça özgürlük alanınız genişler.

İki türlü özgürlük vardır: *İstediğini yapmak ve istemediğini yapmamak.* Başarının getirdiği özgürlük, canının istediği her şeyi yapabilmekten çok, *istemediği şeyleri yapmayabilme gücünü* içerir. Sevmediği insanlara *katlanmak zorunda kalmamak* da bu özgürlüğe dahildir! Başardıkça güç alanınız genişler, *size ne yapmanız gerektiğini söyleyenlerin sayısı* azalır!

Başardıkça, kıt kaynaklar arasında seçim yapmaktan *bolluk ikilemine* geçersiniz. *Kötü ile iyi* arasında değil, *iyi ile daha iyi* arasında seçim yapmaya başlarsınız. Seçeneklerinizin sayısı ve kalitesi artar.

Başarının en büyük armağanlarından birisi de başka insanlara bağımlılığı azaltmasıdır. İnsanlar yokluk içindeyken, sevdiklerinden çok mecburiyetten birbirlerine *bağımlı* yaşarlar. Başarılı insanlar yeterince seçeneğe sahip olduklarından, nefret ettikleri kişilere, yerlere, durumlara katlanmak zorunda kalmazlar.

Başarılı oldukça istemediğiniz insanları daha kolay hayatınızdan çıkarabilirsiniz. Muhakkak ki, sevmeseniz de birlikte çalışmak zorunda kalacağınız kişiler olacak, ancak en azından *eşit güçte insanlar olarak* mücadele edeceksiniz.

Başarının ödüllerinden bir diğeri, diğer başarılı insanlarla eşit düzeyde ilişki ve iletişim kurma imkânı sağlamasıdır. Zirvedeki insanlarla arkadaş olabilmek için, eğer ilkokulda kankası değilseniz, genellikle *kariyer denkliği* gerekir.

Başarı insanın yüzüne renk getirir!

Başarı insanın hayatına renk getirir. Özellikle de erkeklerin! Başarı en çarpıcı *sosyal makyajdır.* Kadın dergilerinin "en çekici erkekler" listesi, *doğal olarak yakışıklı* erkeklerden çok *sosyal olarak başarılı* erkeklerden oluşur! Doğrusunu isterseniz, bu biraz da *dönüşümlü* bir ayrıcalıktır. *Yirmili yaşlarda* doğal olarak yakışıklı/güzel olanlar, *kırklı yaşlarda* sosyal olarak başarılı olanlar çekim merkezi haline gelip altın çağlarını yaşar!

Kimilerine göre, başarı en güçlü sosyal afrodizyaktır! Büyük bir iş başarınca aşk hayatınız da hareketlenmeye başlar. Birden *tavlanacak hedef* haline gelirsiniz! "Hak etmediğiniz kadar" güzel ya da yakışıklı insanlar size ilgi duymaya başlar! Bu dünyadaki en büyük strateji savaşı aslanlar ile bizonlar arasında değil, başarısını güzel kadınları etkilemek için kullanan erkekler ile güzelliğini en başarılı erkeği elde etmek için kullanan kadınlar arasında yaşanır!

Size insan ilişkileriyle ilgili nükleer başlıklı bir taktik vereyim. *Hayatta insanların peşinden koşmayın, peşinden koştukları şeyin peşinde koşun! Siz onların istediklerine sahip olduğunuzda onlar sizi bulacaktır! Nokta!*

Başarılı oldukça geleceğinizi daha fazla garanti altına alırsınız

Başardıkça yaşam kaliteniz de doğal olarak yükselir. Çevre düzenlemesi olan, daha nezih semtlerde yaşamaya başlarsınız. Arkadaş çevreniz genişler. Toplu taşıma araçları yerini özel araçlara bırakır. Bir restorana gidip menüyü elinize aldığınızda ilk önce sağdaki "fiyatlara" değil, *sol taraftaki yemek adlarına* bakmaya başlarsınız!

Büyük bir başarı sonrası erkekler genellikle arabalarla, kadınlar ise kıyafet ve dekoratif eşyalarla kendilerini şımartırlar. Bunlarla yetinmeyip, daha *rafine zevkler de* geliştirebilirsiniz. Kültür ve zenginlik düzeyinize göre arşivlik *Tarkovskiy* filmleri koleksiyonu oluşturabilir, evinize orijinal bir *Kandinsky* tablosu asabilir, *Stradivarius* marka keman edinebilirsiniz!

Başarı insanı sosyolojik, psikolojik ve ekonomik olarak güçlendiren bir deneyimdir. Başarı belirsizlik korkusunu azaltarak, geleceğinizi güvende hissetme duygunuzu yükseltecektir. Yolun başındayken elinizde *kesin kanıtlar olmamasına rağmen* inandığınız yoldan gidip istediğiniz sonucu alabildiğinizi görmek, kendinize olan saygınızı artırır. Tüm bunlardan dolayı doğal olarak egonuzda biraz şişme meydana gelecektir! Bunun öncü göstergelerinden biri, eski tanıdıklarınızın, *"Sen şimdi bizi de tanımazsın!"* diye espri yapmaya başlamasıdır!

Başarı bir zamanlar size kötü davranmış kişilerden intikam almanın en zarif yoludur

Her başarı, başarısızken size kötü davranan insanlardan alınmış güçlü bir intikamdır. Başarınca insanlar *size karşı tavırlarını* değiştirirler. Başarınızın yarattığı rüzgâr, bazı insanların hem sizin *çevrenizde* hem de kendi *yörüngesinde* hızla dönmesine neden olur! Başarınca, vaktiyle sizi aşağılamış olan birçok insan size *saygılarını sunup* övgüler düzmeye başlar! Böyle anlarda *insan doğası üzerine ilginç ve ince gözlemler* yaparsınız!

Haksızlıklara karşı verilecek en zevkli, zarif ve zekice karşılık gidip başarılı olmaktır. Haksızlığa uğramışlıktan ya da aşağılanmadan doğan öfkede büyük bir enerji vardır. Eğer bu enerji *doğru bir şekilde başarıya yönlendirilebilirse, taşkın nehirlerden elektrik üretilmesi gibi* (bir tür başarı santrali!) büyük bir reaktif motivasyon üretilebilir. Birçok insanın anlattığına bakılırsa, yolun başındayken birileri "yapamazsın" demeyince, sondaki başarının keyfi de eksik oluyormuş!

Bu topraklarda, başkalarına kızarak gerçekleştirilen reaktif (tepkisel) başarıların oranı, ilk hareketini kendi içinden alan proaktif başarılardan daha çoktur. Türkiye'de *aşağılandığı için yükselenlerin* sayısının, *çocukluk hayalinin peşinde koşarak başarılı olanlardan daha çok* olduğunu bildiğim için Türk filmlerindeki "fakir ama gururlu genç" tiplemesini ciddiye alıyorum.

"Kötü kalpli fabrikatör" iflasın eşiğindedir ve kapı kapı dolaşıp fabrikasını satmaya çalışmaktadır. Yeni zengin olan birini duyar, binbir ricayla randevu koparır. Ofisine gittiğinde alıcımız koltuğuna kurulmuş, pencereden dışarıya bakmaktadır.

"Zor durumdayım, fabrikamı bir an önce satmak istiyorum, duydum ki alabilirmişsiniz" der, eskinin muktedir kötü adamı.

Yüzüne bakmadan cevap verir genç adam: "*Bilmem hatırlar mısınız? Yıllar önceydi. Fakir ama gururlu bir genç vardı. Fabrikanızda bir işçiydi! Sevdiğiyle beş dakika konuştu diye…*"

Bir anda susar. Gergin bir sessizlik başlar. Ölümcül sessizliği genç adamın öfkeli sesi ikiye böler: "*Herkesin içinde aşağılamıştınız onu, onuruyla oynamıştınız!*"

Sonra koltuk döner ve fakir ama gururlu gencin yüzü görünür. "*İşte o bendim!*"

Eski mağdur yeni mağrur gencin intikamı, onun yaşadıklarıyla *kendi yenilgilerini aklayan* seyircinin gözlerini yaşartır!

Photoshoplanmış kişisel tarihiniz: Başarınca geçmişiniz yeniden yazılır!

Büyük bir iş başarınca karşılaşacağınız ilginç bir durumdan daha bahsetmeliyim: *Başarınca geçmişiniz yeniden yazılacak!* Tabii kusur ve hatalarınızdan epeyce arındırılmış bir şekilde!

"*Başkan olmanın en büyük avantajı, lise notlarınızın aniden devlet sırrı hükmü kazanmasıdır!*" demişti Ronald Reagan. Söylememişler, ama atalarımız şöyle demeliydi: *Bir başarı bin ayıp örter!*

Başarı çok güçlü bir "kusur giderici"dir. Başarılı olmak taç giymek gibidir, tacı başınızın üzerine koyduğunuzda *size bakan gözler kamaştığından,* insanlar yüzünüzdeki sivilceleri (kusurlarınızı) göremez hale gelir. Buna psikolojide *halo (hale) etkisi* denir. Kusurlarınız çok göze batıyorsa *göz kamaştıran* bir iş başarın!

Ülke çapında bir iş başarırsanız, karizmanız geçmişe doğru yayılmaya başlar. Öğretmenleriniz, "*Onun büyük adam olacağı öğrenciliğinde belliydi*" der. Mahalle bakkalı, "*Ufakken onun matematiği çok kuvvetliydi, gofret alırken hesabı hep kafadan yapmasından anlamıştım büyük adam olacağını!*" der! Okul arkadaşlarınız mezuniyet yıllığından fotoğrafınızı bulup, komşularına havalı bir şekilde gösterip, sizinle ilgili anılarını bire bin katarak anlatır. Tabii o seçilen anılarda, muhtemelen *o sizden daha zeki ve becerikli olacaktır!* Her başarılı insanın geçmişinde, *onun nasıl da bu kadar başarılı olduğunu bir türlü anlayamayan* bir arkadaşı bulunur!

Büyük bir iş başarınca sosyal kredibiliteniz, sözünüzün dinlenirliği ve kişisel değeriniz de hızla yükselişe geçer. Hatta bazı insanlar hatalarınızda bile "hikmet" aramaya başlar! Dış saygının artması, iç barışınızı ve kendinize duyduğunuz sevgiyi de yükseltir. Hak edilmiş bir başarı, güçlü bir *kendini onarma mekanizmasıdır.*

Başarının en güzel taraflarından biri de *öğrenilebilir* olmasıdır. Bir sonraki bölümde, el üstünde tutulmanızı sağlayacak bir başarının nasıl öğrenilebileceği var. Bilirsiniz, eğer omuzların üstünde taşınmak istiyorsanız önünüzde iki yol vardır; ya çok çalışıp bir işte en iyi olursunuz ya da hiç uğraşmayıp bir tabutun içine uzanırsınız!

BAŞARILI OLMAK ÖĞRENİLEBİLİR: İNSANLIĞIN AKIL BANKASINDAN FİKİR ÇEKİN!

Başarılı olmak öğrenilebilir.

Bu cümle hayatımın iddiası, temel tezim, kavgam, davam. Kanıtlamak için kafa yorduğum, uğruna kariyerimi koyduğum bir fikir. Entelektüel meydan okuyuşum. "Fikrimin ince gülü", kalp çarptıranım! Dünyayı daha iyi bir yer yapacağına inandığım hayat ideolojim.

Başarı istemeyen birine zorla öğretilemez, ama isteyen herkes başarıyı öğrenebilir. Başkasından ya da kendinden, kitaptan ya da hayattan, kazandıkça ya da kaybettikçe, yükselirken ya da düşerken başarıya dair bir şey öğreniriz. Herkes başarıyı bir şekilde öğrenir. Sorun bildiklerimizin ve öğrenme şeklimizin genellikle yanlış olmasıdır. Kişisel önyargılar, kulaktan dolma bilgiler, eklektik analizler, kaybedenlerden öğrenilmiş kazanma dersleriyle *işe yarar bir başarı paradigması* geliştirilemez. İnsan nasıl ki okuma yazmayı kendi başına öğrenemeyip okula gidiyorsa, başarı okuryazarlığı da *bilinçli ve metotlu bir çalışma* gerektirir.

Başarıyı kendi çabanızla öğrenmezseniz genellikle katakulliler yoluyla size öğretirler. Kısa zamanda çok zengin olan bir iş adamına sormuşlar: "Bu kadar kısa sürede nasıl bu serveti yapabildiniz?" "*İşe tecrübemi koyarak!*" diye cevap vermiş. "Peki, tecrübenizi nasıl kullandınız?" diye sorulunca, iş adamının cevabı: "Geçen yıl bir arkadaşla ortak bir işe girdik. Başlangıçta benim *hiç param yoktu, ama tecrübem vardı.* Ortağımın ise *parası vardı, ama tecrübesi yoktu!* Verimli bir işbirliği oldu. *Şimdi benim param var, onun da tecrübesi!*"

Başarıyı mümkün olan en kısa zamanda, en doğru kaynaklardan, teorisi ve pratiğiyle kapsamlı bir şekilde öğrenmek gerekir. *Başarıyı doğru öğrenmemişsek eksik ve yanlış öğrenmişizdir!* Başarıyı doğru bir şekilde öğrenmeyi başarmak, akıllı bir insanın ilk ve "joker" başarısıdır. Diğer başarılarını bunu kullanarak çoğaltır.

Başarı konusunda saçma düşüncelere inanma lüksümüz yok. Çünkü başarı hakkındaki inançlarımız, bugünden yarına sonuçlarını yaşayacağımız *işlevsel* düşüncelerdir. Brokoli hakkında hatalı fikirleriniz olabilir, bu hayatınızı mahvedemez. Oysa başarı hakkında hatalı fikirlerin bedeli acılı başarısızlıklarla ödenir. Kafamızdaki başarı teorilerinin *geçerliliği* pratik hayat tarafından *denetlenir. Sonuçlar inançların sağlamasını yapar.* Başarı hakkındaki bilgi/fikir/inanç ve düşüncelerinizin *doğruluğundan sorumlusunuz.* Neye inanacağınızı bilinçli bir şekilde seçmeniz ve zararlı düşünceleri elemeniz gerekir. Bu seçimi yapmamak da bir seçimdir!

Hayatın gramerini öğreten bir kayıkçı!

Ne ilginçtir ki birçok insan, Mevlânâ'nın *Mesnevi*'sinde anlattığı gramer hocası gibi, *başarılı olma bilgisini hafife alarak* yaşamaya devam ediyor. Biraz kendini beğenmiş bir gramer hocası yaşadığı kentten bir adaya geçmek ister. Kıyıda bekleyen bir kayıkçıyla anlaşır, beraber yola çıkarlar. Denizin ortasına geldiklerinde gramer hocası sorar, "*Sen hiç gramer öğrendin mi?*"

Kayıkçı, "*Ben cahil bir adamım beyim, hayatımda hiç gramer kuralı öğrenmedim*" der. Gramer hocası küçümseyen bir ifadeyle, "*O zaman senin ömrünün yarısı boşa geçmiş*" diye karşılık verir.

Denizde ilerlerken aniden hava kararır, şiddetli bir yağmur ve sert bir fırtına başlar. Kayıkçı bir yandan sandalın batmasını engellemeye çalışırken, bir yandan da korkudan tir tir titreyen gramer hocasına sorar: *"Beyim, yüzme biliyor musunuz?"* Gramer hocası, *"Hayır"* cevabı verince, kayıkçı, *"İşte bu çok kötü, tekne batıyor ve hayatınızın tamamı boşa gidecek!"* der.

Pek çoğumuz grameri hayatının merkezine koyan ama *hayatın gramerini önemsemeyen* gramer hocası gibi yaşarız. Birçok şeyin ayrıntısını öğrenir, hangi TV dizisinde neler döndüğünü bilir, ama hayatta *nasıl başarılı olabileceğimizi* öğrenmeyi önemsemeyiz. Başarıyı bilmemekten daha kötüsü, gerçekte yanlış bildiği halde doğru bildiğini sanmaktır! Başarı hakkında *kulaktan dolma* fikrimiz çok, ama *birinci sınıf bilgimiz* az. Oysa hayatta *en zekice başarı, nasıl başarılı olabileceğini öğrenmeyi başarmaktır!*

Başarıyı öğrenmemenin cezası, kendinden daha az zeki, daha az eğitimli, hatta bazen daha az çalışan insanların daha iyi yerlere gelmesine katlanmak zorunda kalmaktır! Atalarımız boşuna söylememiş: *Metot işler el övünür!*

Başarının öğrenilebilir olduğuna inanın ve nasıl başarılı olabileceğinizi keşfetmeye çalışın

Bir gün bir iş adamı bana, "Genç yaşta bu kadar şeyi nasıl başardınız?" diye sordu. Gülerek, *"Başarı hakkında bu kadar çok şey biliyorken başarısız olmak çok zordu!"* dedim. Şakayla karışık anlatmaya çalıştığım şey basit, ama güçlü bir ilkeydi: *Önce öğren, sonra dene! Birçok insan hayatta nasıl başarılı olabileceğini öğrenmeden "harala gürele" bir şeyler yapmaya çalışırken, ben önce nasıl başarılı olabileceğimi öğrenmiş, sonra da başarılı olmaya çalışmıştım.* Bunun gerçekten çok kritik bir sıralama olduğunu düşünüyorum. Önce antrenman yap, sonra maça çık. Neyi, niçin, nasıl yapacağını bilerek hareket et. *Başarının öğrenilebilir olduğuna inanan bir tavrın ve nasıl başarılı olabileceğine dair teknik bilgin olsun.*

Başarıyı öğrenme sürecini, *yunusların denizin üzerinde yükselip alçalarak ilerlemesine* benzetirim. Yunusun dalgaların üstüne yükselmesini *yeni bir bilgi öğrenmeye*, sonra suyun içine dalmasını *o bilgiyi işine/pratiğe uygulamaya* benzetirim. Yunus bir yandan yükselip bir yandan alçalırken, bir yandan da ileriye doğru sıçramaya devam eder. *Muhteşem üçlü: Teori, pratik ve ileriye atılma!* Başarıyı öğrenen *insan* da hayaline böyle ulaşır. Teoriyi öğren, pratiğe uygula, ileriye atıl! Geldiğin yeni seviyede yeni bilgiler öğren, hemen uygula ve sürekli ileri atılmaya devam et. Benim için *öğrenilmiş başarının entelektüel çerçevesi* budur.

Başarıyı devletin bize "öğretmesini" bekleyemeyiz. *Mesleki gelişiminiz, üniversite hocalarına bırakılmayacak kadar önemlidir. "Sokma akıl yedi adım gider"* der atalarımız. Edilgen bir tavırla, "geliştirilmeyi" bekleyemeyiz, kendimizi biz yetiştirmeliyiz. İnsan başarılı *yapılmaz*, insan başarılı *olur!* Ortalama eğitim kurumları bizi çok başarılı yapamaz, çünkü en kötüler ile en iyileri birlikte idare etmek zorunda olduklarından, bu tür yapılar *vasatlık üzerine kuruludur.*

Başarılı olmayı öğrenmek için harcayacağınız *bir gün*, başarı yolunda ilerlerken size en az *bir yıl* kazandıracaktır. Nedense, birçok insan bu *basit ama güçlü fikri* ihmal eder. Duyunca mantıklı gelir, ama *gündelik hayatta unutur!* Birçok insan, eğitimsiz ve antrenmansız bir şekilde başarı maçlarına çıkar, yumruk yiyerek dövüşmeyi öğrenir, yenilince de oyundan soğur. "İnşallah" ve "evelallah" ile başlayan bir yolculuk, "maşallah" ile değil, "hay Allah!" ile bitiyorsa, başarı dersine ya *iyi çalışmamışsınız* ya da *yanlış çalışmışsınız* demektir!

Bir şeyin en doğrusunu en başından öğrenmek

Her şeyin başı başarıdır, başarı da beyinde başlar!

İnsan *kafadan kaybeder*, ama genellikle bunu *o kafayla* göremez!

Öğrenerek başaran insanlar işin doğrusunu *en başından* öğrenir. Öğrendiklerini *şiir gibi uygulayacak şekilde* defalarca tekrarlar, *akış-*

kan bir zekâ ve *çevik bir yetenek* kazandıktan sonra unvan maçına çıkarlar. Önce öğrenip sonra başarıyı denedikleri için, başlangıçta *daha az başarısızlık* yaşarlar. Bu sayede zaten sınırlı olan zaman, özgüven, enerji ve para gibi kaynakları boşa gitmez. *İlk denemelerindeki başarısızlık oranı* azaldığı için, *hayal kırıklığının yıkıcı etkilerinden* de korunurlar. İlk başarının yarattığı ivmeyle hayatlarında *pozitif başarı çevrimi* çalışmaya başlar.

Başarılı olmak öğrenilebilir. Bana güvenin! Başarılı olmanın bir teknik bilgisi vardır ve bu bilgiye sahip olanlar, *eşit zaman ve çaba içerisinde*, bilmeyenlerden daha üstün sonuçlar alırlar. Nasıl ki doktor, hukukçu, mühendis olmak öğrenilebiliyorsa, *profesyonel bir şekilde başarılı olmak* da öğrenilebilir. *Neyi, niçin, nasıl başaracağını bilerek ilerleyenler başarı profesyonelleridir.*

Dünyanın en iyi beyin cerrahı on yaşındayken canlı bir beyin görse belki de düşüp bayılabilirdi, ama beynin nasıl çalıştığını öğrenerek bu işte en iyi olabildi. Dünyanın yaşayan en iyi pilotu, on yaşındayken pilot kabinine konulsa, o kadar düğmeyle nasıl başa çıkacağını bilemeyip şaşkın bir halde kalabilirdi. Zamanla uçağın mekanizmasının *nasıl çalıştığını öğrendi*, öğrendiklerini *mesleğine uyguladı ve işinde en iyi olabildi.*

Meslek bilgisi ile profesyonel başarı teknikleri birbirini tamamlar, ama ikisi aynı şey değildir. *İyi bir okuldan alınmış mesleki eğitim başarı için gereklidir, ama tek başına yeterli değildir.* Çünkü başarılı insan olmak bir tavırdır, duruştur, karakterdir. Mesleğiniz gömlek gibidir; kariyeriniz ise takım elbisenizdir!

Başarı size çok kafa karıştırıcı, kontrol edilemez ve karmaşık görünüyorsa, hakkında yeterince *doğru ve detaylı bilgi* sahibi olmadığınızdandır. İnsan iyi bilmediği bir şeyi kontrol edemez, kontrol edemediği şeyi yönetemez, yönetemediğinden de korkar. Bilmek kontrol edebilmektir. Başarı söz konusu olduğunda detay hâkimiyeti çok kritiktir.

Doğal sınırlar: Bilmek neye yetmez?

"Hiç kimse bir yengece düz yürümeyi öğretemez" der Aristo. Öğrenilmiş başarı bilgisi de birçok şeyi halleder, ama bazı şeylere *yetmez*. Bazı kariyer alanları *sonradan öğrenilmiş* bilgilerden çok, *doğuştan gelen yeteneklere* dayalıdır.

Üniversite seçmelerinde iki bölüm *özel yetenekle* alır: *Sanat ve spor!* Diğer bütün bölümlerin öğrencileri aynı kapıdan geçerken bu iki alan *kendi özel seçmelerini* yapar. Sporcu ve sanatçı olmak için de *yaratıcı başarı tekniklerini* öğrenmek gerekir, ama bu alanlarda *sonradan kazanılmış bilgiden* çok, *doğuştan gelen yetenek* ve *yatkınlıklar* belirleyicidir. Ortalamanın biraz üzerinde kafası çalışan herkes iyi bir eğitimle öğretmen, muhasebeci, mühendis, avukat, tarihçi, doktor olabilir, ama sanatçı ve sporcu olamaz. Atatürk'ün, *"Cumhurbaşkanı olabilirsiniz, ama sanatçı olamazsınız"* sözü bu bağlamda anlamlıdır. Ayrıca bazı başarı türleri, belli bir yaşa ait "fırsat penceresine" bağlıdır. Altmış yaşınızdan sonra da hukuk okuyabilirsiniz, ama jimnastikçi olamazsınız.

Bir insanın başarılı ya da başarısız olmasında rol oynayan, ancak kontrol edilemediği için *öğrenilebilir de olmayan* faktörler de vardır. Mesela genler başarıyı önemli oranda etkiler, ama kontrol edilebilir ve öğrenme yoluyla değiştirilebilir değildir.

Bir insan başarısını etkileyen faktörlerin neler olduğunu ve nasıl çalıştığını öğrenerek kariyerini önemli oranda kontrol altına alabilir. Kitap ve seminerlerden öğrendikleriyle *tarihe geçecek bir kahraman* olmayabilir, ama kendi *potansiyelinin elverdiği en iyi yere* gelip, şu ankinden daha iyi sonuçlar alabilir.

İnsanlığın ortak başarı bilgi bankasından yararlanmak

İsterseniz en başa dönelim. "Nasıl başarılı olunur?" sorusunun cevabını arayan ilk kişi siz değilsiniz! Milyarlarca insan aynı sorunun cevabını asırlardır düşünüyor. Bu insanlar tarih boyunca buldukları cevapları hayatlarına uyguladılar, işe yarayanı yaramayandan ayırdılar. İşe yarayanları çocuklarına öğütlediler ya da yazdılar. Böylece insanlığın bir *başarı bilgi bankası* oluştu. Sizin çözmek için aylarca kafa yorduğunuz bazı hayat ikilemlerine, *binlerce yıl önce* nasıl çözümler bulunduğunu görseydiniz aklınıza yanardınız! Bilgelik belgelerini ve düşünce tarihini okumayarak ne çok şey kaçırdığınızı bilin istedim! Bu *akıl bankasından* yararlanmak zekice bir harekettir. Başarılı olmuş insanların çoğunun bunu yaptığını da bilin.

Zirvedeki herkesin tamamen kitaplardan okuduklarıyla bulundukları yere geldiklerini iddia edemem, ama başarılı insanların çoğunun kendisinden önce *başarılı olmuş insanların biyografisini* inceleyip dersler çıkardığını söyleyebilirim.

Hayat Hikâyem adlı kitabında, "*Hayatta başarılı olmuş birçok büyük adamın nasıl yetiştiğini inceledim.* [*Dersine*] *çalışmadan hiçbir işte başarı kazanılmaz*" der Vehbi Koç. Devlet adamlarının kendini nasıl yetiştirmesi gerektiğini anlattığı *Prens* adlı ünlü kitabında Machiavelli şöyle yazar: "*Bulundukları yere nasıl geldiklerini anlamak için, tanınmış insanların eylemlerini araştırıp, zafer ve yenilgilerinin sebeplerini öğrenin, ki birini taklit edip öbüründen kaçınabilesiniz. Hepsinden önemlisi, bu kişilerin yaptığını yapın. Onlar kendilerinden evvel övgü ve ün kazanmış, elde ettikleri başarılarla hâlâ hafızalardan silinmeyen insanları örnek almışlardı. Mesela Büyük İskender'in Akhilleus'u, Sezar'ın da İskender'i taklit ettiği söylenir.*"

Başarının bazı kuralları zamanla değişir, bazıları ise hiç değişmez. Örnek olarak iki bin yıl öncesine gidelim, bakalım olimpiyat oyunlarının ilk yıllarında başarı için neler öneriliyormuş?

Olimpik bir beyinden epik başarı dersi: 2000 yılda başarı oyununda ne değişti?

Şimdi sizi hayata bir *köle* olarak başlayan, ancak katıldığı felsefe derslerindeki başarısıyla sahibinin dikkatini çekip *özgür bırakılan* bir insanla tanıştırmak istiyorum. Özgürleştikten sonra kendini geliştirip Roma stoacılığının en büyük filozoflarından biri olan ve kurduğu felsefe okulunda *büyük acıları bilgece karşılamayı öğreten* Epiktetos, bundan yaklaşık 2100 yıl önce, *Söylevler*'inde başarı üzerine şunları anlatmıştı:

"Demek olimpiyat oyunlarında zafer kazanmak istiyorsun, öyle mi dostum? Tanrılar tanığımdır ki, bunu ben de çok istiyorum. Ama önce durumunu ve koşulları belirleyecek, sonra çalışmaya başlayacaksın. Kendini sıkı bir düzene sokman gerekecek; yemeğini belirli kurallara göre yiyecek, tatlılara, şekerlemelere elini sürmeyeceksin. Canın istese de, istemese de, havanın sıcak ya da soğuk olduğuna aldırmadan belirlenen saatte idmana çıkacaksın. Soğuk sulardan uzak duracaksın, canın çekse de şarap içmeyeceksin. Sözün kısası, kendini bir hekimin ellerine bırakır gibi çalıştırıcının emrine gireceksin. Ama bunca uğraştan sonra belki kolun çıkacak ya da bileğin burkulacak, belki gözlerine toz dolacak, belki de rüzgârı kamçı gibi suratına yiyeceksin ve sonunda yenik düşeceksin. Asla cesaretini kaybetme! Güreşte sırtı yere getirilen bir delikanlıya, ayağa kalkıp mücadeleye devam etmesini söyleyen hocasını taklit et! Sen de ruhuna öyle seslen. İnsan ruhu kadar kolay idare edilen bir şey yoktur. Sadece istemek gerekir. O zaman her şey olur. Eğer kendini bırakırsan her şey seni bırakır. Mahvolmak ya da kurtulmak senin elinde... Hatırla Agrippinus'un güzel bir sözünü: 'Kendi kendime kesinlikle engel olmayacağım!'"[10]

Başarının ana yasaları, bedel ve ödülleri iki bin yıl içinde fazla değişmişe benzemiyor. Temel kurallar değişmez, ama taktikler zamana, yere ve duruma göre değişir. Başarının temel kuralları toprak gibidir, toprağın son kullanma tarihi geçmez. Bazı taktikler ise süt gibidir, belli bir dönem içinde tüketilmeleri gerekir!

Başarıyı öğrenme tarzları: Mühendisler, sanatçılar, esnaflar!

İnsanların başarıyı öğrenme ve hayatlarına uygulama biçimleri farklıdır. Bazı insanlar mantıkla, bazıları sezgiyle çalışır; bazıları kitaplardan, bazıları insanlardan çok şey öğrenir.

Görebildiğim kadarıyla üç yaygın tarz bulunuyor:

İçgüdüsel-sezgisel başaranlar; başarı sezgileri doğuştan güçlü olan, neyi yaparak sonuç alabileceklerini hisleri ve sezgileriyle göre(bile)n insanlardır. Beyinlerinin sağ lobu daha baskındır. *Doğaçlama başarıda* iyidirler. Su gibi akarak yollarını bulurlar. Yarı öğrenilmiş, yarı doğuştan gelen bir tarzları vardır. Enerjileriyle diğer insanları da harekete geçirebilirler. Başarılarını gerçekleştirirken *mühendis gibi metotlu değil, sanatçı gibi sezgisel* hareket ederler. Bu gruptakiler bilgi ve metottan çok sezgileri ve hisleriyle sonuç aldıkları için başarı söylemleri zayıf olabilir. Nasıl başardıklarını mantıklı ve güzel sözlerle açıklamakta zorlanırlar.

Metotlu-sistematik başaranlar ise akılcı, planlı, metotlu ve sistematik bir yaklaşımla başarıya giderler. Beyinlerinin sol lobu baskındır. *Mühendis kafalıdırlar!* Önce detayları öğrenerek işin "matematiğini" çözer, sonra bu bilgileri pratiğe uygulayıp işe yarayanı yaramayandan ayıklar, sonunda çalışan fikirleri sistemli bir şekilde kullanarak *başarıya giderler*. Bu gruptakiler stratejik planlamayı iyi yapabilirler. Neyi nasıl yaptıklarını bilerek başardıkları için, başarılarının kalitesi, kapsamı ve sürdürülebilirliği yüksektir. Görkemli sonuçları kadar, beğenilen bir *başarı söylemleri* de vardır. Doğaçlama ilerlemedikleri için sistem kurabilir, kendileri gibi insanları eğiterek yetiştirebilirler. Zayıf yanları ise ani ve beklenmedik durumlar karşısında paralize olmalarıdır.

Bir de "Göç yolda düzelir", "İstim arkadan gelir" tarzını deneyenler vardır! Bu grup önce öğrenip sonra yapmaz, *yaparken öğrenir*. Daha kötüsü, bazen hiç öğrenmez, ama bir şeyler yapmaya devam eder. Eğitimi küçümser, "Biz babadan böyle gördük" der, *kulaktan dolma bilgiyle* çalışırlar. Gayretli ve çalışkan, ama eğitimsiz ve metotsuz arkadaşlardır. Bu yüzden hayatlarındaki hızlı yükselişleri derin çöküşler izler. Beklenmedik büyük hatalar yaparlar, istikrarlı başarı üretmekte zorlanırlar. Küçük başarılarda iyi olabilirler, ama büyük bir başarı sonlarını getirebilir. Çok iyi semt pazarı kurabilirler, ama gökdelen inşa etmeye kalkıştıklarında ya gökdelen çöker ya da kendileri!

İnsanlarda bu tarzlardan biri baskındır. Bir tarzdan diğerine geçiş mümkün olduğu gibi, birkaç tarzı belli oranda kullanmak da mümkündür. Sizin için en doğru tarz, kariyerinize ve karakterinize en çok uyandır.

Bir insan nasıl başarılı olabileceğini nasıl öğrenebilir?

Başarılı bir hayat istiyorsanız, *beyninizi başarıya götürecek (b)ilgiyle beslemelisiniz. Beyninize hangi konuda çok bilgi girerse, o konuda daha fazla fikir çıkar.* Her kelime *kendisiyle ilgili çağrışım zincirini çalıştırır.* Neyi çok düşünürsek kafamızda o çoğalır. Kafamızda çoğalan, beynimizden taşıp hayatımıza da yayılır. Korku da, cesaret de, tembellik de, gayret de hayatımızda böyle büyür. Bedeninizi dengeli beslemeye dikkat ediyorsunuzdur, peki beyninizi ne kadar doğru besliyorsunuz? Beyninize yeterince *başarı vitaminleri* ve *mutluluk mineralleri* alıyor musunuz?

Başarıyı öğrenmenin ilk yolu başarılı olmak üzerine yazılmış kaliteli kitapları okumaktır. "Kaplumbağa da olsan üzülme, eğer istersen sen de uçabilirsin!" diyen, *mantık kayışı kopmuş* kitaplar yerine, neyi nasıl yapabileceğinizi gösteren eserleri tercih etmeniz önerilir. İyi bir kılavuz kitap 3-M'yi; *mantık, metot* ve *motivasyonu* bir arada verebilendir. *Mantık ne yapmamız gerektiğini doğru görebilmeyi sağlar, metot nasıl yapabileceğimizi anlatır, motivasyon ise yapma isteğimizi artırır.* Sadece motivasyona yüklenmek sürdürülebilir değildir. Ayrıca ikide bir motivasyona ihtiyaç duyuyorsanız, *başarı mantığınız ve metodunuzda bir sorun var demektir!*

Ben ne zaman "hayat değiştiren" sarsıcı bir kitap okusam, onunla bir oyun oynarım. Ondan bir tane daha alıp ilk sayfasına, "*Bu şehirde senin daha başarılı olabileceğine inanan biri var*" diye yazıp, o kitabı okuması gerektiğini düşündüğüm kişinin bulabileceği bir yere bırakırım. Oyunun kuralları: Kişi kitabın *kimden geldiğini bilmemeli* ve merak etmeli! İlk sayfada *onun potansiyeline duyulan güveni vurgulayan gizemli bir not* olmalı. Bu güzel oyun sadece hayat değiştiren kitapların ayrıcalığıdır. Umarım ben de bu kitapla böyle bir oyunu hak etmişimdir.

Başarıyı iyi öğrenmek için ikinci kaynak biyografi kitaplarıdır. İnsanların nasıl yaşadıkları ve hayallerini nasıl gerçekleştirdikleri onların başarı biyografilerinden çıkarılabilir. Başarı öyküleri, *entelektüel ayna* işlevi görerek, başkalarının hayatı üzerinden kendi yaşadıklarınızı incelemenizi sağlar. Goethe'nin dediği gibi, "*İnsan kendini insanda tanır.*" Hem başarılı hem bilge insanların biyografilerini okursanız, *anlamlı başarılara* ulaşmanız daha kolay olacaktır.

Bir diğer yol seminer, konferans gibi aktivitelere katılmaktır. Bu organizasyonlar pahalı olabildiği için önce ilgili kitapları okuyup sonra hâlâ ihtiyaç duyuyorsanız bu tür etkinliklere katılmanızı öneririm.

Fikrine güvendiğiniz insanlardan kariyer danışmanı da seçebilirsiniz. Doğru rehberi seçebilmek çok önemlidir. Yarım doktor candan, yarım imam dinden, yarım kişisel gelişimci kariyerden edebilir!

Bir diğer araç da internettir. *Google.com* gibi arama motorlarını kullanarak kendini geliştirme ve sosyal başarı üzerine araştırma yapabilirsiniz. Kurucusu olduğum, Türkiye'nin ilk kişisel gelişim portalı olan *kigem.com* sitesinde binlerce sayfa makale bulabilirsiniz.

İnsan gelişimine önem veren profesyonel şirketlerde çalışmak da doğru bir başarı kültürü edinmek için işe yarar bir yöntemdir. Çalışanlarına gelişim programı uygulayan, *insanların içindeki en iyiyi bulup işlemeyi* görev sayan, başarılı çalışanı diğerlerinden ayıran ve kayıran, pozitif kurum kültürüne sahip şirketleri seçmek önemlidir.

Başarılı olmayı öğrenmenin en iyi yollarından biri de başarılı insanlarla çalışmaktır. Beynimizde bulunan *ayna nöronlar* nedeniyle, zamanla en çok birlikte olduğumuz kişi gibi düşünmeye başlarız. Bu *entelektüel entegrasyonu* asla hafife almayın. Çok uzun süre evli olan yaşlı çiftlerin yüzlerinin bile birbirine benzediği bilimsel olarak kanıtlanmıştır!

Başarılı insanların yanında ücretsiz dahi olsa, altı ay ila bir yıl kadar çalışmanız iyi bir kariyer yatırımıdır. Bu kişinin bilinçli bir şekilde *başarılı olmuş, neyi nasıl yaptığını açıklayabilen, başarıy-*

la ilgili bildiklerini öğretmekten sakınmayan bir kişilikte olmasına dikkat edin. Her başarılı insandan başarı öğrenilmez! Bazı kişiler çok kıskançtır, yanındakilerin ilerlemesini kendilerinin gerilemesi sayarlar. Bazı kişiler de başarılıdır, ama *bildiklerini öğretecek şekilde kafalarında yeniden organize etmeyi beceremedikleri için* onlardan bir şey öğrenmek zordur.

Kendi yazılımını yeniden yaz: Başarı yazılımınızı en son ne zaman "update" ettiniz?

Artık biliyorsunuz, hepimizin kafasında bir *başarı algoritması* bulunuyor. Başarılı olmak için neleri bilmek, neler yapmak, nelerden kaçınmak, kimlerle bağlantı kurmak, nasıl ilerlemek gerektiğini *bu algoritmayı kullanarak* kararlaştırıyoruz. İçimizdeki bu yazılım, neyi yapıp neyi yapmayacağımızı, neye inanıp neye inanmayacağımızı, dolayısıyla başarı ve başarısızlık kapasitemizi önemli ölçüde belirliyor. *Başarısız insan yoktur, kafasındaki başarı yazılımı yanlış çalışan insan vardır!*

Bir sistemde çıktıların kalitesi, girdilerin ve süreçlerin kalitesi kadardır. Beyninize ne kadar kaliteli bilgi girerse, o kadar kaliteli fikir çıkar. Başarı üzerine yeni bir şey öğrenirken ya da düşünürken, yararlı veya zararlı olmasına bakmaksızın *onu algoritmanıza eklediğinizin* farkında olun. Beyninizdeki başarı yazılımı, bilgisayarın işletim sistemi olan Windows ya da IOS gibidir, diğer programlar da bu ana yazılım üzerinde çalışır.

Yeni ve yararlı şeyler öğrenerek yazılımınızı "upgrade" edebilirsiniz. Sisteminizi yeni bilgi ve tekniklerle geliştirip *güncellemeyi* ihmal etmeyin. Başarı davranışlarınızı başarı yazılımınız belirler. *Başarınızı yönetecek olan bu yazılımı siz seçmeli, geliştirmeli, güncellemeli ve genişletmelisiniz.* Bu sistem hayatınızı yönettiği için siz de onu yönetmelisiniz. Kişisel başarı yönetiminin temeli budur.

O halde beyninizi yenilemek için yapacaklarınız ana hatlarıyla ortaya çıktı. Önce yeni ve güçlü başarı tekniklerini beyninize yüklemeli, sonra *bu fikirlerin sizin koşullarınıza uyarlanması ve uygulanması üzerine düşünmelisiniz.* Bir sonraki adım eyleme geçip, uygulamada *işe yarayan ile yaramayan fikirleri* ayırmak. İşe yarayan fikirleri *tekrar tekrar kullanarak* alışkanlığa dönüştürmelisiniz. Böylece başarı algoritmanız genişleyecek ve zenginleşecektir.

Doğru şeyleri öğrenmek ve *hayatına uygulamak* gereklidir, ama bunu *uzun süre yapabilmek* de önemlidir. Hemen sonuç görme eğilimi yüzünden bazı insanlar, kullandıkları iyi bir tekniği, *ilk denemede sonuç alamadılar diye* hemen çöpe atarlar. Bu tür durumlarda iyi düşünmeli; *acaba teknik mi işe yaramıyor, yoksa "kullanıcı hatası" mı söz konusu?*

Başarı bilgisini tamamen dışarıdan almanız gerektiğini düşünmeyin. *Taşıma fikirle akıl değirmeni sürekli dönmez!* Önünüzdeki şartları ve içinizdeki güçleri en iyi bilen, kendinizi başarıya taşıyacak olan nihai kişi sizsiniz. *Kendi başarı yazılımınızı yazmanın yazılımını yazın!* Aklınızın radarları başarı konusunda hep açık olsun. Yeni stratejiler öğrenerek *mantık kalitenizi* artırın. Aklınız bacaklarınıza, başarı stratejileri ise bisiklete benzer, ikisini bir arada kullanarak en iyi şekilde ilerleyebilirsiniz.

"Ben ne zaman başarılı biri olacağım?"

Birçok genç kariyeriyle ilgili merak içindedir: *"Ben ne zaman başarılı biri olacağım?"*

Madem başarılı olmak öğrenilebilir, o halde bir meslekte ne kadar sürede başarılı olunabileceği de tahmin edilebilir. İsveçli psikolog Anders Ericsson *uzmanlığa dayalı başarıların* süresini araştırmıştır. Başarılı insanların kendi mesleklerinde en iyi olma noktasına ne kadar sürede geldiklerini ölçerek tespit etmiştir.

Çıkan sonuca göre, *insanlar 10 bin saat sonra mesleklerinde en iyi olma noktasına ulaşabilmektedir.* Bu sonuç resim yapmakla 10 bin saat ilgilenen herkesin Monet olabileceği anlamına gelmez, ama *kendi kapasitesinin en iyisini* gerçekleştirebileceğini gösterir. Özellikle bilgiye dayalı mesleklerde 10 bin saat çok daha büyük fark yaratır.

Artık başarı ölçülebilir bir mesafede duruyor. Hayalinizin gerçekleştiğini görmek mi istiyorsunuz? Bir işte en iyi halinizi görmek için 10 bin saatlik zaman ve enerjiniz var mı? 10 bin saatin kaç yıl edeceğini *günlük çalışma sürenize göre* hesaplayabilirsiniz. Tabii çalışmanın süresi kadar kalitesi de önemlidir.

Bu araştırmayı duyan bazı insanlar sorar: *"Ben 20 bin saattir bu işi yapıyorum, neden hâlâ başarısızım?"* Araştırmayı yapan uzman söylememiş olsa da, bana göre bu 10 bin saatlik *mesleki başarı süresinin* hesaplanmasındaki kritik nokta; işimizi yaparken *beynimizin*, *kalbimizin* ve *ellerimizin* işin içinde olmasıdır.

Burada eller emek harcamayı, beyin işe akıl katmayı, kalp ise yaptığı işi sevmeyi ifade etmektedir. Ellerinizle o işi yaparken, aklınız ve kalbiniz başka yerdeyse *mesleki gelişim kronometresi durmaktadır*! Birçok insanın eli işindeyken aklı başka yerdedir. Bazılarının aklı (ilgi) ve eli (emek) işin içindeyken, kalbi (sevdiği iş) başka bir meslek için atmaktadır! "Elin işte gözün oynaşta" olduğu bu tür *bölünmüş benlik durumlarında* kariyer kronometresi durmakta, sadece *üçünün aynı şeye odaklanması durumunda süre çalışmaktadır!*

Puzzle şeklindeki bir haritanın eksik parçalarını yolda toplayarak ilerlemek

Başarı müfredatı üç etap halinde öğrenilir: *Başarılı olmadan önce bilmeniz gerekenler, başarılı oluyorken öğrendikleriniz ve hayatınızın en büyük başarısını gerçekleştirdikten sonra öğrenecekleriniz.* Her şeyi en baştan bilmeniz gerekmiyor, yolda öğreneceğiniz çok şey olacak. Yolun başındayken temel yeterliğe sahip olmanız *ve neleri bilmediğinizi bilmeniz* önemlidir.

Başarıya gitme sürecini, *puzzle şeklindeki bir haritayla* uzun bir yolculuğa çıkmaya benzetiyorum. Yolculuğun başındayken *haritalı puzzle'ın bazı parçalarını hazır* bulacaksınız. Eksik kısımları ise yolda bulup doğru yere yerleştirdikçe başarı haritanız iyice netleşecek. Haritanız *kapsamlı ve araziye uyumlu* oldukça daha kolay ilerleyeceksiniz.

Kapsamlı bir harita oluşturabilme, eksik parçaları kafasından doğru tamamlayabilme, arazi ile harita arasındaki farkları görebilme, haritayı kullanarak arazide yönünü ve yolunu bulabilme, haritasını sık sık *güncelleyebilme* bu yolculuktaki en kritik başarı faktörleridir. Sizin puzzle şeklindeki başarı haritanız ne durumda? Haritanın ne kadarını çözdünüz? Haritanızın araziye uyumlu ve uyumsuz noktalarını nasıl tespit edebilirsiniz?

Başarmak güzeldir. Her insan başarıyı öğrenebilir. Peki, neyi başarabileceğimizi nasıl seçeceğiz? Başarı bir pizzaya benziyorsa, siparişimizin türü ve miktarına nasıl karar vereceğiz? Bu sorular ilginizi çektiyse bir sonraki bölümde görüşelim!

CAM TAVAN SENDROMU: HAYALLERİNİZİN TAVAN YÜKSEKLİĞİNİ NE BELİRLİYOR?

Bir insanın hayatta *ne kadar yükselebileceğinin* sınırlarını ne belirler? Özgüven düzeyi mi? Hayal gücü mü? Çevre şartları mı? Kendi kendine söyledikleri mi? Başkalarının ona söyledikleri mi?

İnsanın iki türlü sınırı vardır: *Doğal sınırlar ve psikolojik sınırlar*. Doğal sınırlar, kişinin yapabileceklerinin gerçek üst limitidir. Potansiyelinin tümü işlenince ulaşılacak olan son noktadır. Doğal sınırlar ağırlıklı olarak *genlere* bağlıdır ve *doğuştan* gelir.

Psikolojik sınırlar ise kişinin *olduğunu sandığı halini* yansıtır. Özgüven, cesaret, hayal gücü ve motivasyon gibi *psikolojik faktörlere* bağlıdır. Psikolojik sınır *tahmine* dayalıdır; doğal sınırların ötesine de geçebilir, gerisine de düşebilir.

Psikolojik sınırlarımızın nasıl oluştuğu hakkında fikir veren *pire deneyini* kitabın girişinde anlatmıştım. İsterseniz bir kez daha okuyarak bilginizi tazeleyebilirsiniz.

Pirelerin yaşadıklarına atfen, "*cam tavan sendromu*" diye bir kavram üretilmiştir. Buna göre, bir insanın *yükselebileceğine inandığı en üst nokta* onun cam tavanıdır. İş dünyasında, özellikle *ayrımcılığa ve cesaret kırıcı olaylara* maruz kalmış kesimlere yönelik kampanyalarda sıklıkla kullanılan bir terimdir. Kadınların, azınlıkların, özürlülerin cam tavanlarını yükseltmek için çalışan çok sayıda STK bulunmaktadır.

Hepimizin psikolojik bir cam tavanı vardır. Yükseklere tırmanmaya çalışırken kafamızı çarpa çarpa öğrendiğimiz, bize *nereye gelemeyeceğimizi* gösteren üst limitlerimizdir bunlar. Bu limitlerimizi öğrenirken *ne kadar acı çekmişsek onlara o kadar sadık kalarak yaşarız.* Cam tavanımız *can tavanımızdır!*

Sizin "can tavanınız" ne kadar yüksek?

Cam tavanı tespit eden temel soru şudur: "*Hayatta gelebileceğinize inandığınız en üst nokta* neresi?"

Varsayalım bir şirkette satış departmanında çalışıyorsunuz. *Yükselebileceğinize inandığınız en üst kariyer noktası neresi? En düşük* maaş ve pozisyonda çalışan biri olmak mı? En üste çıkmayan, ama en altta da kalmayan *ortalama* bir personel olmak mı? Yoksa satış ekibinin *en çok ciro yapan* üyesi olmak mı? Belki de daha büyük düşünmek istersiniz. Sektördeki *en büyük şirketin en çok ciro yapan satıcısı* olmak? Efsanevi bir *satış ekibinin yöneticisi* olmak? Ülkedeki en büyük şirketin CEO'su olmak?

Kendi işinizi kurmak istediğinizi varsayalım. Sadece kendi kendine yetebilen, *küçük bir şirketin* sahibi olmak mı istersiniz? *Yaşadığınız şehirdeki en büyük* şirketin sahibi olmak mı? *Sektördeki en büyük* şirketin sahibi olmak mı? Ülkenin en zengin iş adamı olmak mı? Yaşadığınız *kıtanın en büyük iş adamı* olmak mı? Dünyanın *en büyük ilk üç* iş adamından biri olmak mı? Tarihin *gelmiş geçmiş en büyük iş adamı* olmak mı?

Doktor, marangoz, öğretmen, içmimar ya da kuaför olmanız fark etmez. *Başarı çıtanız nerede duruyor? Ne kadar yüksekte? Hangi ölçekte en iyi olabileceğinize inanıyorsunuz?* Sokağın en iyisi mi, mahallenin en iyisi mi, ilçenin en iyisi mi, şehrin en iyisi mi, ülkenin en iyisi mi? Kıtanın en iyisi mi? Dünyanın en iyisi mi?

O halde önümüzde iki kritik soru var: Başarı oyununu *şu anda hangi ligde* oynuyorsunuz? Gelecekte *en iyi ihtimalle hangi ligde* oynayabileceğinize inanıyorsunuz?

"Hepimiz çukurdayız, ama bazılarımız yıldızlara bakıyor" der Oscar Wilde. Hayatta gelebileceğiniz en iyi yerin neresi olduğunu düşünüyorsanız, orası sizin *kendinize layık gördüğünüz hayatın* üst sınırını çizer. İnsanın inandığı her yere ulaştığını söyleyemem, ama büyük başarıları gerçekleştirenlerin, yolun başındayken *hayatından büyük hayalleri olduğunu* savunabilirim.

Cam tavanınız sizin *büyük düşünme kapasitenizi* yansıtır. *Kendinizi hangi lige layık görüyorsunuz? Ne kadar büyük düşünüyorsunuz?* Yoksa Mevlânâ'nın dediği gibi, koca harmanı görmeyip, bir buğday tanesi üzerine titreyen karıncalar gibi misiniz? Limitiniz *mümkün olanın en iyisini* mi gösteriyor, yoksa *geçmişten gelen korkularınızı* mı yansıtıyor? Hayatta *neleri başaramayacağınıza* nasıl *emin* oldunuz?

Hayalinizdeki hayat kaç metrekare?

Başarı ve hayat tercihimiz biraz pizza seçimimize benzer. Bazı insanlar büyük boy, bazıları orta boy, bazıları küçük boy başarı ister. Başarı için ödeyeceğimiz *bedel, istediklerimizin büyüklüğüyle orantılı olduğundan*, çoğumuz en büyüğü istemeye cesaret edemeyiz.

Çoğunluk aşkta da, kariyerde de orta kararcıdır. Kentli küçük burjuva insan; dengeli, uyumlu, kontrol edilebilir *orta sınıf hayatı* sever. Bu gruptakiler, *"Hayatını yüksekte kurma yel götürür, alçakta kurma sel götürür,"* felsefesine inanırlar. Bazı insanlar ise *büyük yaşama tutkusuyla doğmuştur.* Bu kişiler, *başları yukarı dönük* halde yaşarlar; *ya zirvede olurlar ya da zirve yolunda!* Büyük bir kesim ise küçük boy bir hayatın içinde *kaybetmeye katlanarak* ya da en azından *kaybetmemeye çalışarak* hayata tutunmaya çabalar.

Kadercilik mizacımız değil morfinimizdir

Birçoğumuzun yükseliş denemeleri, kafamızı çarptığımız *görünmez camların* yarattığı baş ağrısı nedeniyle zamanla *hüzünlü vazgeçişlere* dönüşür. Canımız daha az acısın diye kaderci ezberlere sığınırız. *Kadercilik, mizacımız değildir, morfinimizdir.* Zamanla şartlar değişir, mevsim Akdeniz olur, ama biz yılgın ve yorgun ruhumuzdan yayılan *kasvetli kayıtsızlığın sisleri arasında* göremeyiz yeni fırsatları. Yirmili yaşlarda hayallerimiz vardır, imkânlarımız yoktur; kırklı yaşlarda güzel imkânlar buluruz, ama hayallerimizi unuturuz. Başarı isteğimiz yüksekken imkânlarımız yoktur, imkânlarımız çoğaldığında ise isteğimiz azalır. Meydan buluruz, at bulamayız, at buluruz meydan bulamayız!

Kısacası, *hayat kırıklıklarımız* hayal gücümüzü hadım ediyor. Günün sonunda mesai saati, maaş bordrosu, koltuk takımı ve okul servisi taksitleri arasında sıkışıp kalan *rutin bir hayata* teslim oluyoruz. Çocukluk hayallerimiz içimizde *nasırlaşmış ukdelere* dönüşüyor. Çoğumuz 35'inde ölüyor, 70'inde gömülüyor! Norman Cousins ne güzel özetlemiş: *"Hayatta en büyük kayıp ölüm değildir. En büyük kayıp, biz yaşarken içimizdeki bir şeyin ölmesidir."*

Eğer başarmak tamamen elinizde olsaydı nasıl bir hayat yaşamak isterdiniz?

"Yürü! Hür maviliğin bittiği son hadde kadar. İnsan âlemde hayal ettiği müddetçe yaşar" der Yahya Kemal. Hepimiz hayal kurma yeteneğiyle doğarız. Bu yeteneği zaman içinde kaybederseniz duygusal renkleriniz solar, *kalbiniz katılaşır,* kuruyup gidersiniz.

Şimdi isterseniz bir hayal kurma denemesi yapalım. Mevcut hayatınızı bir süreliğine unutup, *sizin için mümkün olanın en iyisini* düşünmeye başlayalım.

Gerçekleştirmek tamamen elinizde olsaydı, gelecekte nasıl bir hayat yaşamak isterdiniz? Eğer istediklerinizi başarmak *tamamen size bağlı olsaydı* nasıl bir hayat yaşardınız? Başarı koçluğunda insanların ne istediğini ortaya çıkarmak için sorulan güçlü sorulardan biri şudur: *Eğer bankada on milyon dolarınız olsaydı, hayatta hiçbir mecburiyetiniz olmasaydı, nasıl bir hayat yaşardınız?*

Nasıl bir hayat yaşamak istediğinizi düşünürken, hemen gerçekçilik denetimine kalkışıp hayal gücünüzü kilitlememelisiniz. Önce geniş hayaller kurmalı, sonra hayallerin içinden *seçilmiş hedefler* çıkarmalı, en sonunda planlama aşamasında *olabilirlik denetimi* yapmalısınız.

İdeal gelecek tasarımınızla ilgili algı taramasına devam edelim. *Nasıl bir yerde* yaşamak isterdiniz? Ne tür *insanlarla birlikte olmak* isterdiniz? Ne tür insanların artık *yakın çevrenizde olmamasını* isterdiniz? Nelere *sahip olmak* isterdiniz? İnsanlar hakkınızda *neler desin, neler düşünsün, yokluğunuzda sizin nasıl biri olduğunuzu anlatsın* isterdiniz? Hangi şehirde, hangi *semtte* yaşamak isterdiniz? Hangi işi *yapıyor olmak* isterdiniz? İşinizi *nasıl yapıyor olmak* isterdiniz? *Tüm hayallerinizi hayatınızda görme imkânınız olsaydı, bir gününüz nasıl geçerdi? Tüm bunları başarabilmiş olsaydınız, neler hissederdiniz?* Okumaya devam etmeden önce, bir süre ara verip, mümkünse bir koltuğun üzerine uzanıp, her bir sorunun cevabını ayrıntılı bir şekilde hayal edin lütfen.

Bir başarıyı henüz gerçekleştirmeden, onun hayali fragmanlarını izlemek, kafasında o anları ayrıntılarıyla yaşamak, güçlü bir motivasyon ve çekim gücü yaratır. Kendinize sık sık *hayalinizin propagandasını* yapmalısınız!

Bazı insanlar ne istediklerini kendilerine bile ifade etmeye cesaret edemezler, çünkü isteklerini gerçekleştiremeyip kendi gözlerindeki değerlerini kaybetmekten korkarlar. Geleceğe dönük büyük bir hayal kurmaları istendiğinde, hemen yere uzanıp *ölü taklidi* yaparlar! Hayal kırıklığına uğramamak için hayal kurmayan bu insanlar, *hastalık çıkmasın diye doktora gitmeye korkan kişilere benzer!* Oysa yeni bir hayat, kişinin kendi gerçekliğiyle yüzleştiği anlardan doğar.

Gelecek hafızanızı çekici hayallerle doldurun

On yıl sonra ne olmak, neler yapmak, neleri bilmek, nasıl bilinmek, kimlerle yaşamak, nerede yaşamak, nelere sahip olmak istediğinizi mutlaka *yazılı* olarak da kendinize ifade edin. Bu işlem *kariyer hafızanızı* oluşturacaktır. Yazmak düşünceleri durulaştırır, kafa karışıklığını azaltır. Fikirlerinize dışarıdan bakarak, ilerlemeleri, tutarsızlıkları ve boşlukları görmenizi sağlar. Yazılı düşünmek basit, ama güçlü bir egzersizdir. Birçok dehanın *gelişim günlükleri* tutması bir tesadüf olamaz!

Tutku ve hayallerinizin kapaklarını açacak olan bu uygulamayı mutlaka hemen yapın. Beyniniz gelecekte olacağınız yerin imgesi, simgesi, sesi, kokusu ve hissiyle dolu olmalı. Buna *gelecek hafızası* denir. Gelecek hafızasında *hatıralar değil hayaller*, *projeler ve planlar* depolanır. Yaşanmışlıklar değil, *yaşanacakların kayıtları* saklanır. Gelecek hafızanız ne kadar büyük? *Kaybedenler geçmiş, kazananlar gelecek merkezlidir.* Gelecekte olacağınız yere dair ne kadar net ve çekici resimleriniz olursa, o kadar güçlü bir yaşam enerjisi üretirsiniz. *Siz kendinizi amacınıza iterken, amacınız da sizi kendisine çeker.* Bu da size çift motorlu ilerleme imkânı sağlar. Neşeli başarı için her şeyi irade gücünden beklememek gerekir.

Yaşamak istediğiniz hayat ne, yaşadığınız hayat ne, aradaki farklar ne?

"Mutlu bir hayat için gereken üç şey: Yapacak bir iş, sevecek bir eş ve gerçekleştirecek bir düştür" der Joseph Addison. Peki hayalinizdeki hayatı yaşamak için işe nereden başlamalı, hangi yol haritasını izlemelisiniz?

Hayalinizdeki hayat ile mevcut hayatınız arasındaki farkları kapatmak için yapılması gerekenler ana hatlarıyla şöyledir:

1. *Yaşamak istediğiniz hayatı netleştirin.* Kesin, net ve tam olarak nasıl bir hayat yaşamak istiyorsunuz?

2. *Yaşadığınız hayatı kendinize tarif edin.* Mevcut hayat şartlarınız ne durumda? Beğendiğiniz ve beğenmediğiniz yanları neler? Değişmesi gerekenler neler?
3. *Aradaki farkları bulun.* Yaşadığınız hayat ile yaşamak istediğiniz hayat arasındaki farklar neler? İdealinizde olup, mevcut hayatınızda olmayan neler var? Neyin eksikliğini yaşıyorsunuz?
4. *Yapmanız gerekenleri belirleyin.* Bu farkları kapatmak için neleri bilmeniz, nasıl biri olmanız, neler yapmanız, hangi araçlarla çalışmanız, kimlerle işbirliği yapmanız, hangi noktalarda kendinizi geliştirmeniz gerekiyor?
5. *Yapılması gerekenleri önceliklerine göre sıralayın, başlangıç noktanızı ve ilerleme ölçütlerinizi belirleyin.* İdeal duruma götürecek eylemleri *hangi sırayla* yapacaksınız? Neye ne zaman *başlamalı*, neyi ne zaman *bitirmiş* olmalısınız? Yapılacaklar listenize *zaman çerçevesi* koyun ve işleri *takvime bağlayın*. Böylece amaç ödevlerinizi yapmadığınızda bunu anlayabilir, yaptığınızda ilerlemenizi ölçebilirsiniz.
6. *İlk adımı atın, yolda öğrenmeye devam edin ve sonuna kadar vazgeçmeden gidin.* İç kongrelerinizde karar alıp, yeterince hazırlık yaptıktan sonra kişisel kurtuluş savaşınızı başlatın. Yapılması gerekenleri yapın, olması gerekeni oldurun. Her gün hayat amacınıza *bir adım daha yaklaşacak bir şey* yapın. İlerlemenizi ölçmek için önceden belirlediğiniz ölçütlere göre performansınızı değerlendirin. En güçlü yanlarınıza *yüklenerek* ilerleyin. Mesleki başarınızı belirleyecek çekirdek beceriyi tespit edip sürekli geliştirin. Çevrenizden destek isteyin. Hayalinize sadık yaşayın. *Kim* olduğunuzu, *yapabildikleriniz üzerinden* tüm dünyaya *gösterin*.

Ben de bu süreçlerden geçtim. Yolun başındayken, ikili düşünme sistemiyle hayata bakıyordum: *Olan ve olması gereken*. Kendime baktığımda iki kutu görüyordum: *Mevcut halim ve ideal halim*. Hayatıma baktığımda iki kutu görüyordum: *Mevcut durum ve ideal durum.* Zihnimin ekranında iki sahneyi yan yana, karşılaştırmalı halde görüyordum. Zamanla ideale göre evriltecek şekilde her şeyi zorlamaya başladım. *Başarı, olanı olması gerekene dönüştürmektir. Mevcut şartlardan, mümkün olanın en iyisini bulup çıkarabilmektir.*

Bu kitabı, hayatınızı *bir beden büyütmeye* davet etmek için yazdım. *Başarı provokatörünüz* olmak istedim! Büyük yaşamak güzeldir. Bunu en iyi görkemli işler başarmış insanlar bilir. Çok büyük servetlere sahip olan duayen iş adamlarının, *paraya hiç ihtiyaçları yokken hâlâ çalışmaya devam ediyor olması,* başarıyı bir kez tatmanın insan ruhunu nasıl da kendine bağladığını göstermektedir.

Görkemli başarılar bir anda gerçekleşmez. *Başarı imparatorluğu* bir günde kurulmaz! Kendinizi iyi hissetmenizi sağlayacak ortalama bir başarıyı kısa sürede gerçekleştirebilirsiniz, ama ülke çapında büyük bir başarı üretmek *ortalama on yıl* alabilmektedir.

Bu sürede aşama aşama ilerlemelisiniz. Kariyer hedefinizi belirledikten sonra, önce *dolmak* gerekir. Dolduktan sonra (hazır) *olmak* aşamasına geçilir. Kişi, başarmak için hazır olduğunda, *yapmak* aşamasına geçilir. Yapılan *sonuç* aldırırsa kişi artık başarıya *sahip* olmuştur.

Başarının evrensel sıralaması *dolmak, hazır olmak, yapmak, sahip olmak* şeklindedir. Bazı "uyanık" insanlar ara etapları geçip doğrudan "sahip olma" kısmına ulaşmaya çalıştıkları için kaybeder. *Baş+arı kraliçesi, kurnaz ve açgözlü insanları sevmez!* Unutmayın, kraliçenin peteğinde bal, kuyruğunda da iğne var!

Bütün hayatınızı kökten değiştirecek tek bir başarı ne olabilir?

Ben başarının *yayılmacı gücüne* inanıyorum. Bir kere büyük bir iş başarmak hemen her şeyi değiştirmeye başlar. Zor olan ilk başarıdır. Sonrasında kar topu yuvarlanır, zamanla çığa dönüşür, *kişi başarılı olduğu için başarılı olmaya* başlar!

Başarı kendi ivmesini yaratır. Başarı başarıyı çeker. Başarı başarıyı *doğurur.* Yeter ki, bir defa *sıkı bir* iş başarın. Başardıkça özgüveniniz artar, ne istediğiniz netleşir, kafa karışıklığınız azalır. Bu da hem sizi hem kariyerinizi büyütür. Başarınca başkalarının size bakışı da değişir; karizmanız yükselir, inandırıcılığınız artar, yaptıklarınız yapabileceklerinize *kefil/referans/teminat* olur. Bir kez olsun büyük iş başarmak, artık ne yapmanız gerektiğinden emin olmanızı sağlar. Koordinatlarınız kafanızda netleşince, geriye sadece *düşündüklerinizi uygulama disiplini ve etkili yöntem arayışları* kalır. Başarı akıl öğretir, sizi kendinize getirir. Dağınık hayat enerjinizi toplayıp bir noktaya odaklar.

Büyük İskender'in kendisinin iki katı büyüklükteki orduları yenmesinin sırrı, tüm gücünü toplayıp düşman birliklerinin tam kalbine, komutanın bulunduğu merkeze hücum etmesiydi. Biraz ilerleyip rakip kralı alandan kaçırınca düşman ordusu da dağılıyordu. Siz de tüm gücünüzü toplayıp tembelliğe ve korkularınıza saldırmalısınız.

Tüm gücünü toplayıp, tek bir altın vuruşla şaşırtıcı bir başarı *gerçekleştirmek* çok önemlidir. Goethe kararlı ve konsantre bir başarı vuruşunun gücünü çok iyi özetlemiştir: "*İnsan kendini adayana dek bir duraksama, geriye çekilme olasılığı vardır; tüm inisiyatif ve yaratıcılık eylemlerinde bir etkisizlik. İnsan kendini tamamen adadığı anda ilahi takdir de harekete geçer. Aksi takdirde asla gerçekleşmeyecek şeyler insana yardım eder. Karardan büyük bir olaylar dizisi oluşur. Hiçbir insanın hayal edemediği olaylar ve maddi destek insanın yardımına koşar. Ne yapabilecekseniz ya da yapabileceğinizi hayal ediyorsanız ona hemen başlayın. Cesaretin içinde deha, güç ve mucize vardır. Hemen başlayın!*"

Her şey göz alıcı bir başarıyla başlar. Bir şehre 10 tane 10 katlı bina yaptığınızda değil, bir tane 100 katlı gökdelen yaptığınızda çarpıcı başarı sahibi olursunuz. Şimdi düşünün: *Sizin kendi koşullarınızda ve imkânlarınızla gerçekleştirebileceğiniz göz alıcı bir başarı ne olurdu? Neyi yapabilmiş olsaydınız herkesi şaşırtırdınız? Hayatı-*

nızdaki her şeyi değiştirecek tek bir başarı ne olurdu? Ana haberlere çıkmanızı sağlayacak bir başarı da şart değil, çevrenizdeki insanlar duyduklarında onları şaşırtacak bir sonuç ne olurdu?

Unutmayın: *Başarmak şaşırtmaktır!*

On tane tavşan avladığınızda değil, bir aslan vurduğunuzda insanlar şaşırır!

Alanınızda ilk ya da en olacak bir şey yapın

Alanınızda ve ölçeğinizde, *ilk ve en* olacak bir başarı projesi düşünmekle işe başlayabilirsiniz. İlk olmak için *daha önce yapılmamış* bir şeyi yapmalısınız. En olmak için ise bir şeyi *hiç kimsenin yapamadığı kadar iyi yapabilmeniz* gerekir. İlk'lerin üstünlüğü öncülüğe, en'lerin üstünlüğü *olağanüstü performansa* dayanır. Mucitler ilk'leriyle, olimpiyat sporcuları en'leriyle tarihe geçerler. Microsoft'un başarısı alanında "ilk" olmaya, Coca-Cola'nın başarısı ise "en" olmaya örnek gösterilir.

Bu süreçte *3-T kriteriyle* gelişmeleri izleyebilirsiniz: Eğer çevrenizdekiler tarafından *takdir* ediliyorsanız işinizde iyisiniz demektir. Sektörünüzde *takip* ediliyorsanız başarılısınız demektir. Ülke çapında *taklit* edilmeye başlandıysanız, artık gerçekten büyüksünüz demektir.

Büyük adam olmak ile başarılı adam olmak aynı şey değildir

İnsanların hayatını *başarı* ve *büyüklük* kriterine göre sınıflandırabiliriz.

1. Hem büyük bir hayatı olan hem de sürekli başarılı işler yapanlar
2. Hayatı büyük olan, ama son dönemde başarılı işler yapamayanlar
3. Hayatı küçük olan, ama son dönemde başarılı işler yapanlar

4. Hem hayatı küçük olan hem de hiç başarılı işler yapamayanlar

Büyük adam/insan olmak ile *başarılı adam/insan* olmak birbirinden beslenir, ama aynı şey değildir. Büyüklük, *etki alanının genişliğiyle* ilgilidir.

Başbakan olursanız otomatik olarak büyük adamlar ligine girersiniz, ama bu sizi *başarılı bir başbakan yapmaya yetmez.* Çünkü *olmak başarısı* ile *yapmak başarısı* ayrı şeylerdir. Başbakan "olmak" size yarar, *olduktan sonra "yaptıklarınız"* ise topluma. Toplum başbakan olduğunuz için değil, *olduktan sonra yaptıklarınız kadar* sizi başarılı sayacaktır. Eğer böyle olmasaydı, bir kez seçilen ömür boyu seçilmeye devam ederdi.

Büyük makamlarda olmak, insanı büyük başarılara borçlandırır. İp üstünde bisiklet sürmek gibi, sürekli üstün performans gerektirir. *Seçimle belirlenen "büyük adamlar" kitlelerin tek başına elde edemediği isteklerini gerçekleştirme aygıtlarıdır.* Göreceğiniz destek, kitlelerin işine yaramanız oranındadır.

Büyük bir hayatı olduğu halde başarılı işler yapamayan insanlar olduğu gibi, küçük bir hayatın içinden çok başarılı işler çıkaranlar da vardır. 10 çalışanıyla yılda 100 bin dolar kâr eden bir şirketin sahibi ticari olarak *başarılıdır,* ama ulusal ölçekte bakıldığında *büyük* değildir. 10 bin çalışanıyla yılda 100 milyon dolar zarar eden bir işletmenin sahibi ise, ölçek olarak büyüktür, ama başarılı değildir. Büyüklük geçmiş başarıların toplamından oluşur. Başarı ise son dönemdeki performansa dayanır. Futbolda hangi takımın *başarılı* olduğu her hafta değişir, ama hangi üç takımın en *büyük* olduğu her hafta değişmez!

Büyüklük ile başarı arasında güçlü bir ilişki vardır. Büyük insanlar, şirketler ve ülkeler başarısız oldukça hayatları küçülür, çünkü *büyüklük başarıdan beslenir.* Küçük bir ölçeği olan bir insan veya şirket ise, bünyesini başarıyla besledikçe büyümeye başlar. Müzik ruhun, başarı ise büyüklüğün gıdasıdır!

Eğer bir işi çok iyi yaparak, alanınızda yükselmek istiyorsanız, *zirve yolcularının ortak yaşantılarını* bilmenizde yarar var. Başarmak düz bir vadiden çıkıp, engebeli yamaçlardan geçip zirveye bayrak dikmektir. Peki bu süreçte neler yaşanır?

Her sıfırdan zirveye yükselişin hüzünlü bir hikâyesi vardır

Her şey içinizde hissettiğiniz *derin bir tutkuyla* başlar. Ait olduğunuz yere, zirveye doğru *güçlü bir çekim* hissedersiniz. Tembellik, korkaklık, aylaklık gibi "ağırlıklardan" kurtulmak ayaklarınızı hafifletir. Gözünüzü zirveye diker, yönünüzü vadideyken seçer, yolunuzu yamaçta bulursunuz. Yükseldikçe *gördüğünüz manzara* genişler. Arada bir durur, başladığınız yere bakarsınız!

Kendi yolunu seçenlerin kaderidir: Yükselmek için yüzünüzü zirveye çevirdiğinizde, vadidekilerden bazıları *onlara sırtınızı döndüğünüz* için size kızar! Bilirsiniz, orkestrayı yönetmek için bir süre seyirciye sırtınızı dönmeniz gerekir! İlk başlarda, vadiden kopmuş, zirveye de bağlanamamış, *Araftaki bir ruh olarak yalnızlıkla sınanırsınız*. Gelecekte olacağınız yere odaklandıkça yalnızlığın ve yolculuğun acılarını hafifletirsiniz.

Yükseldikçe iklim sertleşir, *psikolojik sıcaklık* düşer. Vadide yaşayan "kendi halindeki insanlar" azalır, "sosyal tırmanıcılar" çoğalır. Zirveye yaklaştıkça oyun zorlaşır. Rekabet sert, rakipler güçlüdür artık. Kazandıkça *bir üst kademeye çıkma hakkı* kazanırsınız. Bir zamanlar *önünüzde gidenleri gerinizde bıraktıkça* hızlı ilerlediğinizi anlarsınız.

Günler geceleri izler. Bir gün bakarsınız ki, zirvedesiniz. Bayrağınızı diker, yarı hüzünlü yarı sevinçli gözlerle, *büyük başarının panaromik resmini* seyredersiniz. Mutluluktan ruhunuz halka olur, *başınızın birkaç metre üstüne yükselir!*

Bazen çıktığınız zirve, daha büyük zirveleri görmenizi sağlar. Vadideyken dağ sandığınız yer *tepe* çıkar! Şaşkın bir halde, "Hepsi bu muymuş?" dersiniz içinizden. Böyle anlarda şükran duygusu şaşkınlık şokuna karışır. Bu arada hâlâ birçok insan binbir umutla sizin yerinizde olmaya çalışmaktadır!

Zirveye çıktıktan sonra, başka bir dağın zirvesini beğenirsiniz bazen. İçinizdeki bir ses oraya tırmanmak için yeniden vadiye inmenizi söyler, diğer ses itiraz eder: "Bir daha o başladığın yerin şartlarına dönemezsin!" Bu ikilemde kalanların bazıları vadideki kadar *cesur ve gözükara* olamadığını görür, çünkü kaybedecek bir şeyleri vardır artık. *Sahip oldukları onlara sahip olmaya başlamıştır!*

Başarılı oldukça, zirvedeki vizeniz uzatılır

Zirveye çıkmak yarışmaktır. Her gün farklı şekillerde *unvan maçına* çıkmaktır. Kalabalıklar tarafından *"başarılı" ya da "başarısız" diye yargılanmayı* göze almaktır. Bu yargıla(n)ma çoğu kez adil, mantıklı ve profesyonelce değil, amatörce, duygusal ve taraflı bir şekilde yapılır. Burası başarı ülkesidir. Burada *pasaport sahibi* azdır, kazanmaya devam ettikçe *vizeniz uzatılır.*

Zirvede skor tabelası tanrısına tapılır! Skor tabelanızdaki rakamlar *sosyal değerinizi* belirler. Sarsıcı sonuçlar her şeydir; ya bir işte herkesten daha iyi olursunuz ya da uzun süre orada olamazsınız! *Zirvelerin tanrısı; huzur değil hareket, saadet değil görkem, mahalleli samimiyeti değil sofistike profesyonellik ister.* Bazen vadideki nostaljik günlerinizi özlersiniz, ama onu geri almak için *kazandıklarınızın bir kısmını kaybetmeyi* göze almanız gerekir.

Zirvede yaşamanın en büyük ödüllerinden biri, zirvedeki diğer kişilerle tanışma "ayrıcalığına" sahip olmaktır. Arkadaşlarınızı da, aşklarınızı da bu özel insanlar arasından seçebilmektir. Bir zamanlar hayranı olduğunuz insanlarla *eşit ilişkiler* kurabilmektir.

Zirveler kişilere mülk değil devre mülktür

Zaman geçer, "an gelir" ve *görürsünüz ki, zirveler kişilere mülk değil, devre mülktür!* Artık zirveden inme vaktiniz gelmiştir. Bazen siz inmek *istersiniz*, bazen sizden inmeniz *istenir.* İnişe geçerken biraz hüzün kaplar içinizi, biraz da hafiflemişlik duygusu. Zirveden vadinin son bir görüntüsünü içinize çekip, hafızanızdaki *"yaşadığım güzel günler" dosyasında* saklarsınız.

Asiller naifçe kopar zirveden, görgüsüzler kaybettikçe şirretleşir. İnsanın zirveye çıkma şekli *kudretini*, zirveden ayrılma şekli *karakterini* açığa çıkarır.

"Ayrılık aşka dahildir" der Aragon. Kaybetmek kazanmaya, inmek de çıkmaya dahildir. Zirvede ölmek şans, ölmeden inmek güçlü bir eğitimdir. Eski bilgelerin deyişiyle: *"En iyi manzarayı tırmanırken değil, zirveden inerken görürsünüz."*

Yükselirken sırtınızı döndüğünüz vadiyi ve insanları, inerken başka bir gözle yeniden keşfedersiniz. Zirveye tırmanırken *gücünüz ve yeteneğiniz*, zirveden inerken *huzurunuz ve bilgeliğiniz* artar. *"Ben hayata oradan baktım! Ait olduğum yerde yaşadım!"* diyebilmektir içinizi rahatlatan. Başarmak için doğanların bir tür hac yolculuğudur bu.

Artık *en büyük başarısı geçmişinde kalmışlar kulübü*ndesiniz. Zirvenin bir altında özel bir yeriniz var. Sallanan koltuğunuza uzanmış hayatınızı gözden geçirirken, son karnenizi kendinizden alacaksınız. Başarılı bir insan en son alkışı hep kendi içinden alır!

BENİM YOLUM:
BAŞARI VE MUTLULUĞUN ANLAMI NEDİR?

İnsan ruh, beden, zihin ve kalp gibi bölmelerden oluşur. Ruh için başarının *amacı* önemlidir. Beden için *yararı*. Zihin için *anlamı*. Kalp için *hissettirdikleri*. Tanımlar daha çok zihinsel boyutu ifade eder, diğerlerini aktarmaya yetmez. Bu yüzden başarı tek bir tanıma sığmaz, taşar!

Başarıyı tanımlama denemeleri ilginç anlatıların ortaya çıkmasını sağlamıştır. İnternette dolaşan anonim bir espride, ortalama bir insanın hayatındaki *başarı döngüsü* şöyle anlatılıyordu:

4 yaşınızdayken başarının anlamı, *altınıza kaçırmamaktır!*

12 yaşındayken başarının anlamı, *kalabalık bir arkadaş grubuna sahip olmaktır.*

20 yaşındayken başarının anlamı, *cinsel hayatınızın aktif olmasıdır.*

35 yaşındayken başarının anlamı, *zengin olmaktır.*

60 yaşındayken başarının anlamı, *cinsel hayatınızın aktif olmasıdır.*

70 yaşındayken başarının anlamı, *kalabalık bir arkadaş grubuna sahip olmaktır.*

80 yaşındayken başarının anlamı, *altınıza kaçırmamaktır!*

Eğer bunlar doğruysa, ömrümüzün ilk yarısı *kazanmaya çalışmakla*, ikinci yarısı *kaybetmemeye çabalamakla* geçiyor!

Edebi anlamda en güzel başarı tanımlarından birini Emerson yapmıştır:

"Başarı, çok ve sık gülmek; çocukların sevgisini ve akıllı insanların saygısını kazanmak; içtenlikli eleştirilerin kıymetini anlamak ve kötü arkadaşların yoldan çıkarma girişimlerine dayanabilmek; güzeli anlamak; başkalarında en iyiyi bulmak; sağlıklı bir çocukla, güzel bir bahçe ya da saygın bir sosyal durumla biraz daha iyi bir dünya bırakabilmek; hatta bir tek kişi bile olsa, birilerinin siz yaşadığınız için daha rahat nefes aldığını bilmektir."

Birçok insan başarının anlamını mutlulukla karıştırır. *"İnsan sabah kalkar, akşam yatağına gider ve arada da gönlünün istediğini yaparsa başarılı olmuş demektir"* der Bob Dylan. Üzgünüm ama bu başarının değil, hedonist bir mutluluğun tanımı! "En büyük başarı mutlu olmaktır" gibi başarıyı *araçsallaştıran* tanımlar ise, işleri daha fazla karıştırmaktan başka bir şeye yaramıyor.

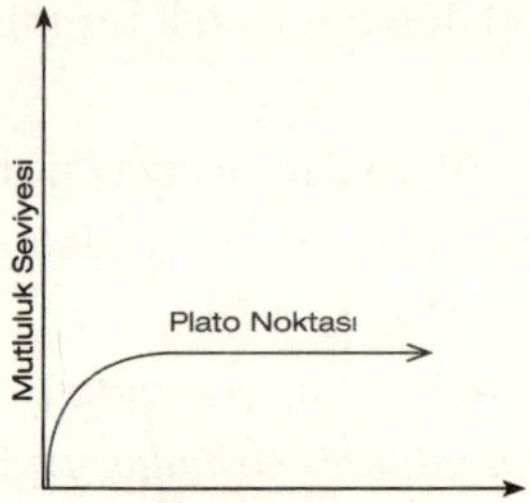

Beklentileri karşılamaya dayalı *sentetik başarı*

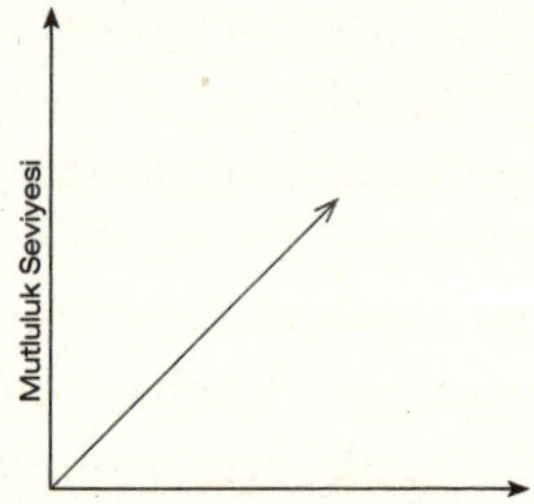

Kendini gerçekleştirmeye dayalı *organik başarı*

Başarı ile mutluluğun ilişkisi nasıldır?

Başarı ile mutluluk bazen iç içe geçse de temelde farklı kavramlardır. Bu konudaki araştırmalara göre, *ortalama bir başarı bir noktaya kadar mutluluk getiriyor, ama bir eşikten sonra mutluluğa katkısı sabit kalıyor.* Başarı, insanı mutsuzluktan koruyacak bazı araçları sağlıyor, ama mutlak mutluluğu garanti etmiyor. Çünkü mutluluk seviyesi, başarı becerileri kadar mizaca da bağlı olan bir durumdur.

İki türlü başarı vardır: *Organik başarı* ve *sentetik başarı*. *Sentetik başarı*; kendini gerçekleştirmeye dayanmayan, sadece bir işin gereklerini iyi bir şekilde yerine getirmeyle oluşan başarı türüdür. Kişinin ruhunun oyuna dahil olmadığı sentetik başarıların tersine ise organik başarı diyorum.

Paranın ve sentetik başarının mutluluğa katkısı, önce yükselip sonra düz bir çizgi haline gelir. Buna karşın, kendi potansiyelini gerçekleştirmeye dayalı olan *organik başarılar* sürdürülebilir mutluluk üretir. Kariyeri ile karakteri uyumlu olan, potansiyelini ve değerlerini işine yansıtabilen, *başarısı üzerinden kendini gerçekleştiren* insanların başarısı mutlulukla beraber büyüyebiliyor.

Mutluluk ile başarıyı bir arada götürebilmek mümkün. Peki sadece mutlu olmak için başarılı olmaya çalışmak doğru bir strateji mi?

Sadece mutlu olmak için başarılı olmaya çalışmak motivasyon felci yaratabilir

Bazı insanlar başarıyı mutluluk arayışlarının parçası olarak görür. Başarı onlar için amaç değil araçtır. Oysa gerçekte mutluluk başarının *yan ürünlerinden* biridir ama tek amacı değildir. Başarı mutluluktan daha fazlasını içerir. Sadece mutlu olmak için başarılı olmaya çalışmak, iyi bir atlet olmak için her gün tenis oynamaya benzer!

Uyarmadı demeyin; başarı bir eğlence aracı değil, *varoluşumuzu gerçekleştirme mekanizmasıdır.* Sadece mutlu olmak için başarmak, başarının doğasına uygun bir beklenti değildir! Başarının egosu yüksektir, kendini başlı başına bir amaç olarak görür. Başka amaçlar için aracı olmayı pek sevmez!

Sırf mutlu olmak için başarılı olmaya çalışanlar, başarı sürecinde *mutsuz olacakları bir şey yapmaları gerektiğinde* kafaları karışır. Beyinleri o anda "acılı" bir hesap yapmaktadır: "*Şu anda bu işi yaparken çektiğim acı mı, yoksa işi başarıyla bitirirsem alacağım zevk mi daha fazla*?" Bu hesap acı çekilirken yapılınca genellikle acı galip gelir! Sonuçta o kişinin başarı motivasyonu felç olur.

Mutluluk ile başarı dengesi: Hayatınız ağırlıklı olarak hangi kutuda geçiyor?

Başarı ve mutluluk açısından bakınca, gün içinde yaptığımız hemen her şey şu dört gruptan birine girer:

1. Hem mutlu eden hem de başarı getiren işler
2. Başarı getiren ama mutlu etmeyen işler
3. Mutlu eden ama başarı getirmeyen işler
4. Hem mutlu etmeyen hem başarı getirmeyen işler

Sevmeyen biri için matematik dersi çalışmak, *başarı getiren ama mutlu etmeyen* bir iştir. Eğer şair değilseniz, sevgilinize şiir yazmak *mutlu eden ama başarı getirmeyen işler* kategorisine girer. Tırnak kesmek gibi pek çok rutin iş başarı da getirmez, kayda değer bir mutluluk da. Çok sevdiğiniz bir kılavuz kitabı ikinci kez okumak başarı da getirebilir, mutluluk da!

Hepimiz dört kategoriden işleri belli oranlarda yaparız, ama hayatımızda *bir gruptakiler daha çoğunluktadır.* Baskın olan grup, *hayatımızın rengini* belirler. Sizin yaptıklarınız veya yapmak zorunda kaldıklarınız daha çok hangi gruba giriyor?

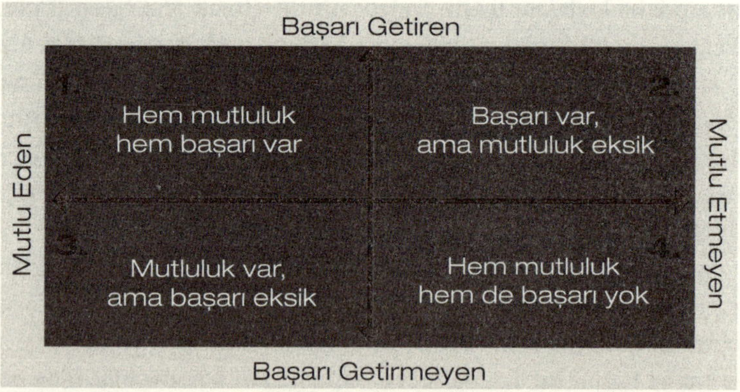

Hayatında ikinci gruptaki işler çok baskın olan kişiler, *başarılı olan ama pek mutlu olmayabilen* insanlardır. Üçüncü grupta, *mutlu olan ama belirgin bir başarısı olmayanlar* bulunur. Dördüncüde *hem mutsuz hem de başarısızlar* vardır. Birinci kategoride ise mutlu mutlu başaran, "kıskanılası insanlar" yaşar.

İkinci gruptakilerde irade gücü çok baskındır, *ne hissettiklerine fazla bakmaksızın yapılması gerekeni yaparak* başarılı olurlar. Bu yüzden başarılıdırlar, ancak neşeleri biraz eksiktir! Bu tarzda başaranlardan bazıları, özellikle de bazı iş adamları, başarılı olduktan sonra çok fena "dağıtırlar!" Geçmişten intikam alırcasına canları ne istiyorsa onu yapmaya başlarlar! Elli yaşında Ferrari almak, bu sendromun öncü göstergelerindendir!

Üçüncü gruptakiler, başarı değil mutluluk merkezli yaşar. Mutluluklarına engel olmayacak kadar başarı onlara yeterli gelir. Bazıları içgüdüsel olarak, bazıları bilinçli kararla hayatını küçültüp, *mutluluk merkezli* ve *minimalist* yaşar. Bu yüzden genellikle *büyük değil butik* hayatları vardır.

Dördüncü gruptakiler, hem mutlu etmeyen hem de başarı getirmeyen şeyleri yaparak yaşarlar ya da yaşamak zorunda kalırlar. Böyle bir hayatı, en iyi "ömür törpüsü" deyimi anlatır.

Geldik hem mutlu hem başarılı olabilenlere. Mutlu mutlu başarıya gidenlerin sırrı nedir? Bu kişiler üzerinde yaptığım gözlemlerde birkaç ortak nokta dikkatimi çekti. Birincisi, *mizaçları ile meslekleri* çok iyi örtüşüyor. Kariyerleri üzerinden karakterlerini yaşıyorlar. O işi yapmak için doğmuş gibiler. Ayrıca işlerinde iyiler; mesleki motivasyonları, beceri seviyeleri ve metotlu çalışma alışkanlıkları yüksek. İşlerini yaparken zamanı unutuyorlar. *Doğalarına uyan ve donanım olarak güçlü oldukları* bir alanda, *severek yaptıkları bir iş karşılığında* onlara para ödeniyor olması da önemli bir etken. İşleriyle ilişkileri ekonomik mecburiyetlerden çok, ruhen kendini gerçekleştirmeye dayanıyor.

Mesleki başarı ile mutluluğu aynı anda yaşamak isteyenlere Çetin Altan ilginç bir kriter önerir: *"Bir işten aldığınız keyif, o işten kazandığınız parayı harcarken aldığınız keyiften daha fazla ise, sizi mutlu edecek mesleği bulmuşsunuz demektir."*

Mesleki mutluluk seviyeniz yüzde 50 *doğru işi bulmaya*, yüzde 50 *doğru kişi olmaya* bağlıdır. Siz çalışmayı sevmiyorsanız, hiçbir meslek sizi mutlu etmeyecektir. Ayrıca mesleki mutluluk seviyesi mutlak değil *oransaldır.* Sabit kalmaz, inebilir, çıkabilir. Önemli olan, alt/asgari ve üst/azami çizgisi kabul edilebilir seviyede olan bir mesleki *mutluluk koridoru* oluşturabilmektir.

Benim başarı anlayışım: Eudaimonia!

Ben başarıdan Aristo'nun *eudaimonia* (*"en iyisi olduğunuz şeyde elinizden gelenin en iyisini yapmak"*) dediği şeyi anlıyorum. Başarı, hayatta en iyi olabileceğimiz alanı bulmak, o işte en iyi halimizi ortaya çıkarmak ve yaptıklarımızla *herkes için mümkün olanın en iyisini* gerçekleştirmektir.

Bu bakış açısını tamamlayan bir tanım, efsane koç John Wooden tarafından yapılmıştır: *"Başarı olabileceğinizin en iyisi olabilmek için, elinizden gelenin en iyisini yapmış olmanın verdiği huzur ve tatmindir."*

Kendimizi başarılı yapma sürecinde 3-Y çok önemlidir: Doğuştan gelen *yatkınlıklarımızı* bulmak, bunların üzerine sonradan öğrendiğimiz *yetkinliklerimizi* kurmak ve günün sonunda hem bize hem çevremize *yararlı sonuçlar* üretmek. *"Yararlı olan insan hiçbir yerde yabancı olmaz"* der Goethe. Yararımız ne kadar büyük olursa, *vazgeçilemezlik seviyemiz* ve *kariyer dayanıklılığımız* da o kadar fazla olacaktır.

Büyük başarı için, *kariyerimiz ile karakterimizin örtüşmesi* çok önemlidir. *Yapmak için doğduğumuz* şeyi bulmalı, *o işte çok iyi olmak için* çaba harcamalı ve *severek yaptığımız bir işten hayatımızı kazanmaya* çalışmalıyız. Doğal olarak iyi yaptığımız, yaparken keyif aldığımız ve yaptığımız için insanların bize para ödemeye istekli olduğu işler mutlu ve başarılı olabileceğimiz alanları gösterir.

Sevdiğimiz işi yapmak sıklıkla yanlış anlaşılan, bazen de ergen şımarıklığını meşrulaştıran bir anlayışa sebep olabilmektedir. Sevdiği işi yapmak, "sadece canının istediği şeyleri yapmak" ve "sevmediği hiçbir şeyi yapmamak" demek değildir. Sevdiğiniz işin de sevmediğiniz tarafları olacaktır. Ayrıca sevdiğiniz iş, karakter ve yeteneklerinizle uyuşmayabilir.

İnsan sevdiği işi seçmeye nasıl karar vermeli?

Sevdiğimiz işi düşünürken bir üçgenin merkezinde durup üç köşesinden kariyerimize bakmaya çalışmalıyız: 1. Köşe: Ben ne *istiyorum*? 2. Köşe: Benden ne *isteniyor*? 3. Köşe: Yapım neyi *istememi gerektiriyor?*

Ne istediğinizi bilmek gerekli ama yeterli değil. Sizin beklentilerinizin yanında, *toplumun (ticari) taleplerini* ve *yapınızın gereklerini* de dikkate almalısınız. Popstar yarışmalarından bilirsiniz, sadece sizin bir şeyi istemeniz yetmez, başkalarınca da *istenmelisiniz*. Ayrıca *isteğinizle uyumlu donanım ve yetenek sahibi* olmalısınız. Sizin yapmayı istediğiniz şeye toplumsal talep yoksa, başarmakta zorlanırsınız. Sadece toplumun istediği işleri yaparsanız, bu defa ruhunuz gönülsüz oynayacaktır. Sizin ve toplumun istediği bir şey *yeteneğinize hiç uymuyorsa* yine bir şeyler eksik kalacaktır. Üçünün uyumlu birliğinden (g)üçlü bir başarı enerjisi çıkacaktır. Düşünün; siz ne istiyorsunuz? Sizden neler isteniyor? Yapınız (yetenek+yetkinlik+-kişilik) neyi istemenizi gerektiriyor?

Başarı sırf *canımızın istediğini yapmak* da, sırf *bizden beklenenlere uygun yaşamak* da değildir. Kendi isteklerimiz ile bizden istenenlerin kesişim kümesi, mizacımız ve mesleki yetkinliklerimize de uygunsa, işimiz o noktadan büyümeye başlayacaktır.

Her büyük başarı, bir *sosyal sözleşmedir*. İnsanlara istediklerini verdikçe, siz de isteklerinize ulaşırsınız. Sürdürülebilir başarı, insanlar arası *karşılıklı yarar dengesi* üzerine kuruludur. Sadece sizin ya da toplum yararına olan modellerin devamlılığı olmayacaktır.

Sadece kendi istediklerinizi yapmak mı, başkalarının isteyip de yapamadıklarını başarmak mı?

"Çoğumuz için en büyük tehlike, hedefimizi çok yüksek tutmak ve ona erişememek değil, hedefimizi çok alçak tutmak ve ona erişmektir" der Michelangelo. Başarıdan erken yaşta tatmin olmak büyümeyi sınırlandırır. *Başarı iştahını canlı tutmak* önemlidir. Bunun için büyük hedefler koymak ve başarıyı ölçmek için doğru kriterler belirlemek gerekir.

Konu mutluluk, başarı ve zenginlik olduğunda kriterler ikiye ayrılır: O konuda *toplumda egemen olan kriterler* ve *kişinin kendi kendine belirlediği/seçtiği kriterler*. Bazı insanlar toplumsal kriterleri baz alır, bazıları kişisel kriterlerini izler. Bazılarına *kendi gözüne girmek* yeter, bazıları *sosyal alkış* ister. Siz hangi gruptasınız? Sizin için önemli olan *sadece istediklerinizi yaşamak* mı, yoksa *başkalarının yapamadığı bir şeyleri başarmak mı*?

Bir atasözümüz, *"Giydiğini el beğenmeli, yediğini ise sen"* der. Ben de mutluluk söz konusu olduğunda, tamamen kendi kişisel/keyfi kriterlerime göre karar alırım. Başarıda ise, toplumsal kriterleri de önemsiyorum. Çünkü *toplumsal başarıyı seviyorum.*

Başarı kendi içinde ikiye ayrılır: *Kişisel başarı ve toplumsal (kitlesel) başarı.* Kişisel başarı, kişinin hedeflediği şeyleri, kendini başkalarıyla kıyaslamaksızın gerçekleştirmesidir. Başkalarının ağzını açık bırakacak sonuçlarınız olmasa da, istediğiniz şeyleri gerçekleştirdiyseniz kişisel olarak "başarılısınız" demektir. Bu başarı türü iddiasız, kişiye özgü, kıyaslamasız ve görecelidir.

Toplumsal başarı ise *bir işte başkalarından daha iyi olmaktır.* "Başkaları" nın ölçeği mahalle, ilçe, şehir ya da ülke olabilir. Toplumsal başarı sevenler sadece kendi istediklerini elde etmekle yetinmez, *başkalarının yapamadığı bazı şeyleri yapabilmek* isterler. Toplumsal başarılar, "en çok satan kitap", "en çok oy alan politikacı", "en çok izlenen film" gibi *sosyal gösterge sistemlerine* göre belirlenir. Toplumsal başarı rekabetçi ve kıyaslamacı, iddialı ve büyük ölçekli, nispeten ölçülebilir ve objektiftir.

Toplumsal başarıların birçoğu kitlelerin beğenisine dayalıdır. *Kitlelerin seçimine ve beğeni yapısına dayalı* toplumsal başarılar tartışmaya açıktır. Buna karşın *doğa yasalarıyla mücadele edilerek* kazanılan başarılar daha objektiftir. Olimpiyatlarda 100 metreyi en hızlı koşma rekoru kıran sporcunun başarısı pek "göreceli" değildir!

Toplumsal başarı kişisel başarıyı da içerir

Toplumsal başarı ile bireysel başarının karşılaştırmasını ulusal sınav sistemi üzerinden yapabiliriz. Üniversite sınavına 1 milyon öğrencinin girdiğini, bunlardan 100 bin kişinin kazandığını varsayalım. Derece yapmak için hazırlanan, sınav sonuçlarına göre *hem istediği bölümü kazanan hem de sınavda birinci olan kişi, hem kişisel hem de toplumsal olarak başarılıdır.* Hem *hayalini gerçekleştirmiş* hem de birçok insanın *isteyip de yapamadığı bir sonucu* elde etmiştir. Büyük bir yarışın sonunda önünüze mikrofon konuyorsa, muhtemelen toplumsal bir başarı gerçekleştirmişsiniz demektir!

Sınava hazırlanırken tek hedefi, evine yakın bir meslek yüksekokulunu kazanmak olan ve sınavda son 10 bin kişi arasında kalarak bu bölüme girebilen insan da *istediğini yapabildiği için*, kendi *kişisel başarı standartlarına göre* "başarılı" sayılabilir. Buna karşın ortada bir *toplumsal başarı yoktur*. Toplumsal başarı karşılaştırmaya, hem kendinizle hem başkalarıyla yarışmaya dayanır. Öncesinde *acılı ve terli bir çaba*, sonucunda *gurur ve gözyaşı* vardır.

Ölçülebilir ve kıyaslanabilir bir yarıştan egosunun zarar görebileceğinden korkan insanlar toplumsal başarıyı sevmez

Bazı insanlar toplumsal başarıyı ister ve elde eder. Bazıları ister ama elde edemez. Bazıları ise elde etmek istemez. Toplumsal başarıyı istememek, o kişiyi toplumsal başarı sahiplerinden daha üstün yapmaz. Kendi branşında Olimpiyatlara katılmak istemeyen bir sporcu, olimpiyat şampiyonlarından daha değerli olamaz.

Kişisel başarıyı sevenlerin bazıları toplumsal başarı yarışına katılmayı anlamsız bulur. *"Kendine seçtiği hedefi gerçekleştiren herkes şampiyondur, hedefin büyüklüğü ya da küçüklüğü önemli değildir. Başka insanların sonuçları ve toplumsal kıyaslama gereksizdir"* derler. Bu naif düşünce "gönüllerin şampiyonunu" seçmek için yeterli olabilir ama olimpiyat şampiyonunu seçmek için sporcuların *kalbine* değil *skor tabelasına* bakmak zorundayız!

Kişisel başarı insanı daha az yorar, huzur ve mutlulukla daha rahat gider, ama arkasında bir "başarı hikâyesi" bırakmaz. Dünyada büyük bir iz bırakmak isteyenler sadece "gönüllerin şampiyonu" olmakla yetinmez.

Toplumsal başarı merkezli yaşamaktan anlaşılması gereken, zirvede olmaktan çok, *zirve yolunda olmaktır.* Başarının zirve noktaları çok az insanın *ulaşabildiği* yükseklikteдir. Bir ülkede herkes cumhurbaşkanı olamaz, aynı anda sadece bir kişi olabilir, ama *herkes işini daha iyi yapan bir insan* olabilir.

İşini *başarıyla (daha iyi) yapmanın kapıları herkese açıktır.* Bir sezonda sadece bir kişi gol kralı olabilir, ama tüm futbolcular *daha iyi futbol oynayabilir.* İşini iyi yapan bir çöpçünün insanlık için değeri *işini kötü yapan bir kraldan* daha fazladır. Herkesin işini iyi yapması toplumsal gelişimin de temelidir.

Bazı insanların *doğası* kişisel başarıya, bazılarınınki ise toplumsal başarıya *yatkındır*. Bu iki tarzdan biri doğru, diğeri yanlış değildir. *Doğanıza*, *dönemsel önceliklerinize* ve *isteklerinizin büyüklüğüne* göre birini seçebilirsiniz.

Bireysel başarı çok büyürse, toplumsal başarıya dönüşür

Kişisel ve kitlesel başarı, birbirinin karşıtı gibi görünse de, aslında tamamlayıcısıdır. *Kişisel başarı* çok ileri bir noktaya ulaşırsa *toplumsal başarıya dönüşür.* Başkalarıyla yarışmadan, sürekli işini daha iyi yaparak kendini aşan bir insan, bir gün alanındaki en iyiler arasına girdiğini görüp şaşırabilir.

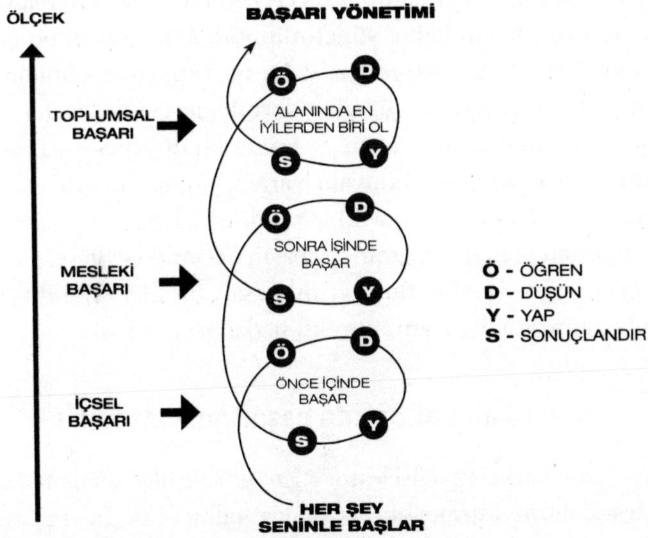

Başarının doğal gelişimi üç aşamalıdır; önce *içimizde*, sonra *işimizde*, en sonunda da *toplum düzeyinde* başarılı oluruz. İç içe konmuş üç kap gibi; birinci dolup taşınca ikinci, ikinci dolup taşınca üçüncü dolmaya başlar. Aşamalardan birini atlamak yapısal eksikliğe neden olur.

Bazı insanlar bu sıralamayı atlar, içi boş olduğu halde, önemli toplumsal konumlara gelir. Yakından bakınca bu insanların *iç başarı boşluğunu* görebilirsiniz. Bu kişiler yaklaştıkça küçülür!

Üç başarı düzeyimiz var: *İçte başarı, işte başarı ve toplumsal başarı*. Bir doktor önce kendi içinden başlayıp, bilgi ve becerisini artırarak *kendini geliştirmeye* çalışmalı. İç başarısı yeterince büyüdüğünde, *işindeki başarısı* da hızla ve kendiliğinden yükselmeye başlayacaktır. Doktorumuzun işindeki başarısı çok büyüyüp *ülke çapında en iyi tıpçılardan biri* haline geldiğinde, mesleki başarısı toplumsal başarıya dönüşecektir. Bir ülkede bir alanda "en iyiler" denince akla ilk gelenlerden biri olmak, toplumsal başarının zirve noktalarından biridir.

Her üç düzeyde da kullanılması gereken bir *başarı çevrimi* vardır. İşletmelerdeki toplam kalite yönetiminin de temeli olan bu çevrim dört aşamalıdır. 1. Sürekli işinizi daha iyi yapmanın yöntemlerini *öğrenin*. 2. Öğrendikleriniz üzerine derinlemesine *düşünerek* onları kendi özel şartlarınıza uyarlayın. 3. Sonra bu düşünceleri iş ve özel hayatınıza *uygulayın*. İşe yarayanı yaramayandan ayırın. 4. *Sonuç alıncaya kadar* esnek ve kararlı bir şekilde yaklaşımınızı geliştirin. Sonuç aldıktan sonra, çevrimin en başına dönüp *geldiğiniz yeni seviyede yeni şeyler öğrenin*. Bu çevrimi başarı bisikleti gibi düşünün, üzerinde kalmak istiyorsanız sürekli pedalları çevirin!

Başarıyı algılatmak da başarının parçasıdır

İngiliz filozof Berkeley, felsefesini *"Var olmak algılanmış olmaktır"* düşüncesi üzerine kurmuştu. Hiç kimse bilmese de bir başarı "var olmuş" mudur? Varoluş *algılanışla* mı başlar? Cevap uzun, kitap kısa, başarının türü önemli! Kişisel başarıları kimsenin bilmesi gerekmez, ama toplumsal başarının doğumu *başkaları tarafından bilinmeye* bağlıdır. Kimsenin yaşamadığı bir adaya düşmüş olsaydınız, kimsenin okuyamayacağı bir kitap yazarak best-seller yazar olamazdınız!

Önce bir başarı gerçekleştirmeli, sonra da başarınızı algılatmalısınız. İnsanlar sizin başarılı olduğunuzu düşünmeye başladıklarında, *sosyal cazibe kanunları* çalışmaya başlar ve başarınız kendi kendini büyütür. Buna başarı momentumu denir. İddialı bir kişilik sahibi olmak ahlaki olarak tartışılabilir, ama *işinde iddialı olmak* güçlü bir başarı katalizörüdür.

Türkiye'de ilk kez billboardlarda kitap tanıtımını başlatan Nobelli yazar Orhan Pamuk, o yıllarda neden kitaplarının reklamını çok yaptığı sorulduğunda, *"Ben tavuk gibiyim, bir yumurtlar üç gıdaklarım!"* demişti. Bir işi başarıyla tamamlamak yetmez, onu algılatmak da başarının parçasıdır. Reklam profesörü Steuart Britt'in esprili deyişiyle: *"Reklamını yapmadan bir iş yapmak, bir kıza karanlıkta göz kırpmaya benzer. Ne yaptığınızı sadece siz bilirsiniz!"*

İnsanlar *algıladıkları seçenekler* arasından seçimlerini yapar. Sizin çok iyi yaptığınız bir şeyi bilmiyorlarsa, daha kötüsünü seçer, onu büyütürler. İnsanlar bilmedikleri bir şeyi isteyemezler. Yaptığınız iyi bir şeyin, reklamını yapmasanız dahi, *varlığından insanları haberdar etmeniz* gerekir.

Tanıtımın gücünü ihmal etmek kadar abartmak da yanlıştır. Çok reklam verenler bilir; "fazla reklam kötü bir ürünün daha çok satmasını değil, *daha çabuk batmasını* sağlar!" Başarılı *görünme çabası* başarılı *olma çabasından* daha fazla olursa, kahraman olmaya çalışırken *karikatürleşebilirsiniz!*

Başarının kriterine göre oynamak mı, başarının kriteriyle oynamak mı?

Bazı insanlar, başarının evrensel kriterine göre oynayıp kazanmak yerine, *başarının kriteriyle oynayarak kendilerini başarılı hissetmeye* çalışırlar. Bu insanların ağzından "*Gerçek başarı...*" diye başlayan cümleler eksik olmaz! "Gerçek başarı sevgilinin yüzünden gülümsemeyi eksik etmemektir", "Gerçek başarı her gece uyurken çocuklarının yüzündeki masumiyeti izlemektir" gibi romantik tanımların, başarının özüyle doğrudan ilgisi yoktur. Bu tür tanımlar, başarı kavramını ekseninden çıkarmakta, içini boşaltmakta, başarının yanlış anlaşılmasına ve hatalı ölçülmesine neden olabilmektedir.

Gerçek başarı durumunuzu öğrenmek için *yarışmalı zeminlerden doğan ölçülebilir başarıları denemenizi öneririm.* Kapasiteniz hakkında kendi kendinize gelin güvey olmak yerine meydana çıkın ve ne kadar iyi olduğunuzu görün. Yenilebilir veya yenebilirsiniz, dün yenildiğinizi yarın yenebilirsiniz. Asıl önemli olan başarınız hakkında *gerçeğin bilgisine* ulaşmaktır. Arşın oradaysa, Halep'e kadar gidin!

Kişisel başarı grafiğiniz:
Yükseliş ve düşüşlerinizi nasıl görselleştirebilirsiniz?

Öğrencilik yıllarımda kendi ilerlememi görebilmek ve ölçebilmek için bir grafik tablo geliştirmiştim.

Bu tabloya en büyük başarınızı +10'a, en büyük başarısızlığınızı -10'a denk gelecek şekilde yerleştirebilirsiniz. Küçük ve orta boy başarı ve başarısızlıklarınızı da zaman çizelgesine göre aralara serpiştirebilirsiniz.

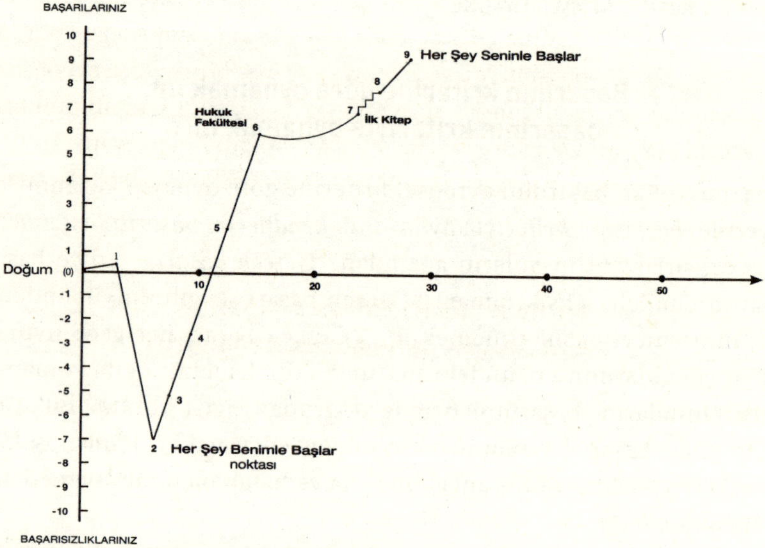

Dünyaya geldiğiniz seviye, yükseliş ve düşüşlerinizi kıyaslayacağınız temel eşiği gösteriyor. Bu çizgi aynı zamanda hayatla *başa baş noktanız!* O standardın altı başarısızlık, üstü başarı değeri taşıyor. Tablomuza giriş yaptığınız yer (dünyaya geldiğiniz yer) ne kadar şanslı olduğunuzu gösteriyor, tablodan (ve hayattan) çıktığınız yer ise ne kadar başarılı olduğunuzu gösterecek!

Kendi hayat çizgimin akışını tabloya yerleştirerek, sizin nasıl kullanabileceğinizi açıklamaya çalışayım. İstanbul'da, orta sınıf bir ailenin çocuğu olarak doğdum (0). Bir buçuk yaşımdayken babam vefat edince (1) hayat çizgim tepetaklak oldu! Aile boyu bungee jumping yapar gibi dibe savrulduk. İlkokulun sonlarına doğru bir gün *her şey benimle başlar* dediğim ve her şeyi tersine çevirmeye azmettiğim o keskin kararlılık noktasına ulaştım (2). Hayat çizgimin dibe vurup, yukarı dönme noktasıydı. O günden sonra hiçbir şey eskisi gibi olmadı. İlkokulu, Ortaokulu ve liseyi başarıyla bitirdim (3-4-5). Üniversite sınavında hukuk kazanınca (6) hayata giriş seviyemin epeyce üstüne çıktım. Hayatta bazen daha yükseğe çıkmak için, bir süre aşağı inmeniz gerekebilir. Hukuk bitirip kişisel gelişim uzmanı olunca grafiğim bir süre inişe geçti, ancak ilk kitabımın başarısıyla tekrar yükseldi (7). Diğer kitaplarla yükseliş devam etti (8) ve içine ruhumu kattığım *Her Şey Seninle Başlar*'ın çıkışıyla zirve noktasına ulaştı (9).

Olimpik başarı ruhuyla yaşamak: Daha ileriye, daha güçlü, daha hızlı!

Başarı doğası gereği bir üstünlük çabası gerektirir. Bu üstünlük çabasının iki boyutu vardır: Dünkü halinden daha iyi olmak ve bir işi başkalarından daha iyi yapmak. Önce kendini, sonra başkalarını aşma çabası rekabetçi başarının özüdür.

Başkalarını geçmek amaç değil araçtır. Asıl amaç, ölçülebilir rekabet yoluyla kişinin *potansiyelindeki en iyiyi* ortaya çıkarmaktır. Bir işte en fazla ne kadar iyi olabileceğinizi, yüksek hedefler belirleyip *herkesten daha iyi olmaya çalıştıkça* öğrenebilirsiniz. Tıpkı, çocukların basket potasına yetişmeye çalıştıkça boylarının uzaması gibi!

Başarmak kendini aşmaktır. Bugün dün yaptığınızdan daha iyisini yapabilmektir. *Dün yaptığınız işler bugün hâlâ gözünüze yeterli geliyorsa, yarının kaybedeni siz olacaksınız demektir!*

Bu aynı zamanda olimpik başarı anlayışıdır. Olimpik başarı ruhu *kendini sürekli daha ileriye, daha yükseğe, daha güçlü ve hızlı bir şekilde zorlamayı gerektirir.*

İnsanlığı ileri götüren büyük buluşların altında, sosyal başarı tutkusu yüksek, orta sınıf hayatlarla yetinmeyen insanların imzası bulunur. Macellan bir muhasebeci gibi yaşasaydı, belki daha rahat bir hayatı olurdu, ama dünyanın etrafını ilk kez dolaşan efsanevi adam olamazdı. Bilirsiniz, kahramanlık mesai saatlerine sığmaz!

Başarının temel göstergesi, işini iyi yapma derecesidir. Bir işi en iyi yapabilen ve yapan olarak bilinen sen ol!

Bazı insanlar *ilişkileri iyi tutmakla gelen* başarıları sever, ben ise *işini çok iyi yapmaktan gelen* başarılara inanıyorum. İşini iyi yapmaya dayalı başarı daha *onurlu*, daha *sürdürülebilir* ve daha *güvenlidir.*

Başarılı olmak istiyorsak, birinci işimiz, işimizi iyi yapmaktır. Martin Luther King'in güzel ifadesiyle: *"Eğer sizden sokakları süpürmeniz istenirse, Michelangelo'nun resim, Beethoven'ın beste veya Shakespeare'in şiir yazdığı gibi süpürün. O kadar güzel süpürün ki, herkes durup, 'Burada işini çok iyi yapan bir çöpçü yaşıyor' desinler."*

Sosyal başarı felsefemin temeli şudur: Bir ülkede, bir işi en iyi (yapa)bilen ve en iyi yapan olarak bilinen siz olun!

Bir iş seçin. Önce o işi en iyi ***bilen*** *olun. Sonra en iyi* ***yapabilen*** *olun. En sonunda da en iyi* ***yapan olarak bilinen*** *olun. Bu başarı çevrimini önce mahallenizde gerçekleştirin. Sonuç aldıkça ölçek büyütün. Şehrin en iyisi olmayı deneyin. Sonra ölçek büyütün, ülkenin en iyisi olmaya* çalışın. Bunu da başardıysanız, dünyaya açılıp küresel ölçekte en iyi olmaya çalışın. Hepsi bu kadar! Şimdi dağılabilirsiniz!

İlişkilere dayalı başarılar daha kolaydır, ama başkalarına bağımlıdır, diyet borcu doğurur. İlişkilerle gelen başarıya insanlar *içten ve gerçek bir saygı* duymaz. Bu tür insanların göreceği saygı, *garsona verdikleri bahşiş kadardır!* İşini iyi yapmayla gelen başarı ise zekâ, yetenek ve emek ister. Bu süreçte üzülür, yorulur, yıpranırsınız. Küçük ödülleri hemen, büyük ödülü uzun vadede alırsınız. İşinizde iyi oldukça, *daha az çabayla daha çok fayda* elde edersiniz. Maddi getirilerin ötesinde manevi ödüller kazanırsınız. İyi bir iş çıkarmanın *onurla karışık sevinci* anlatılmaz, yaşanır. İşini/mesleğini iyi yapmak aynı zamanda bir *sosyal sorumluluktur.* Almanya'yı iki dünya savaşının enkazından çıkaran iki atasözü vardır:

1. *"En büyük vatanseverlik mesleğini en iyi şekilde yapmaktır."*
2. *"İşin kibrit kutusuna çöp dizmek bile olsa en iyi şekilde yap."*

Bir insanın kariyer onurunu, *başkası görmüyorken işini ne kadar iyi yaptığıyla* ölçerim. Başkası hiç görmese de, yöneticileriniz hiç övmese de, karşılığını tam almasanız bile *yine de işinizi iyi yapıyorsanız,* benim *kalbimin başarı Nobel'ini* almışsınız demektir.

Bu kendimizi sömürtmek değildir. Başarımızın değerini bilmeyen bir kurumu değiştirebiliriz, ama papaza kızıp oruç bozmak, kuruma küsüp *işini kötü yapmak* büyümemizi kısırlaştırır. Bu gibi tutumlar uzun süre devam ederse enerjinizi bloke ederek *kariyer kanseri* yapar. İşimizi iyi yapmak, *kazancımızın karşılığı* değil, ,*karakterimizin yansımasıdır.* Alamadığımızı sandığımız karşılık hiç beklemediğimiz bir yerden gelir. Peki işimizde en iyi olmayı nasıl başaracağız? Tabii ki olimpik başarı ruhuyla hareket ederek!

Ne kadar mesleki başarı antrenmanı yapıyorsunuz?

Vaktiyle Olimpiyat Milli Takımına başarı semineri vermek için davet edilmiştim. Karşımda, *yaptığı sporun türü vücudundan okunan* bir grup insan vardı. Onlara rutin bir günlerinin nasıl geçtiğini sordum. Dört yılda bir, birkaç dakikalık maça çıktıklarını, bunun için *dört yıl boyunca günde en az dört saat antrenman yaptıklarını* öğrendim.

Düşündüm; bu sporcular 7 milyar insanla yarışıp derece yaparken, birçok insan 70 milyonluk ülkesinde, hatta kasabasında bile hayata tutunamıyordu! O anda kafamda bir ampul yandı! Ortalama insanın en önemli başarısızlık nedeni, *mesleki başarı antrenmanı yapmıyor oluşuydu!* Birçok insan sadece işini yapıyordu, insanların *işini daha iyi yapma antrenmanı* diye bir şeyden haberleri bile yoktu.

Seminerden sonra bir kadın gazeteci arkadaşımla akşam yemeği yiyecektik. Fonda *"Ne isyan, ne itiraf bu, yalnızca sitem"* şarkısı çalarken, bana işinde neden yükselemediğini anlatıyordu. Kendisine denk yetenekteki insanların, *birtakım ilişki oyunlarıyla* öne geçip hakkını yediklerini savunuyordu. Onu dinlerken aniden durup sordum: *"Ne kadar mesleki antrenman yapıyorsun?"*

Şaşırdı: *"O ne demek?"*

Aramızdaki diyaloğun devamı şöyleydi:

– Gazetede yayınlanmayacağını bile bile günde kaç haber yazıyorsun?

– Neden böyle bir şey yapayım ki? Hem ağzından yel alsın, yazdığım haberin gazeteye girmemesine çok üzülürüm!

– Peki, sence neden olimpiyat sporcuları her gün 4 saat antrenman yapıyor olabilir? Güreşin kurallarını bilmedikleri için mi? Bir halteri kaldırmak kuantum fiziğinden daha karmaşık bir iş olduğu için mi?

– Bilmem, hiç düşünmedim. Sence neden? En azından bir anahtar kelime alsam?

– *Mesleki başarı antrenmanı! Antrenman; işimizi daha iyi yapma denemeleri yapmak, başkası görmeden zayıf yönlerimizi egzersizlerle kapatmak, güçlü yönlerimizden daha fazla yararlanmak için yöntemler bulmak, bulduğumuz yeni yöntemleri tekrar tekrar deneyerek şiirselleştirmek, kariyer kondüsyonumuzu korumak ve bir gün unvan maçına çıkınca özgüvenle hareket edecek kadar kendimizi hazır hale getirmektir.*

– Hiç böyle düşünmemiştim. Bana önerin nedir?

– Her gün en az bir saat, gazetene haber olarak girmeyeceğini bile bile, *sırf antrenman olsun diye* bazı haberler üzerinde çalışmalısın. İşini yaptığın sürenin en az *yüzde 10'u kadar vakit ayırıp, işini daha iyi yapma antrenmanı yapmalısın.* Bu zeki insanların gizli başarı mesaisidir. Harcanan değil, başarıya yatırım yapılan bir zamandır.

– Daha somut olarak ne yapmalıyım?

– Bir haber seç ve onu sürekli; *daha farklı*, *daha ilginç* ve *daha iyi* yazmaya çalış. Haberi *yapışkan* hale getir, okuyanın beynine saplanıp kalsın! Rastgele bir haber olabilir. Üzerinde oynayacağın *hamur haberini* seçtikten sonra, o haberi kafanda çevirerek farklı şekillerde yazmaya çalış. Tıkandığın anlarda entelektüel empati yaparak, *kafanın içine başka beyinler koyarak* düşün; Shakespeare o haberi yazsaydı nasıl yazardı? *NYT* hafta sonu ekine girecek şekilde yazsan nasıl yazardın? Geleneksel 5N1K kuralına göre nasıl yazardın? Platon o haberi diyalog şeklinde yazsaydı nasıl yazardı? Ya da Montaigne o haber üzerine deneme yazsa neyi, nasıl anlatırdı? Aklıma ilk gelenler bunlar. Bu şekilde onlarca farklı yöntemle *dil deneyi* yapmalısın. Sonra istersen yazdıklarını blogunda yayınlayıp geribildirimleri de inceleyebilirsin. İyi olduğun yazı tarzı üzerine yoğunlaş. Zayıf yönlerini güçlendir. Bunları yapmak gerekli, ama yeterli değil; istikrarlı olmalı, *uzun süre bunu devam ettirmelisin.* Araştırmalara göre, birinci sınıf yetenek istiyorsan, *en az on bin saat* zaman harcamalısın! Haber yazma becerisi *kas hafızana* kaydedilmeli. Parmakların haber yazarken muhteşem bir piyanistin piyano tuşlarına dokunuşu gibi akmalı. *Birinci sınıf mesleki beceri* böyle oluşur.

– Ama devir kendini pazarlama devri! Ne kadar iyi olduğun değil, ilişkilerini ne kadar iyi tuttuğun ve kendini ne kadar iyi sattığın önemli değil mi?

– Tam olarak öyle değil bence! Bu orta sınıf başarıların ideolojisidir. Evet, büyük soru şu: *Olmak mı, görünmek mi?* Çoğunluk mış gibi görünmeyi seçer; akıllıymış, zenginmiş, başarılıymış, mutluymuş gibi görünmeye çalışır. İnsanların çoğu, başarılı insan taklidi yapar; içten içe her şeyin farkında oldukları için, çoğunun özgüveni kırılgandır. Sana önerim *iyi görünmeye çalışma, gerçekten iyi ol!* Prezentabl bir imajın ötesine geç, *güçlü bir gerçek yarat.* Başarılı insan taklidi yapma, gerçekten başarılı ol. Klavyenin başına geçtiğinde, sözcüklerin samurayı ol! Mesleki çekirdek becerin, *bir birim* değil, *açık ara üstün* olsun. Eşit yetenekler arasından *ilişki oyuncusu* olan yükselebilir, ama birinci sınıf mesleki beceri karşısında hiçbir güç duramaz. *Günümüzde dünyadaki en kıt kaynak, birinci sınıf yetenekli insandır.* En yaygın insan türü ise imajı parlak, yeteneği düşük, beklentileri yüksek olanlar! Herkes her şeyi istiyor, ama *isteklerine uygun yetenek seviyesine sahip insan* sayısı o kadar az ki! Tüketirken *her şeyin birinci sınıfını* istiyoruz, üretirken *ikinci sınıf işler* yapıyoruz. Aradaki fark kariyer açığımız! Sen bu düzene uyma; git ve birinci sınıf yetenek ol! *"Delikli boncuk yerde kalmaz"* der atalarımız. Birinci sınıf yetenek yerde kalmaz, bir şekilde yükselir. Geç olabilir, güç olabilir, ama gerçekten hak eden bir gün mutlaka *ait olduğu yeri bulur.*

– Peki metnin mükemmel hale geldiğini nasıl anlayacağım?

– *"Mükemmelliğe eklenecek bir şey kalmadığında değil, çıkarılacak bir şey kalmadığında ulaşılır" der Antoine de Saint-Exupéry. Fazlasız ve eksiksiz, fit metinler yazacak seviyeye ulaştığında, muhteşem bir işin ne olduğunu anlayacak kadar da sezgiye sahip olursun. Zor olan güzeli anlamak değil, onu yaratmaktır.*

Arkadaşıma anlattığım ve *yemeğinin boğazına dizilmesine* neden olan *mesleki başarı antrenmanı* kavramı hepimiz için geçerlidir. Siz ne kadar mesleki başarı antrenmanı yapıyorsunuz? Mesleki çekirdek beceriniz ne kadar iyi? Hangi ölçekte, kaç kişiye göre? Başarı antrenmanları sizi güçlü başarı alışkanlıklarıyla donatacaktır. Başarı alışkanlığa dönüşünce, uğruna harcadığınız çabayı hissetmezsiniz. Aristo'nun deyişiyle, *"Madem alışkanlıklarımızın kölesiyiz, o zaman iyi alışkanlıklar seçmeliyiz."*

Alışkanlıklar üzerine yapılan araştırmalar, *kötü alışkanlıkların kendiliğinden oluştuğunu*, buna karşın iyi alışkanlıkların *ancak* çabayla geliştirilebildiğini göstermektedir. Ayrıca iyi alışkanlıkların *kullanıldıkça güçlendiği*, *kullanılmadıkça söndüğü* de bilinmektedir. Ünlü kemancı Heifetz, mesleki gelişim antrenmanı yapmamanın sonuçlarını esprili bir dille anlatır: *"Bir gün çalışmazsam ben farkına varırım, iki gün çalışmazsam karım fark eder, bir hafta çalışmazsam dinleyicilerim, bir yıl çalışmazsam o zaman eleştirmenler bile anlar!"*

HAYALİNİZ İÇİN HAREKETE GEÇMEK: ATALETİ NASIL YENEBİLİRSİNİZ?

Adı: İvan İlyiç Oblomov!

Dünya edebiyatının tembellik ikonu. Dinlenmek için doğanların kahramanı. Yılgın ve yorgun ruhlu bir insan. Bukowski'den sonra, en ilginç "loser."

Rus romancı Gonçarov'un *Oblomov* adlı romanının başkarakteri olan İvan İlyiç Oblomov, yıkılmakta olan derebeylik düzeninin son vârislerindendir. Bir toprak ağası olarak "*sabun elden su gölden*" yaşamak üzere yetiştirilir, ama ülkesinde yaşanan toplumsal değişimler onu çiftliğini kâhyasına bırakıp büyük kente göç etmeye zorlar.

Büyük şehrin *hızlı ve hırslı* hayatı onun tembel ve uyuşuk ruhuna ağır gelir. Tempolu bir hayata uyum sağlayamadıkça kendi içine kapanır. Önce "işleri hiç bitmediği için" memurluk görevini bırakır. Sonra "iyi giyinmekten yorulduğu için" sosyal davetlerden vazgeçer. Küçücük evinde, sırtından eksik etmediği ünlü *pasaklı hırkasıyla* yatay bir hayat yaşamaya başlar.

Başarılı bir hayatı anlamsız ve yorucu bulan Oblomov için tembellik geçici bir ruh hali değil, *bir yaşam biçimidir.* O alelade bir aylak değildir, *felsefeli bir tembeldir!* Hiçbir şey yapmamasının nedeni *düşüncesizliği değil, tam tersine aşırı düşünmesidir.* Çok "düşünceli" bir kaybedendir!

Aslına bakarsanız, Oblomov da bir şeyler başarmak ister; bir kariyer sahibi olmak, sosyal hayatta kendine bir yer edinmek, Avrupa'ya seyahat etmek, çiftliğine dönüp işleri büyütmek, evlenip mutlu bir yuva kurmak... Sık sık bu isteklerini nasıl gerçekleştireceğini de düşünür, ama hiç eyleme geçmez. *Eylemsiz düşünceleri kararsızlığa, kararsızlığı kayıtsızlığa, kayıtsızlığı da zaman içinde kesif bir kaybetmişliğe dönüşür.*

Atalet denizinin dibinde yaşayan Oblomov, sık sık hayatını değiştirmek için *yapılması gerekenler* üzerine düşünür. İçinde bulunduğu şartlarda neler yapılabileceğini, kâhyasının neler yapabileceğini, hiçbir şey yapılmasa da neler olabileceğini, bir şeyler yapılsa da nelerin değişmeyeceğini, bu değişim döneminde ne kadar yorulacağını kafasında çevirip durur. Sonra en başa döner, bir daha düşünür. Sonra bir daha... *Beyni çamurda patinaj yapan tekerlek gibi hızla dönerken, vücudu bataklığa saplanmış otomobil gibi yerinde sallanır, ama ileri gidemez!*

"Ya şimdi ya da hiçbir zaman!"

Oblomov'un en yakın arkadaşı Ştoltz onun tam tersine; aktif, amaçlı ve girişken bir insandır. Ştoltz sık sık onun tembelliği yenmesi, silkinip kendine gelmesi, bir şeyler yapmak için bir yerlerden başlaması için uğraşır. Onu motive etmek için, sonu *"Ya şimdi ya hiç!"* diye biten konuşmalar yapar, ama sonuç alamaz! Sonunda pes edip onun yaşam tarzına "Oblomovluk" der.

Ömrünün sonuna doğru tüm sorulara bir açıklama bulur Oblomov: *Suçlu kaderidir!* İçten içe asıl gerçeği bilse de, sonuçların sorumluluğunu kaderin üstüne atarak, *kaybetmişliğinin acısını hafifletmeye* çalışır. Hareketsiz hayatıyla sağlığını da kaybeden Oblomov henüz kırklı yaşlarında kalp krizinden ölür.

Hepimizin içinde az ya da çok Oblomovluk bulunur. Her insanın içinde tembellik ve çalışkanlık eğilimi vardır. Önemli olan *hangi parçamızın bize egemen olmasına* izin verdiğimizdir.

Sizin hayatınızda Oblomovluk yaptığınız alanlar neler? *Başarmayı istediğiniz, uğraşırsanız yapabileceğinizi bildiğiniz, ama yine de ulaşmak için pek bir şey yapmadığınız şeyleri bir düşünün.* En basit örnekleriyle; biraz kilo vermek, sigarayı bırakmak, yabancı bir dil öğrenmek, daha fazla kitap okumak, blogunuzu güncellemek, düzenli spor yapmak, daha az TV seyretmek, kazancınızdan bir kısmını tasarruf etmek gibi şeyler olabilir.

Bu tür durumlarda *neler yapmanız gerektiğini* bilirsiniz, nasıl yapabileceğinizi bilirsiniz, yapmamakla *neler kaybettiğinizi* ve yaparsanız *neler kazanacağınızı* bilirsiniz. Bunları *başarmayı istediğinizi* de düşünürsünüz, ama yine de bir şey yapmazsınız. Üşenir, erteler, soğur, vazgeçersiniz. Neden? Sizi durduran ne? Atalet!

"Bizimki zeki, ama tembel bir çocuk!"

Atalet haline tipik bir örnek *zeki olduğu halde derslerine pek çalışmayan* bir öğrencinin durumudur. Başarılı olmak için 3-K; bir *kafa*, birkaç *kitap*, biraz da *konsantrasyon* yeterli olsa da, bizimki derslerde başarısızdır. Onu karşınıza alıp aşağıdaki soruları sorarsanız, ataletli bir öğrencinin anatomisini görebilirsiniz.

Başarılı bir öğrenci olmak *ister misin?* – Evet!

Başarılı bir öğrenci olmak için *ne yapman gerektiğini (ders çalışmak)* biliyor musun? – Evet!

Başarılı bir öğrenci olmak için *nasıl ders çalışmak gerektiğini* biliyor musun? – Evet!

Ders çalışmayıp başarısız bir öğrenci olursan *neler kaybedeceğini* biliyor musun? – Evet!

Derslerine çalışıp başarılı bir öğrenci olursan *neler kazanacağını* biliyor musun? – Evet!

Elini kolunu bağlayıp ders çalışmanı *engelleyen* birileri var mı?

– Hayır!

O halde seni durduran ne?

– Bilmem!

Ataletten kurtulmanın ilk adımı atalet halinde yaşadığını fark etmektir. Bir konuda sizi uyarmalıyım; bu tür çocuklar ataletlerinin farkında olmayabilirler, ama zekâlarının farkındadırlar!

Zeki ama tembel bir çocuğu babası karşısına alır:

"Derslerin çok kötü. İnternette, telefonda arkadaşlarınla konuşup duruyorsun. Atatürk senin yaşındayken *ülkeyi kurtarma planları* yapıyordu!"

Oğlunun cevabı gecikmez: *"Haklısın baba, ama senin yaşındayken de ülkeyi kurtarıp cumhurbaşkanı olmuştu!"*

Her evde bir ataletli vardır!

Başarılı olmak için hayaller kuran, hedefler koyan, planlar yapan, ama bir türlü eyleme geçemeyen kişilerin sorunu atalet halinde yaşıyor olmalarıdır.

Atalet "atıl" kökünden gelir. Fizik biliminde *"eylemsizlik hali"*, sosyal bilimlerde *"eylem yeteneğinde zayıflık"* demektir. Atalet; *amacı için harekete geçememek, harekete geçse de başladığı işi bitirememek ya da çalışırken çok yavaş hareket etmektir.*

"Ataletli" insanları nereden tanıyabilirsiniz? Tembellik, ümitsizlik, yılgınlık, kötümserlik, miskinlik, bezginlik, şevksizlik ataletli insanların karakteristik özellikleridir. *"Üzerine ölü toprağı serpilmiş gibi hareket etmek"* ve *"yumurta kapıya gelmeden harekete geçmemek"* tipik atalet göstergeleridir.

Bazı insanlar, hayatın *belirli bir alanında*, bazıları *her boyutta* ataletlidir. Bazıları *bir süreliğine* atalete düşerken, kimileri *kesintisiz atalet* halinde yaşar. Kronik ataletliler işlerini yaparken sık sık ertelerler, sürüncemede bırakır, mazeret üretirler. Hayata bakışları sitemkâr, umursamaz, eleştirel ve kaygılıdır. Bu nedenle yaşama sevinçleri de düşüktür. İşlerini yaparken *ağır çekim filmlerdeki gibi* hareket ederler. Böyle bir kişiye seslendiğinizde başını bile kaldırmadan sadece kaşını kaldırarak size bakar!

Ataletli bir insan sorunlarını bilir. Çözümlerini de görür. Çözümsüzlükten rahatsız da olur. Yine de hiçbir şey yapmadan bekler durur! Önünde un, yağ, şeker ve tarif vardır, ama ortada helva yoktur.

Atalet evrensel ve yaygın bir ruh halidir. Shakespeare'in efsanevi karakteri Hamlet'in "olmak ya da olmamak" meselesi de ataletle ilgilidir.

"Bilemiyorum.
Başarmak için iradem, gücüm, isteğim ve
yardımcılarım varken
Niye hâlâ beklediğimi!"

Öğrenilmiş çaresizlik yaşayan kişi, bir şeyi *başaramayacağına inandığı için* harekete geçmezken, ataletli insan *yapabileceğine inansa dahi* harekete geçmez. Kişi cesaretinin yanı sıra takatini de yitirmiştir. Öğrenilmiş çaresizlik zamanla demlenerek atalete dönüşür.

Yerleştikleri bünyede zamanla atalete neden olan bazı kanserojen düşünce ve inançlar şunlardır:

Değişmezlik inancı: *"Böyle gelmiş böyle gider."*

Etkisizlik inancı: *"Bu işe yaramaz ki!"*

Gereksizlik inancı: *"Yapsam da ne değişecek ki?"*

Erteleme inancı: *"Bunu daha sonra yaparım!"*

Anlamsızlık inancı: *"Bunu yapmamı istemeleri çok saçma."*

Kontrolsüzlük inancı: *"Bunu yapmak benim elimde değil ki!"*

Yetersizlik inancı: *"Ben bu işe yetmem, yüzüme gözüme bulaştırırım."*

Mükemmeliyetçilik inancı: *"En iyisini yapabilecek seviyeye gelinceye kadar hiçbir şey yapmamalıyım!"*

Atalet tipini tanı: Beynin mi daha çok ataletli, bedenin mi?

"Ne tuhaf bir makine şu insan! İçine ekmek, şarap, balık ve turp atıyorsunuz, dışarı iç çekmeler, kahkahalar ve düşler çıkıyor" diye yazar Kazancakis. Ne düşündüğümüz ve ne hissettiğimiz, vücut kimyamızın da görüşünü alarak, ne yapacağımızı ya da yapmayacağımızı belirler. Sonuçta ya hareket ya da atalet hali oluşur. Her ikisini de içimizdeki *aynı sistem* üretir. Başımıza gelen olayların türü değil, *onları yorumlayış şeklimiz* bizi harekete geçirir ya da atalete düşürür.

Atalet oluştuğu yere göre ikiye ayrılır: *Beyinsel atalet ve bedensel atalet.* Bu ikili yapı arasında sembiyotik ilişki vardır; karşılıklı olarak birbirinden beslenirler. *Ne yediğiniz ve ne yemediğiniz, ne düşündüğünüz ve ne düşünmediğinizle bir araya gelerek, ne hissedeceğinizi ve ne hissetmeyeceğinizi etkileyip, ne yapacağınızı ve ne yapmayacağınızı belirler!*

Atalet genellikle beyinde başlar. Beynin ataleti de kendi içinde ikiye ayrılır: Düşüncelerdeki atalet ve duygulardaki atalet. Duygusal atalet, *bir şey yapma isteğini kaybetmek*, düşünsel (entelektüel) atalet ise *neyi niye yaptığı üzerine düşünmemektir.* Duygusal atalet *gönül yorgunluğu*, düşünsel atalet *akıl durgunluğudur.*

Entelektüel atalet, beyin hücrelerini *erken emekliye sevk edip*, pasif ve tutuk bir kafayla yaşamaktır. Eski bir Rus hikâyesine göre, askeri garnizona yeni bir komutan atanır. İlk gün etrafı gezerken, bir tarlanın ortasındaki *nöbetçi kulübesi* dikkatini çeker. Orada neden nöbet tutulduğunu sorar. Herkes şaşkın bir halde birbirine bakar, *kimse bunu düşünmemiştir!* Komutan ısrarla araştırılmasını ister. Sonunda emekli birine ulaşılır. Yıllar önce inşaat malzemeleri orada bekletilmiş, çalınmasın diye başına nöbetçi konmuştur. Bir süre sonra malzemeler taşınmış, hatta inşaat bitmiş olduğu halde nöbet yeri yıllarca devam etmiştir! Bu, *neyi niçin yaptığını düşünmeden yaşamanın* tipik bir hikâyesidir.

Sizin hayatınızdaki *gereksiz nöbet kulübeleri* neler? Sisteminizi yoran anlamsız rutinler hangileri? Halının altına süpürdüğünüz, yüzleşmekten kaçtığınız, karar almaya korktuğunuz konular neler?

Etkili insan olmak, neleri yaptığınız kadar neleri *yapmayı bıraktığınızla* da ilgilidir. Yönetim gurusu Peter Drucker yılbaşında *yapılacaklar listesi* yerine, "*artık yapılmayacaklar listesi*" hazırlanmasını öneriyordu! Hayatınızdan kaldırmanız gereken gereksiz nöbet kulübeleri üzerine ciddiyetle düşünmenizi öneririm.

Atalet araştırmaları neler gösteriyor?

Başarı raylarının üzerinde, ataletin iki kritik istasyonu bulunur. İnsanlar başarılı olmadan önce *özgüven eksikliğinden*, başarılı olduktan sonra ise, *ego yüksekliğinden* atalete düşme eğilimindedir.

Tükenmişlik sendromu (burn-out) üzerine yapılan araştırmalar, *kariyerini hiç önemsemeyenler ile aşırı derecede önemseyenlerin (işkolikler) atalete ve tükenmişliğe daha yatkın olduğunu göstermiştir.* İşkoliklerin atalete düşme nedeni; kendilerini aşırı derecede kırtasiye işlerle meşgul ederek, enerjilerini gereksiz şeylerde tüketip asıl işleri yapmaya güçlerinin kalmamasıdır.

Ters kişilik yapıları olmasına rağmen, aşırı mükemmeliyetçiler ile baştan savmacılar da atalete yatkındır. "Mükemmel bir şey yapıncaya kadar hiçbir şey yapmayacağım" demek, atalete düşüren bir mantık yürütme biçimidir. Bunun yerine, Japonların *kaizen* ilkesini benimseyip, *temel yeterliliğe sahip olduktan sonra üretime geçip, sonra sürekli ve hızlı bir şekilde her şeyi iyileştirmek* daha iyi bir fikirdir. Bir hayali uzun süre içinizde tekrarlar, fakat hiç eyleme geçmezseniz, hayalleriniz içinizde küflenebilir!

Ataletle başa çıkmayı öğrenmek, yüzme dersine benzer; bilgiden çok *beceriye*, düşünceden çok *eyleme*, bilmekten çok *uygulamaya* dayalıdır. Bu anlatılanları bilen, ama kullanmayan kişiler kafasının içinde *düşünce patinajı* yapmaya devam edecektir.

İnsanlar bilme ve yapma biçimlerine göre dörde ayrılır. Bilen ve yapanlar idealdir. Bilen ama yapmayanlar ataletlidir. Yapan ama bilmeyenler tehlikelidir! Yapamayan ve bilmeyenler ise hayatın dolgu malzemesidir.

Ataletle mücadele eylem planı

En temel soruya gelelim: *İnsanlar ataletten neden kurtulamıyor?*

Birincisi, çoğu insan atalet halinde yaşadığının *farkında bile değil*. İkincisi, bazı insanlar ataletin nedenini *kendi içinde değil dışında* arıyor. Bu yüzden kendilerinin değil, çevredekilerin değişmesini bekliyorlar. Bekledikleri dışsal değişim olmayınca ataletleri daha da derinleşiyor. Üçüncüsü, birçok insan atalet halinden kurtulmak için ihtiyaç duyduğu *"nasıl yapılır" bilgisine* sahip değil.

Bir grup insan ise ataletle başa çıkma tekniklerini de biliyor, ama bunu kullanmadıkları için oldukları yerde kalıyorlar. *"Hiç kimse kendi terinde boğulmadı"* diyen köşe yazarı Ann Landers, tembellik ile başarı karşıtlığını şöyle özetler: *"Tanrı bize iki yuvarlak organ verdi; biri oturmak, diğeri düşünmek için. Başarınız hangisini daha fazla kullanacağınıza bağlı!"*

Ataletle mücadele yeteneğini geliştirmenin iki aşaması vardır. Birincisi, *kendini eyleme geçirebilme becerisini* kazanmaktır. İkincisi, eyleme geçtikten sonra *sonuç alıncaya kadar hızlı, hırslı ve heyecanlı bir şekilde ilerleme disiplini* oluşturmaktır.

Ataletle mücadelede zor olan ilk adımı atmaktır. Fizik kurallarına göre; *duran bir nesneyi hareket ettirmek için gereken (ilk) enerji, hareket eden bir nesnenin eylemini sürdürmesi için gerekenden daha fazladır.* Bozulmuş bir otomobili iterken, onu yerinden oynatmak için gereken güç, tekerler döndükten sonra gerekenden daha fazladır. Buna fizikte *atalet momenti* (hareketsizliğin direnişi) denir. Tembel birini harekete geçirirken zor olan ilk hareketi yaptırmaktır. Ondan sonra işler kar topu gibi yuvarlanarak büyüyebilir. Tabii kar topunun ilerlemesi için doğru zemine konulması da önemlidir!

Atalet hakkında ilginç bir paradoksal gerçek vardır: *Ataletli olduğumuz için harekete geçmiyor değiliz, harekete geçmediğimiz için ataletli oluyoruz!* Önce isteyip sonra harekete geçmeyi beklemekten yorulduysanız, bir de tersini yapın, önce harekete geçip sonra istemeyi deneyin! *"Davranış duyguyu doğurur"* diyor Prof. William James.

Kendini eyleme geçirmek için dört geleneksel yol

Bir işi ya da görevi yapması gereken, ama bunu yapmak istemeyen bir insan düşünelim. Bu insanın o görevi kendine yaptırmak için elinde dört araç bulunur:

1. *İçten motive olma yolu:* "Bir şeyi yapmam için onu yapmayı istemem gerekir" diye düşünenlerin en sık kullandığı yoldur. Kişi *o görevi yapma isteğinin* (motivasyon) içinde oluşmasını bekler ya da *kendini motive ederek o isteği üretmeye* çalışır. İstek gelirse bu yol işe yarar, ama *sevilmeyen işler* karşısında bu yaklaşım sorun yaratır.
2. *Dıştan motive edilme yolu:* Bu yolu sık kullananlar, "Birileri ya da bir şey beni motive ederse o zaman bunu yapmayı isterim" diye düşünür. Kişi bir *dış motivatör* arayışındadır. Bu bir insan, müzik, kitap, film, mekân vs olabilir. Bu yöntem *ilk hareketi başlatmakta işe yarayabilir,* ama sonrasında sürdürülebilirlik sorunu vardır. Taşıma motivasyonla başarı değirmeni sonsuza kadar dönmez! Ataletin en büyük panzehiri motivasyondur, ama motivasyon bir duygudur ve duygular *depolanabilir* şeyler değildir!
3. *İç disiplin yolu:* İrade gücünü kullanarak, *kendini içten zorlayıp* o işi kendisine yaptırabilmektir. Kişi kendi kendine, "Bu işi yapmam gerekiyor, hobim değil görevim bu, *istesem de istemesem de* bu görevi yapacağım" der. Hem dışa bağımlı olmaması (iç kontrole dayalı), hem de sürdürülebilirlik avantajı nedeniyle kullanışlı bir yoldur.

4. *Dış disiplin yolu:* Bu gruptakiler "başında çavuş olmayınca çalışmayan" iç disiplin eksikliğini *bir otoritenin dış disipliniyle* kapatan insanlardır. Bu kişilerde bir tür "otorite bağımlılığı" vardır. Erich Fromm'un "özgürlükten kaçış sendromu" dediği durumu yaşar, özgürlüklerinin sorumluluğunu almaya korkarlar. Okulda öğretmenleri, evde anne babaları, askerde komutanları, işyerinde yöneticileri onları zorlamazsa çalış(a) mazlar. Bir görev karşısında akıllarına gelen ilk tepki kaytarmaktır! Dış disiplin bağımlılığı ile otoriter toplum olmak arasında sembiyotik ilişki vardır; birbirini besler, birbirinden beslenirler.

Tahmin edebileceğiniz üzere, benim favorim üçüncü yol! Küresel dalgalar halinde pazarlanan *hedonist ve konformist karakterli yeni yaşam kültüründe*, irade gücü eski moda bir kavram gibi görünse de, öz disiplin/otokontrol/irade gücü her dönemde, her kesimde, her durumda en fazla işe yarayan başarı aracıdır. İrade gücüyle kendini kontrol edebilmek başarılı hayatın *başlangıç noktasıdır*. Başarısızlar önce kendine yenilir. Zafer de, yenilgi de irade gücünü kullanma anlarında belirlenir.

Her Şey Seninle Başlar felsefesi bireyin irade gücüne dayanır. İç hâkimiyetini kuramamış bir insanın dış dünyada egemen olamayacağını varsayar. Başarı insanla, insan iradeyle şekillenir. İnsanın kontrol yeteneği irade gücünden gelir. Judith Viorst hayattaki en büyük gücü şöyle tanımlar: "*Güç denen şey, çıplak bir elle bir çikolatayı dört parçaya ayırabilme, sonra da parçalardan yalnızca birini yiyebilme kapasitesidir!*"

Bu dört araçtan sadece birine dayanmak yerine, *duruma göre gerekeni kullanmak* da mümkündür. Başarı yolculuğunu bir geminin ilerleyişine benzetirsek, geminin yelkenleri motivasyona, motorları iradeye denk düşer. Rüzgâr istediğimiz yönde eserse yelkenleri açıp yol alabiliriz, rüzgâr tersten geldiğinde yelkenleri kapatıp irade gücünü çalıştırabiliriz.

Yapılması gerekli işler ile yapılması zevkli işler

Başarı biyografileri gösteriyor ki insanlar arasındaki başarı farkını belirleyen şey, *sevdikleri işleri yapma biçimlerinden çok, sevmedikleri işleri yapma şekilleridir.* Sevdiği işi hemen herkes benzer şekilde yapar! Oysa bir insanın *yapmak istemediği, ama yapmak zorunda olduğu işler* karşısındaki tavrı onun kazananlardan mı, yoksa kaybedenlerden mi olacağını belirler.

Üniversite sınavına hazırlanan bir öğrenci düşünelim. Yapması gereken ders çalışmak, ama canı o anda hiç ders çalışmak istemiyor. *Yapması gereken ile yapmak istediği çatışıyor.* Bu an, öğrencinin kaderiyle randevu anıdır. Kendine yenilmek ya da tembel tarafını yenmek, işte büyük meydan muharebesi! Bu tür haller başarının insanı "sınadığı" anlardır. O an Hayatın Seçme Sınavı'dır (HSS) ve üniversite sınavından daha önemlidir. Üniversite sınavını hayatta bir gün yaşarsınız; HSS'yi ise her gün yaşayacaksınız. Ne yiyeceğinize karar verirken, paranızı neye harcayacağınızı düşünürken, ders çalışırken sık sık HSS karşınıza çıkar.

Başarı disiplini yüksek olanlar; yapılması gereken işleri, yapılması gereken zamanda, yapılması gerektiği gibi, *yapmak isteseler de istemeseler de* yaparlar. Görev duyguları anlık isteklerinden daha baskındır. Bu insanlar, bazılarının sandığı gibi *zevksiz insanlar değildir*, sadece *zevki erteleyebilme becerileri* yüksektir. Bilirler ki, *sonuçların ödülü süreçlerdeki bedeli telafi edecektir.* Ayrıca; oto-kontrol yeteneği geliştikçe, kişi zamanla iradenin yarattığı baskıyı da pek hissetmez. Carl Jung şöyle der: "*Özgür irade, yapmak zorunda olduğun şeyi güle oynaya yapma yeteneğidir!*"

İradesi zayıf insanlar ise, yapılması zevkli işleri hemen yapar; *yapılması gerekli olan ama yapmak istemedikleri işleri* sürekli ertelerler. İşler birikip artık ertelenemeyecek bir noktaya geldiğinde; önce birilerini suçlar, sonra kendi kendine söylenir, sonra suçluluk duyar, sonra sinirden kıvranır ve "son dakikada" işleri yetiştirmeye çalışırlar. Çıkan sonuç yetersiz, özensiz ve yarım yamalaktır! Eskilerin deyişiyle, "Gönülsüz yenen aş, ya karın ağrıtır ya da baş!" Sonuçta böyle insanların başarısız, mutsuz ve yoksul hayatlar yaşamasına şaşırmamak gerekir.

Hayatın kendi içinde tutarlı bir matematiği vardır. *Bence asıl karışık olan hayatın mekanizması değil, insanların kafasıdır!* Kesitler halinde ve kısa vadeli değil, uzun dönemli ve bütüncül bakarsanız hayat olabildiğince hakkaniyetlidir. İnsanlar *yapması gerektiği halde yapmadıkları* ve *yapmaması gerektiği halde yaptıklarıyla* hak ettikleri hayatı yaşarlar. Bu kuralın istisnası uçak kazası gibi kontrol dışı kötü olaylardır. Bu tür durumlarda "hak etme" mantığıyla düşünmemek gerekir.

Bedensel ataleti yenmek: Hayat enerjimizi yükseltmek için neler yapabiliriz?

Beyinsel ataletin dışında bir de bedensel atalet bulunur. Bedensel atalet dengesiz beslenme, hareketsiz çalışma, hastalıklar, sporsuz hayat gibi nedenlerle oluşur. Kapalı havalarda ve *kış aylarında* daha sık görülür. Güneş ışığı almayınca bazı insanlar *koala moduna* geçer, yavaşlar, hiçbir şey yapmak istemez.

İdeal olan, bir doktor veya diyetisyenin sizin vücut yapınıza ve sağlık profilinize uygun bir *enerji yükseltme programı* hazırlamasıdır. Biliyoruz ki, birçok ataletli insan bunu yapmayacaktır! Bu yüzden, kendi yaptıklarımdan birkaç şey anlatmak zorunda hissediyorum.

Kış aylarında her gün karışık halde nar-portakal suyu içmenizi öneririm. Haftada en az iki gün somon gibi yağlı balıklardan yerseniz, entelektüel performansınız artacaktır. C, B, D gibi insanın enerji seviyesini doğrudan etkileyen vitaminleri (mümkünse yiyecekler yoluyla) düzenli olarak almaya çalışmalısınız. Entelektüel atalete karşı, karbonhidrat ve protein eksikliklerini fark edip gidermelisiniz. Kolesterol yüksekliği veya demir eksikliği atalete sürükleyebilir, check up yaptırıp kan değerlerinizi takip etmelisiniz. Beyninizin atalete düşmemesi için her gün 1-1,5 litre kadar su içmelisiniz. Günde yarım saat kadar yürümeli, düzenli spor yapmaya çalışmalısınız. Unutmayın; çevik kafa hareketli vücutta bulunur!

Ataletten sefalete: Hiçbir canlının ataleti sonsuza kadar sürmez!

Ataletle ilgili ürkütücü bir gerçek şudur: *Hiçbir canlının atalet hali sonsuza kadar süremez!* Ya siz atalet halinize son verirsiniz ya da bir felaket gelir, ataletinizi bitirir. "Bırakmak elimde değil" dediğiniz sigarayı, kanser teşhisi konunca, üç saniyede bırakırsınız! Ataletli bir insan her gün kendisine şu sorunun hesabını vermelidir: *Bugün yapmadıklarımın gelecekteki sonuçları neler olacak?*

Atalet hayatımızı mahvederken yalnız değildir, bu konuda *işbirlikçileriyle* organize çalışır. Atalet beş kişilik yıkıcı bir çetenin, üçüncü elemanıdır. Şöyle ki; *cehalet gafleti, gaflet ataleti, atalet sefaleti, sefalet felaketi getirir!* Cahil ne yapması gerektiğini *görmek istemez*, gafil yapması gerekeni *önemsemez*, ataletli *yapılması gerekeni yapmaz*. Yapılması gerekenler yapılmayınca, kişi zamanla sefil bir hale düşer ve en sonunda felaket gelip güçsüz düşmüş o kişinin etini kemiklerinden ayırır!

Bu yıkıcı çevrim kişiler için olduğu kadar, aileler, şirketler ve devletler için de geçerlidir. Atatürk bir konuşmasında bunu vurgular: "*Çalışmadan rahat yaşamanın yollarını alışkanlık haline getirmiş milletler, evvela haysiyetlerini, sonra hürriyetlerini, en sonunda da istikballerini kaybetmeye mahkûmdurlar.*"

Atalet üzerine iki kitap yazmış biri olarak, anlatabileceğim birçok şey var, ama bu kitabın konusu sadece atalet değil. "Atalet savaşçısı" olmak isteyenler *Kişisel Ataleti Yenmek* kitabımda detaylı çözümler bulabilirler.

ENGELLERİ AŞMAK VE SONUÇ ALMAK: BİR KAPIYI KIRK KERE Mİ ÇALMALI, KIRK KAPIYI BİR KERE Mİ?

Eski bir Çin hikâyesidir.

"Köyün birinde yaşlı ve bilge bir adam yaşarmış. Çok fakirmiş ama kralın bile kıskandığı bir atı varmış. Kral bu at için ihtiyara neredeyse hazinesinin yarısını teklif etmiş, ama adam satmaya yanaşmamış. 'Bu bir at değil benim için; bir dost, insan dostunu satar mı?' dermiş.

Bir sabah kalkmışlar ki at yok! Köylüler ihtiyarın başına toplanmış. 'Seni ihtiyar bunak, bu atı sana bırakmayacakları, çalacakları belliydi. Krala satsaydın, ömrünün sonuna kadar beyler gibi yaşardın. Şimdi ne paran var ne de atın,' demişler.

İhtiyar, 'Karar vermek için acele etmeyin,' demiş. 'Sadece at kayıp deyin, çünkü gerçek sadece bu. Ötesi sizin yorumunuz! Atımın kaybolması bir talihsizlik mi, yoksa şans mı bunu henüz bilemiyoruz.'

Köylüler ihtiyara kahkahalarla gülmüşler. Aradan on beş gün geçmeden bir gece ansızın at dönmüş. Meğerse çalınmamış, dağlara gitmiş kendi kendine. Dönerken de vadideki on iki vahşi atı peşine takıp getirmiş. Bunu gören köylüler toplanıp ihtiyardan özür dilemişler.

'Tamam,' demişler. 'Sen haklı çıktın. Atının kaybolması bir talihsizlik değil adeta bir devlet kuşu oldu senin için. Şimdi bir at sürün var.'

'Karar vermek için gene acele ediyorsunuz,' demiş ihtiyar. 'Sadece atın geri döndüğünü söyleyin. Bilinen gerçek sadece bu. Ondan ötesinin ne getireceğini henüz bilmiyoruz. Bu daha başlangıç.'

Köylüler bu defa açıkça ihtiyarla dalga geçmemişler, ama içlerinden, 'Bu adam sahiden budala,' diye düşünmüşler.

Bir hafta geçmeden, ihtiyarın tek oğlu vahşi atları terbiye etmeye çalışırken attan düşmüş ve bacağını kırmış. Evin geçimini sağlayan oğul şimdi uzun bir süre yatakta kalacakmış.

Köylüler gene ihtiyara gelip, 'Bir kez daha haklı çıktın,' demişler. 'Bu atlar yüzünden tek oğlun uzun süre bacağını kullanamayacak. Sana bakacak başkası da yok. Şimdi eskisinden daha fakir, daha zavallı olacaksın.'

Bilge ihtiyar, 'Siz erken karar verme hastalığına tutulmuşsunuz,' diye cevap vermiş. 'O kadar acele etmeyin. Oğlum bacağını kırdı. Gerçek bu. Ötesi sizin yorumunuz, sizin verdiğiniz karar. Hayat böyle küçük parçalar halinde gelir ve ondan sonra neler olacağı size bildirilmez.'

Birkaç hafta sonra düşmanlar çok büyük bir orduyla ülkeye saldırmış. Kral son bir ümitle eli silah tutan herkesi askere çağırmış. Köye gelen görevliler, ihtiyarın kırık bacaklı oğlu hariç bütün gençleri askere almışlar! Köyü matem sarmış. Çünkü savaşın kazanılmasına imkân yokmuş. Giden gençlerin öleceğini ya da esir düşeceğini herkes biliyormuş.

Köylüler gene ihtiyara gelmişler. 'Gene haklı olduğun kanıtlandı,' demişler. 'Oğlunun bacağı kırık, ama hiç değilse yanında. Oysa bizimkiler belki hiç dönmeyecekler. Oğlunun bacağının kırılması talihsizlik değil, şansmış meğer.'

'Siz erken karar vermeye devam edin,' demiş ihtiyar. 'Bilinen tek gerçek var, benim oğlum yanımda, sizinkiler askerde... Bunların hangisinin talih, hangisinin şanssızlık olduğunu kim bilebilir ki?"

Bu hikâyeden ne gibi dersler çıkabilir?

1. İnsanın bir olayı hızla etiketlemesi onu anlama yeteneğini zayıflatır. Olayları bütün halinde değil, parça parça algıladığımız için birçok şeyi kaçırıyoruz.
2. Her şey zamanla karşıtına dönüşme potansiyeli taşır!
3. Kültürümüzdeki "Hayırlı olsun" deyimi boşuna ortaya çıkmamış!

İlk denemede istediği sonucu alamayınca hemen "başarısızım" diye düşünmek, yaşlı bilge karşısında ikide bir mahcup olan köylülerin düşünme biçimini kullanmaktır. *Oysa öykünün gösterdiği gibi, doğada iyi ya da kötü, başarı ya da başarısızlık yoktur, sadece sonuçlar vardır.* Net olan tek şey sonuçlardır; *başarı ya da başarısızlık bir yorumdur, nitelemedir, sıfattır.*

Elde edilen başarılı bir sonuç kendisinden önceki tüm başarısızlıkları başarıya dönüştürür

İlk engelde ve tek yenilgide pes etmenin *büyük resmi görememekten kaynaklandığını* düşünüyorum. Fransızların efsanevi devlet adamı Charles de Gaulle, "*Muharebeyi kaybedebiliriz, ama harbi kaybetmeyiz,*" diyerek zafer kazandırmıştı. *Nihai zafer, aradaki yenilgileri kapatır.* Hayatta bir cephede yenilebilirsiniz, ama "hattı müdafaa" (çizgi savunması) değil "sathı müdafaa" (alan savunması) yaparak, mücadelenizi *uzun vadeye* yayarak, *son bir galibiyetle aradaki yenilgileri kapatarak* nihai zaferinizi ilan edebilirsiniz.

İnsan hayatında büyük acıların en şık durduğu yer, sonu başarıyla biten bir ömrün baş tarafıdır. Sonu başarıyla bitiyorsa, öncesi teferruattır! Sonuç alınca ter kokusu parfüme dönüşür!

Hayat maçlarında önemli olan ilk golü kimin yediği değil, *galibiyeti getiren golü* kimin attığıdır. Başarısızlığı sıfıra, başarıyı bire benzetiyorum. Altı tane sıfır bir arada beklerken hiçbir güçleri ve önemleri yoktur. Önlerine bir tane bir geldiğinde bir anda bir milyona dönüşürler! Başarılı bir sonuç almak da, birin sıfırlara yaptığı gibi, önüne geldiği tüm başarısızlıkları bir anda anlamlı bir başarıya dönüştürür. Bir başarıyla bir anda değişir işler.

Bu bölümde konumuz *hayat boyu ürettiğimiz sonuçlar.* İki türlü sonuç vardır. Birincisi, *kendiliğinden ortaya çıkanlar*. İkincisi, *bizim amaçlarımıza göre tasarlayıp gerçekleştirdiklerimiz.* Tıpkı kendiliğinden yetişen *yabani otlar* ile bizim ekip yetiştirdiğimiz *evcil bitkiler* gibi. Yabani sonuçları biz kontrol edemeyiz, pozisyon alışımıza göre onlardan yararlanabilir ya da zarar görebiliriz. Ticari zekâsı yüksek olan "fırsatçı" insanlar bu yabani sonuçlardan yararlanmayı iyi bilirler. Bizim konumuz ise daha çok kendi tarlamızda yetiştireceğimiz *evcil sonuçlar.*

Başarmak amaca uygun sonuç almaktır

Önemli bir soru: Bir insan nesi kadar başarılı sayılmalı?

Niyetleri kadar mı? İstekleri kadar mı? Hayalleri kadar mı? Yapacağını söyledikleri kadar mı? Başaracağına inandığı kadar mı? Gündelik faaliyetleri kadar mı? Yoksa nihai sonuçları kadar mı?

Acı, net ve sert gerçek şudur: *Bir insan niyeti değil, hayalleri değil, planları değil, sözleri değil, hatta gündelik faaliyetleri bile değil, nihai sonuçları kadar başarılı sayılır.* Sonuç skor tabelasında yazandır. Sonuç, kendisinden önce yapılanları *görünür* kılar. Sonuç, spermin insana dönüşmüş halidir. Son-uç'a kadar giden büyük ödülü alır.

Başarmak, amaca uygun sonuç almaktır. Amaç, sonucun önceden tasarlanması; sonuç, amacın hayata geçirilmesidir. *Başarmak, yasal ve ahlaki sınırları aşmadan, amaca uygun sonuç almaktır.* En minimalist başarı tanımı budur.

Yetişkinlerin *başarı yargılaması* skor tabelası üzerinden yapılır, ama çocukların sonuçları kadar *gayretlerini* de alkışlamak gerekir. Henüz kişilikleri ve özgüvenleri tam oturmadığından onlara bu *duygusal avansı* vermeliyiz.

Sonuçlar başarımızın *çıktılarıdır.* Hayaller, planlar, inançlar, çabalar, kararlar ise girdilerdir. Kökler, dallar, yapraklar da gereklidir, ama *bir ağacın nihai değeri meyvesinden gelir.*

Meşru, anlamlı ve yararlı sonuçlar başarı değeri taşır

"Kişinin rütbe-i aklı görünür eserinde" der Ziya Paşa. Başarmak sonuçları konuşturmaktır. Başarısızlar *çok konuşmayı,* başarılılar *sonuçları konuşturmayı* sever. Atasözüdür: *Elinden az iş gelenin dili dişlerinin arasına sığmaz!* Yaprağı çok olan ağacın meyvesi seyrek olur.

Sonuç almanın gücü, *sonuç almış olmaktan* gelir. Mühür kimdeyse sultan odur! Sonuçlar savaş uçaklarına benzer; içindeyseniz sizi korur, dışındaysanız canınıza okur! Elbette her sonuç saygın ve meşru değildir. Hukuki ve ahlaki olarak *hesabı verilebilir* şekilde sonuç almak gerekir.

Sonuçlar çarpıcı olduğu kadar yararlı da olmalıdır. Vaktiyle bir metre ileriden fırlattığı ipliği iğnenin deliğinden geçirebilen bir adam yaşarmış. "Başarısı" padişahın da kulağına gitmiş, yanına çağırtıp marifetini izlemiş. Gösterinin sonunda, *"Bu adama kırk altın verin, kırk da sopa vurun!"* demiş. Adam şaşkın bir halde sormuş: "Altını anladım da *padişahım, sopa neden*?"

Padişahın cevabı: *"Altınlar böyle bir marifet sahibi olduğun için, sopa da böyle gereksiz bir marifete sahip olmak için bu kadar uğraştığın için!"*

Sonuç almak, bahane bulmaya gerek duymamaktır. Hiçbir açıklama sonuç almak kadar başarılı değildir. Zorlu şartların içinden ideal sonucu çıkarabilmek tarih boyunca çok önemli olmuştur. Efsane olmak, *düşmanlarının bile ayakta alkışlayacağı sonuçlar* almaktır. Türk kültürü de sonuç odaklıdır. Biz başarıyı sonuç almakla ölçer; *Hatice'ye değil, neticeye* bakarız! Bir Latin atasözü de insan doğasının sonuç bazlı yargılamaya yatkınlığını anlatır: "*İnsanlar, hayatta karşılaştığınız rüzgârlarla (engel) değil, gemiyi limana götürüp götüremediğinizle (sonuç) ilgilenirler.*"

Sükseli sonuçlar almak kadar aldığı sonuçları *ölçülebilir* şekilde sunabilmek de önemlidir. Sonuçların *sürdürülebilir* oluşu, günümüzde çok önemli hale gelmiştir. Havai fişek gibi bir parlayıp bir sönen, yaldızlı ama işlevsiz sonuçlar değil, sokak aydınlatma lambaları gibi, *kalıcı ve faydalı sonuçlar* üretmek gerekir.

Sonuç odaklı başarı kültürü hızla yaygınlaşıyor

Teknolojinin gelişmesi, ölçülebilir ve sonuç odaklı başarı anlayışını tüm dünyada hızla yaygınlaştırıyor. Sonuç odaklı başarı kültürü hızla kendi *başarı ölçüm araçlarını* geliştiriyor. Bir bankacı günlük işlerini yaparken bilgisayarındaki bir program gün içinde kaç tane işlem yaptığını sayabiliyor. Hangi köşe yazarının kaç kez okunduğu gazetenin web sitesinde ölçülüp rakamsallaştırılabiliyor. Tahminler yerini verilere bırakıyor. Geçmişte bir insanın başarısı onun hakkındaki *yüzeysel kanaatlere göre* belirlenirken, günümüzde birçok iş yerinde başarıyı ölçmek için *performans değerlendirme sistemleri* kullanılıyor. Henüz kusursuz ölçümler yapılamasa da kayda değer ilerlemeler sağlanmış durumda.

Mesleki skor tabelası

Sonuçlarımız, skor tabelamızda yazan şeydir. *Skor tabelası insanların kanaatleri gibi subjektif olmayıp, daha objektif ve ölçülebilir bir kıyaslama imkânı sunduğu için değerlidir.* Her mesleğin farklı bir *skor tabelası* bulunur. Skor tabelası bir satıcı için cirodur. Bir TV programcısı için reyting raporundaki sıralamadır. İnternet makalesi için okunma sayısıdır. Film yapımcısı için gişedir. Futbol takımı için maç sonuçlarıdır. Öğrenci için notlardır. Skor tabelası kaliteyi göstermez, ama büyüklüğü yansıtır.

En çok izlenen TV programları, futbol maçları gibi *skor tabelasını herkesin görebildiği alanlar*, büyük şöhret ve servetlerin de kaynağıdır. Skor tabelasını herkesin merakla izlediği alanlarda başarı performansı hemen yükselir. Bir düşünün; *kurayla belirlenmiş sıradan bir öğrencinin sınav sonuçları bir yıl boyunca ülkenin en büyük gazetesinin manşetinden yayımlansaydı, bu durum onun başarı davranışlarını nasıl etkilerdi?*

Sonuçlar piramidi: Devlerin üretim aşkı büyük olur!

Hepimiz istesek de istemesek de, gün içinde *irili ufaklı birçok sonuç üretiriz*. Yüzümüzü yıkar, duş alır, yolculuk yapar, toplantıya katılır, fotokopi çeker, sevgilimize mesaj yazar, dizi izler, ütü yapar, cips yer, diş fırçalar, arkadaşlarımızı çekiştiririz. Bu tür sonuçların sorunu, *üst üste konulduğunda başarı görünümü sergileyecek bir mimariye* sahip olmamasıdır. Bir araya geldiklerinde ev değil, çakıl taşı deposu gibi görünürler. Eğer rastgele bir insan seçip, hayatı boyunca harcadığı tüm emeğini (küçüklü büyüklü tüm sonuçlarını) toplasaydık, her insanın *ciddi bir başarıyı hak edecek kadar çalıştığını* görürdük. Bu insanların sorunu; emeklerinin dağınık, sistemsiz, amaçsız, mimarisiz ve asimetrik oluşudur. Hayatta hiçbir şey yapmamak imkânsız olduğuna göre, yaptıklarımız üst üste konulduğunda anlamlı bir bütün oluşturabilmelidir.

Sonuçlarınızın ne kadarı özgeçmişinize yazılmaya değer?

İtalyan iktisatçı Pareto'ya göre, *bir insanın hayatındaki sonuçların yüzde 80'i yaptıklarının yüzde 20'sinden doğar.* Sonuçların yüzde 20'lik kısmı ise çabaların yüzde 80'iyle üretilir. Bu ikinci dilimdeki işler, gereksiz yük ve yorgunluk yaratır. Bir gün 80-20 ilkesi üzerine düşünürken, hayata dair kritik bir şeyi fark ettim. *Gün içinde ürettiğimiz tüm sonuçlar ikiye ayrılıyordu: Özgeçmişimize yazılmaya değer olanlar ve olmayanlar!* Bu ayrımı yaptıktan sonra, kendi davranışlarımı "kariyer mimarime uygunluk" ve "özgeçmişe yazılabilirlik" kriterine göre sınıflandırmaya başladım. Uymayanları katı bir şekilde eledim. Yaptığım bu *davranış optimizasyonunun* inanılmaz yararları oldu; meşguliyetler azaldı, önceliklerim değişti, çöp işler kayboldu! "Artık yapılmayacaklar listesi"ne sahip olmanın avantajını ve "hayır demenin gücü"nü yaşayarak gördüm. Yarı çabayla iki katı sonuçlar elde etmeye başladım.

O günlerde Mısır piramitleri üzerine bir belgesel izlerken, *piramitlerin yüksekliğinin firavunların başarısının büyüklüğüne göre yapıldığını* öğrendim. İnsanların başarısı da, Mısır'ın görkemli kralları gibi, *ayaklarının altındaki "sonuçları" üzerinde yükseliyordu.* Piramitlerin her biri 2,5 tonluk kesme taşlardan yapılıyordu. Başarılı insanların kariyer piramidi de irili ufaklı onlarca sonuçtan oluşuyordu. Bu görsel beynimde dolaşıyorken, hemen büyük işler başarmış insanların hayat boyu ne kadar üretim yaptıklarını araştırmaya başladım.

Bu kişiler de insansa biz neyiz? İşte muhteşem insanların göz kamaştıran skor tabelaları!

Edison 84 yaşında öldüğünde, patentini aldığı buluş sayısı 1090'a ulaşmıştı. Einstein'ı izafiyet teorisini ortaya attığı ilk makalesiyle biliyoruz, ama o 148 makale daha yazdı. Rembrandt'ın yaptığı tablo sayısı 650'ydi. Picasso geride irili ufaklı tam 20 binden fazla eser bıraktı. Biz onu evrim teorisiyle tanısak da, Darwin 119 yayına daha imza attı. Shakespeare ilk başarısının üzerine oturmadı, hayatı boyunca 150 sone yazdı. Mozart 35 yıllık ömründe 600'den fazla beste yaptı. Elvis Presley 112 albüm çıkardı. Beatles büyük patlamasını yapmadan önce 1200 konser vermişti. Aristo 400, Muhyiddin Arabi

500'den fazla kitap yazmıştı. Tolstoy 300'e yakın kitap yayımladı. Balzac 90'dan fazla roman yazdı.

Orhan Gencebay 600'den fazla, Sezen Aksu 500'ün üzerinde şarkı yaptı. Cüneyt Arkın 287, Türkan Şoray 220 filmde oynadı. Yaşar Kemal *İnce Memed* ile yetinmedi, 80'den fazla kitap yazdı. Çetin Altan bugüne kadar 28 bin makale yazdı. Peyami Safa'nın kitaplarının sayısı 150'den fazlaydı. 33 yaşında ilk kitabını yayımlayan Aziz Nesin, hayatı boyunca 4 bin hikâye ve 110 kitap yazmıştı. 1.60 boyundaki Nesin, tüm kitaplarının üst üste konmuş halinin yanında durup, "Boyundan büyük kitap yazdığını" söylüyordu!

Üretimin bin bir biçimi vardır. İllaki bisküvi, kitap, resim ya da bina olması gerekmez. Neşe, şıklık, güzellik, kahkaha üretmek, yeni dans teknikleri geliştirmek de bir üretimdir. Pele'nin 560 maçta 541 kez fileleri havalandırıp dünya rekoru kırması da bir üretim biçimidir.

Büyük insanlar sadece sonuç üretirken değil, *kendini büyük işler başarmaya hazırlarken* de çok çalışır. Kendini geliştirme çabaları ve mesleki başarı antrenmanları göz kamaştırıcıdır. Leonardo da Vinci'nin notları 7000 sayfadan fazlaydı. Üstelik, başkası okuyamasın diye *aynaya tersten tutulunca okunacak şekilde şifreli* yazılmıştı! Tolstoy'un eserlerinin 13 cildi *kendini geliştirme günlüklerinden* oluşuyordu. Atatürk o kadar işinin arasında 3937 kitap okumuştu.

Gelelim size: Sizin skor tabelanızda neler var? Sonuçlar piramidiniz ne durumda? Sonuçlarınız ne kadar birbirini tamamlıyor? Ne kadar entegre işler yapıyorsunuz? Gün içinde yaptıklarınız ne kadar başarı değeri taşıyor? Bu yıl özgeçmişinize yazılmaya değer ne yaptınız?

Başarmak bir sonuca bazı engelleri aşarak ulaşmaktır

Bir insanın herhangi bir sonuç alması değil, o sonuca büyük engelleri aştıktan sonra ulaşması başarı değeri taşır. Piyangodan para çıkan insanların da elinde bir *sonuç* vardır, ama bu sonucu alırken *zorlu engelleri aşmadıkları için* başarı öyküleri yazılmaz. *Zorluklar, zaferin tanığıdır.* Düşük imkânlarla büyük engelleri aşmak, taçlı bir başarı kazandırır.

Ülkenin en zengin adamının oğlu bir milyon dolarlık bir şirket kurarsa bu "başarı hikâyesi" değeri taşımaz. Oysa bir simitçi, sıkı çalışarak bir milyon dolarlık ciro yaparsa bu bir *başarı öyküsüdür. Eldeki imkân ne kadar azsa, aşılan engel ne kadar büyükse, ulaşılan başarı da o kadar "seksi" görünür.*

Bir başarıyı sürdürmek de başarı değeri taşır, ancak Vehbi Koç'un başarı öyküsü her zaman oğlu Rahmi Koç'unkinden daha motive edici bulunacaktır. Zengin çocuklarının bir "başarı hikâyesi"ne sahip olmasının önündeki en büyük engel, yolun başındayken ellerindeki imkânın, önlerindeki engellere *denk ya da daha büyük* olmasıdır. *Engelinizi sevin, aşacak zorlu engeller bulamayanlar da var!*

Sizin üstünden geçtiğiniz bir engeli kaç kişi aşamadı?

Engelleri aşmak başarılı görülmek için gereklidir, ama tek başına yeterli değildir. Bu engellerin çoğunluğun aşamadığı bir yükseklikte olması da gerekir. Doğarken de bir sürü engeli aşarız, ama doğmak kendi başına bir başarı değeri taşımaz. Sırf doğabildi diye kimsenin başarı öyküsü yazılmaz! *Büyük başarı, çok sayıda insanın olmak istediği bir yere, az sayıda insanın aşabildiği engelleri geçerek ulaşmaktır.*

Ne ilginçtir ki, çoğu insan başarılı olmak istiyor, ama engellerle karşılaşmak istemiyor! Oysa engeller hak edenler ile etmeyenleri, hevesli olanlar ile hedefli olanları, yeterli olanlar ile olmayanları ayırmaya yarar.

Özellikle de yarışmacı başarılarda, *engeller ne kadar büyük olursa kaybeden de o kadar çok olur, ki bu da galiplerin zaferini daha görkemli yapar.* Üniversite sınavını kazanmak, lise birden ikiye geçmekten daha büyük bir başarıdır, çünkü ilkini çoğu insan yapamaz, ikincisini ise yapabilir.

Engel, amaç ilişkisinde ilginç bir nokta daha vardır: *Bir engelin büyüklüğü, engelin aşılmasından sonra ulaşılacak hedef ve ödüle bakılarak algılanır.* Büyük düşünmenin faydası, önünüzdeki engelleri nispeten küçük görmenizi sağlamasıdır! Engelleri algılayışımız, kendimizi nasıl gördüğümüze de bağlıdır. Kendinizi ne kadar küçük görürseniz, önünüzdeki engeller gözünüzde o oranda büyüyecektir.

Hemen sonuç görme eğiliminin yan etkileri: Sonucun gelmesi gecikince ne yapmalı?

Sonuç bazlı düşünmek mükemmel bir çözüm değil, *mevcutlar içinde en faydalı* olanıdır. Başarıyı sonuç almakla ölçmek yararlıdır, ama sürekli iki gözü sonuçta yaşamak doğru değildir. O *sonuçları yaratan süreçleri* de ihmal etmemek gerekir. Sonuçların kalitesi, girdiler ve süreçlerin kalitesiyle belirlenir.

Sonuç odaklı yaşamak; eylemlerinin etkileri hakkında *hızlı geribildirim* almak, *konsantrasyonu korumak* ve *nelerin hemen değiştirilmesi gerektiğini görmek* için iyi bir fikirdir. Bununla birlikte çeşitli yan etkileri de olabilir. Birinci yan etkisi, özellikle maraton tipi başarılarda (yani *uzun süre sonuç görmese de kararlı bir şekilde çalışmanın gerektiği durumlarda)* sabırsız kişilerin pes etmesine neden olabilmesidir. İkinci olumsuz yanı, *iyi oynadığı için kazanan* kişiler yerine, sadece *kazanmak için oynayan* "lejyoner ruhlu" insanlar yaratabilmesidir. Bilirsiniz, *vatansever askerler de savaşırken para alırlar, ama lejyonerler sadece para için savaşırlar!* Üçüncü olarak, sol lob baskın mesleklerde, aşırı sonuç odaklılık, *hissizleşme* ve *empati kaybına* sebep olabilir. Skor tabelamız bizi *büyük* yapabilir, ama *sevimli* yapmaz! Rakamların içinde *insani duyarlılıkları* kaybetmemek gerekir. Zeki bir beyin skoru sever, ama kalp *insan sıcaklığıyla* çalışır.

Her iyi fikir gibi, sonuç odaklılık da çok fazla abartılmamalıdır.

Genç çekirge yaşlı karate hocasına sorar:

– Ne kadar sürede sizin seviyenize gelirim?

– 10 yıl!

– İki katı çalışırsam?
– 20 yıl!
– Üç katı çalışırsam?
– 30 yıl!
– Ne kadar çok çalışsam, süre o kadar uzuyor hocam, bu nasıl şey?
– *İnsanın iki gözü sonuçta olunca, önünü görmesi için hiç gözü kalmıyor, ondan!*

Özellikle çocuklar ve gençler, yaptıklarının sonuçlarını bir an önce görmek isterler. Sonuçların bilgisi kendilerini daha verimli çalışmaya sevk edecekse bu tutum yararlıdır, ancak bir şeyin *doğal olgunlaşma sürecini* beklemeyi bilmek de gerekir. Sabırsız gençlere eski bilgeler şöyle öğüt verirdi: "*Diktiğin bir fidanın kök tutup tutmadığını görmek için her gün yerinden söküp saçaklarına bakarsan hiçbir zaman kök tutamaz!*"

İnsanlar bir şeyi yapıyorsa, görünen veya gizli bir *duygusal kazançları* vardır. Hemen sonuç görme beklentisinin altında da, *seçilen yol yanlış ise bir an önce dönmek ve öteki seçenekleri deneyebilmek isteği* vardır. Bu temelde mantıksız bir tutum değildir, ancak abartılınca yanlışlaşır.

Hayatta bazen karşınıza Gazneli Mahmut'un deyişiyle "*zaferle değil seferle yükümlü olduğunuz*" mücadeleler çıkacaktır. Bir gün kazanmanın ve kaybetmenin *ötesindeki* bir şey için mücadele etmeniz gerekebilir. Bu tür *onursal başarılarda* yaptıklarınızın *sonuçlarını hiçbir zaman göremeseniz* de, elinizden gelenin en iyisini yapmaya devam etmeniz gerekir. Onursal başarılarda önemli olan, sonuç değil süreçtir, *kazanmaktan çok direnmektir*. İlkeler ve ülkeler için verilen mücadelelerde kişisel yarar ve skor tabelası ikincil plandadır.

Hangisinde daha iyisiniz: Uzun atlama mı, maraton mu, yüz metre yarışı mı?

Sonuçların ortaya çıkma süresine göre hayatta üç tür başarı yarışı vardır: Uzun atlama, yüz metre ve maraton.

Her biri *farklı nefes gücü* ve *baskı altında sakin kalma kapasitesi* gerektirir.

Bazı başarılar uzun atlamaya benzer. Yaptıklarınızın sonucunu hemen görürsünüz. Bunlar, sabır değil, sıçrama sınavıdır. Bazı başarılar ise yüz metre yarışına benzer; sonuçlarını birkaç ay sonra görürsünüz. Ehliyet almak bu tip başarıya örnektir. Biraz *dayanıklılık*, biraz *hız* sınavıdır.

Bazı başarılar ise maratona benzer; hem *sabır* hem *dayanıklılık* hem *hız* ister. Kazanıp kazanamadığınızı *uzun bir sürenin sonunda* ve *önemli miktarda çaba harcadıktan sonra* öğrenirsiniz. Güçlü soluk isteyen bir yarıştır. Baskı altında uzun süre sakin kalabilmeyi gerektirir. İlk evini almak, milletvekili seçimini kazanmak, kendi işini kurmak, doktora yapmak, İngilizce öğrenmek ya da üniversite sınavını kazanmak gibi hedefler, en az bir yıl yoğun çaba göstererek ulaşılabilen *maraton tipi başarılara* örnektir. Sonucun ne olacağını bilemeseniz de, *sanki kazanacakmış gibi koşmanız* gerekir. Bir de kaybederseniz tüm emeğiniz boşa gitmiş gibi gelir. Bu yüzden birçok insan, potansiyeli uygun olduğu halde bu tür başarılara uzak durur. Bu da bir korkaklık biçimidir. Sezen Aksu'nun bir şarkısında dediği gibi "Garanticisin, korkuyorsun!"

Hemen sonuç görme eğilimliler özellikle *uzun vadeli maraton tipi başarılarda* zorlanır. Uzun ince bir yolun başında ikide bir skor tabelasına bakmak cesaret kırıcı olabilir. Böyle durumlarda *dışsal sonuçlar* yerine, *içsel amaçlarınıza* odaklanmalısınız. Sürece "Ulaşamasam da yolunda ölürüm" diyen karınca gibi bakmak da yararlı olabilir! Maraton tipi başarılar zordur, ama insana *lig atlatır*.

Sonuca gitmek için bir kapıyı kırk kez mi çalmalı, yoksa kırk kapıyı birer kez mi?

İnsanın başarı yolunda karşısına çıkan, zorlu tercih noktalarından biri de kararlılık-esneklik ikilemidir. Eğer önünüzde kırk kapalı kapı olsaydı: Bir kapıyı kırk kez mi çalardınız, yoksa kırk kapıyı birer kez mi? *Kararlı* olup tek bir seçeneğe yüklenmek mi, *esneklik* gösterip öteki ihtimalleri yoklamak mı? Hangisi daha doğru?

Bazı insanlar odaklanmanın ve kararlılığın gücüne inanır, bir kapıyı kırk kez çalar. Bazıları ise esnekliğin ve bol seçeneğin gücüne inanır, kırk kapıyı birer kez çalar. Hem kararlı hem esnek olanlar, hayatını o yola adar, *kırk kapıyı kırk farklı şekilde çalar!* Tabii böyle bir durumda başarısız olma ihtimali çok düşüktür.

Ulaşmak istediğiniz hedefe yönelik ilk denemeniz sonuçsuz kaldıysa önünüzde başka seçenekler açılır:

1. Aynı kişiye farklı şekillerde yaklaşabilirsiniz.
2. Farklı kişilere aynı şekilde yaklaşabilirsiniz.
3. Farklı kişilere farklı şekillerde yaklaşabilirsiniz.

Yaklaşımınızı değiştirme esnekliği göstermeniz çok kritik bir başarı tutumu ve tekniğidir. Kullanılan bu tarzlardan hangisinin doğru olduğu kişiye, yere ve "duruma göre" değişir. Kendi aklınızı, sezgilerinizi, başkalarının deneyimlerini ve kitaptan öğrendiklerinizi kullanarak, *önünüzdeki somut durumun gereklerine göre* bir karar vermelisiniz. Kararlarınızın verildiği andaki doğruluğu ya da yanlışlığından çok, *seçimlerinizin sonuçlarını hızlı görüp, gerektiğinde pozisyon değişikliği yapabilmeniz* sizi başarıya götürecektir.

Hepimiz hem kararlı hem de esnek bir tarz geliştirebiliriz. *Hedefte kararlılık, yaklaşım ve yöntemde esneklik göstermek idealdir.* Yönünüzü sabit tutup yol ve yöntemleri gerektikçe değiştirmek güçlü bir başarı yaklaşımıdır. Kararlılık, irade gücü ve dayanıklılığa; esneklik ise yaratıcı düşünmeye bağlıdır. O anda aklımıza gelmese de her zaman sonuca götüren bir yol vardır. Yaratıcılık bu yolu bulmaktır.

Bu tür yaratıcı çözümleri bulmak için açık havada yürümek *akıl açıcı* bir çözümdür. Steve Jobs en kritik görüşmelerini *parkta yürüyerek* yapıyordu. Sokrates, öğrencilerini açık havada yürüterek eğitiyordu. Orhan Veli en güzel şiirlerini sokakta yürürken düşünüyordu. Deniz kıyıları veya ağaçların bol olduğu bölgelerde yürümek zihni daha fazla açıyor. Bazı araştırmalara göre, insan beyni açık havada yürürken yaklaşık yüzde 20 daha çok çalışıyor.

Başarı üniversitesinden mezun olmak için hatalar fakültesinden dersler almak gerekebilir

İstediğiniz sonucu getirmeyen her deneme sizin bir noktadaki eksikliğinizi gösterir. Başarı üniversitesinden mezun olmak için bazen *hatalar fakültesinden ders almak* gerekebilir. Bu şart değildir, ama başlangıçta neredeyse kaçınılmazdır. *Yaşadığınız her başarısızlık, doğru okursanız, size hangi noktada kendinizi geliştirmeniz gerektiğini gösterir.*

Bunun için herhangi bir başarısızlık halini bütüncül bir yaklaşımla ele almak gerekir. Ürün bilgisi zayıf, kişisel imajı kötü, sattığı ürün bozuk olan bir insan istediği kadar ısrar etsin, kararlı olsun, başarısız denemelerden yılmasın, sonuç fazla değişmeyecektir. *Sonuca etki eden her faktörle* tek tek ilgilenmek, bir bilim insanı gibi deneysel düşünmek gerekir: *"Sonuca en çok etki eden üç faktörden ikisini sabit tutup, üçüncüsünü yüzde 50 oranında değiştirirsem sonuç nasıl olur acaba?"*

Karşılaştığınız her olumsuz sonuç yeni bir deney davetiyesidir. Bir yaklaşımı denediniz, ama sonuç olumsuz, *kişisel imajınızı değiştirip* tekrar deneyebilirsiniz. Öyle yaptınız, ama gene olmadı, *ürün bilginizi geliştirip* tekrar deneyebilirsiniz. Gene olmadıysa bu defa *ürün sunuş şeklinizi geliştirip* tekrar deneyebilirsiniz. Gene mi olmadı? Sattığınız *ürünü ve şirketi değiştirip* tekrar deneyebilirsiniz! Kendinizi, ürününüzü, müşterinizi, şirketinizi, yerinizi, satış tarzınızı değiştirdiniz gene mi olmadı? Belki de sizin ruhunuz bu işe uygun değil, *karakteriniz* ile *kariyeriniz* uyuşmuyor olabilir. O *mesleği değiştirmeye* ne dersiniz? Bir alana saplanıp kalmak, başka bir alanda sizi bekleyen bir başarıya ulaşmanızı engelleyebilir. İktisatta bu duruma *alternatif maliyet* denir.

Bu kitabın mesajı, *"Sonuç almak için, ne kadar sürerse sürsün aynı yolu ısrarla deneyin"* değildir. Kararlı olmalı, ama *kararlılık körlüğü* yaşamamalısınız. Bu konuda yıllar önce ilginç bir anekdot dinlemiştim. Bir arı ve sinek cam şişenin içine konmuş. Şişenin tabanı ışığa doğru çevrilmiş. Arı ve sinek familyası ışığa doğru uçma eğiliminde olduğundan ikisi de o yöne uçmuşlar. İkisi de kafalarını şişenin dibine çarpıp düşmüşler. *Sinek birkaç denemeden sonra uğraşmaktan vazgeçip, içinde dolaştığı şişenin ağzını bulup çıkmış. Kararlılığıyla "marka" olan arı ise uzun süre kafasını şişenin tabanına çarpıp durmuş, şişenin ağzını bulup çıkamamış.*

An gelir, hayattaki en büyük gücünüz en büyük zayıflığınız olur. Bu örnekte arının yaşadığı şey *kararlılık körlüğüdür.* Arı keskin kararlılığı yüzünden öteki seçenekleri göremedi. En büyük gücü en büyük zaafı oldu. Daha önce yazdığım gibi başarı *paradoksal düşünebilmeyi*, kararlılık ve esneklik gibi zıt davranışları aynı anda kavrayıp yönetebilmeyi gerektirir.

ZORLUKLAR KARŞISINDAKİ İKİ TEMEL İNSAN TAVRI: SAYDICI MISINIZ, RAĞMENCİ MİSİNİZ?

Trabzon'un Sürmene ilçesine bağlı Yılmazlar köyünde doğdu. Çevresinde başarılı, ünlü, zengin ve kariyer sahibi insanlar yoktu. *Doğduğu köyde ortaokul bile yoktu!* Ailesinin mali durumu da pek iyi değildi. En büyük isteği, bir yıl boyunca *kavurma* yiyebilecek kadar paraya sahip olmaktı! O şartlarda kimse ondan göz kamaştıran işler başarmasını bekleyemezdi. Yokluğun içine doğmuştu, ama çalışan bir kafası, mücadeleci bir kalbi ve *rağmenci bir dünya görüşü* vardı.

"Her arayan bulamayabilir, ama bulanlar arayanlardır" der Cenap Şahabettin. Kahramanımız da zirveye yükselmek için bir *çıkış yolu* arıyordu. Üst üste konulduğunda kendisini hayalindeki hayata yükseltecek birkaç sonucu art arda gerçekleştirdi. *Milliyet* gazetesinin açtığı ilkokullar arası bilgi yarışmasına katıldı, birinci oldu. Ortaokulu devlet bursuyla "parasız yatılı" olarak Samsun'da okuduktan sonra, TÜBİTAK bursuyla geçtiği Kabataş Lisesi'ni *dönem birincisi* olarak bitirdi. Kariyer kondüsyonunu kaybetmeyip üniversite giriş sınavında *Türkiye birincisi* oldu.

Akacak azim damarda durmaz!

Bu başarılardan sonra *zafer sarhoşluğu* yaşayabilirdi, ama o *başarısına ihanet etmedi.* Kariyer *konsantrasyonunu ve iç disiplinini* hiç kaybetmedi. Kendisini bulunduğu yere *neyin getirdiğini* unutmadı. Üniversiteyi de iyi bir dereceyle bitirip devletin verdiği *yurtdışı eğitim bursunu* almaya hak kazandı. ABD'de eğitim görmeye gitti.

Şimdi biraz empati yapalım mı? *Köyde doğmuş bir çocuğun, ilk kez uçağa binip kıtalararası uçtuğunda aklından ve kalbinden neler geçtiğini hissedebilir misiniz? Beynindeki ve kalbindeki genişleme duygusunu tarif edebilir misiniz?*

Kendisi yeni bir hayata yükselirken zorluklar da peşini bırakmıyordu. Yurtdışında okurken Türkiye döviz sıkıntısına düştü. Devlet yurtdışındaki öğrencilere bir mektup göndererek burslarını artık ödeyemeyeceğini bildirdi.

Eğitimini yarıda bırakıp geri dönmek için makul bir mazereti vardı: *"Eğer devlet bursu kesmeseydi, ben de İngilizce öğrenirdim!"* Bazı arkadaşları bu "haklı" nedene sığınıp geri döndüler. O ise, kabul edilebilir nedenleri olsa da bahane battaniyelerinin altına sığınacak biri değildi. Onun beyni *her şeye rağmen* ilerlemeye, *her hal ve şartta sonuç almaya* programlıydı. Dediğim gibi, o bir *rağmenciydi.*

Bursların kesilmesi bir engeldi ve engeller rağmenci dünya görüşünün kutsal bir parçasıydı. Okulun parası yıllık peşin ödenmişti, sorun yurt parasındaydı. Kaldığı yurdun müdürüne gitti, kendisine ücretsiz kalma izni verirse mutfakta "bulaşıkçılık" yapabileceğini söyledi. Amerikalı müdür onun idealizminden çok etkilendi, ona bu şansı verdi. *Mutfakta bulaşıkçı olarak çalışmaya başladı, ama işini o kadar iyi yaptı ki, bir haftada aşçılığa yükseldi!*

Zaman geçti, mezun oldu, Amerika'da çalışmaya başladı. Bir gün ülkesinin başbakanı ona *bakanlık teklif etti.* Türkiye'ye döndü. Maliye bakanlığı döneminde zekâsı ve çalışkanlığıyla herkesin saygısını kazanan, *politikacı değil projeci* bir insan oldu.

Öyküsünü anlattığım kişi öğrencilik yıllarımda zekâsı, dürüstlüğü, idealizmi ve çalışkanlığıyla beni de etkileyen Adnan Kahveci'ydi. O büyük bir "rağmenci"ydi. *İnsanın içindeki gücün, önündeki şartlardan daha üstün olduğunu gösterecek şekilde yaşadı.*

Adnan Kahveci "Türkiye'de başarılı olmak" hakkında şöyle diyordu:

"Türkiye'de en sevdiğim şey budur. En fakir çocuk bile çalışkan olduğu sürece başarabiliyor ve yükselebiliyor. Türkiye'nin hayran olduğum tarafı bu. Kişinin zengin ya da fakir olması önemli değil; kişinin Doğudan ya da Batıdan olması da önemli değil. Türkiye'de çalışan, gayret gösteren engelsiz yükselebiliyor."

Zorluklar karşısında ortaya çıkan iki insan tavrı

Benim için insanlar engeller karşısındaki tavırlarına göre ikiye ayrılırlar:

1. "Saydı"cılar
2. "Rağmen"ciler

Bir hedefe doğru yürürken herhangi bir engelle karşılaştığında, o engeli aşıp sonuca nasıl gidebileceğini düşünenlere "*rağmenciler*" diyorum. O engel *olmasaydı* ya da *şartlar başka türlü olsaydı* neler yapacaklarını anlatıp duranlara ise "*saydıcılar*" diyorum.

Rağmenciler; önlerine çıkan *zorlu engellere* ve ellerindeki *yetersiz imkânlara rağmen* hedeflerine ulaşan, en azından bunun için yılmadan çaba gösterenlerdir. Saydıcılar ise engelleri aşarak sonuç almak yerine, bol bol *söylenme* ve *suçlama* üretenlerdir. Saydıcılar hemen her toplumda çoğunluktadır, ama *azgelişmiş toplumlarda oranları çok daha fazladır.*

Beraber ve solo söylenme korosu: "Saydıcılar"

Saydıcılar başarılı olmak isterler, ama engellerle karşılaşmak istemezler!

Yaygın bir deyişle: *"Cennete gitmek isterler, ama ölmek istemezler!"* Onların bu tutumu rağmencileri çok şaşırtır. Rağmenciler bu tavrı tembellik değil, mantıksızlık olarak görürler. *Şöyle ki, eğer yürüdüğünüz bir yolun üzerinde hiçbir engel olmazsa, herkes o yolun sonuna kadar gidebileceği için, o yolun sonuna kadar gitmek başarı değeri taşımaz!* Bu yüzden saydıcıların engelsiz yol beklentisi çocukça ve gülünçtür.

Saydıcılar sıklıkla şu tür cümleleri kullanırlar:

"Eğer daha çok param ol*saydı*..."

"Eğer müdür ol*saydım*..."

"Eğer elimden tutan ol*saydı*..."

"Eğer bizim de daha iyi imkânlarımız ol*saydı*..."

Saydıcılar, nasıl başarılı olabileceklerini düşünmekten daha çok, *neden başarılı olamadıklarını açıklamaya* kafa yorarlar. Hep bir başarısızlık (s)avunması halindedirler. Eylemci değil söylemci, daha doğrusu *söylenmecidirler!* Kafaları *mazeret bulma merkezi* gibi çalışır; başarısız oldukları için iyi mazeretler bulmazlar, iyi mazeretler buldukları için başarısız olurlar! Benjamin Franklin'in dediği gibi: *"İyi mazeretler bulmayı başaranların başka bir iş başarabildikleri nadiren görülür!"*

Saha çamurlu olmasaydı, hakem karşı tarafı tutmasaydı!

Bu toprakların "saydıcılık dili ve edebiyatı" anlatmakla bitmez.

Eski bir eğitim bakanımız, "Şu okullar olma*saydı* bakanlığı ne güzel idare ederdim!" demişti. İlkokula bile gitmemiş olan İbrahim Tatlıses'in, "Urfa'da Oxford ol*saydı* biz de giderdik!" demesine ne dersiniz?

Futbol takımlarımız yıllarca başarısızlıklarını, "Saha çamurlu olma*saydı*...", "Rüzgâr karşı taraftan esme*seydi*", "Hakem taraf tutma*saydı*..." diye açıkladı bize. *Saydıcılar topu taca atıp, başarısızlıklarının nedenini, değiştirilmesi kendi ellerinde olmayan faktörlere bağlamakta ustadırlar.*

Profesyonel bir saydıcının, bin dereden argüman getirip bir işi *neden başaramadığını açıklama yeteneği* göz kamaştırıcıdır! Saydıcıların skor tabelasında sonuç yoktur, ama dilleri beş karıştır! *Yetişkin bir saydıcının*, hazırlıksız dahi olsa, üç saniye içinde nasıl mazeret üretebildiği "İsviçreli bilim adamları"nca araştırılmaktadır!

Bir saydıcıya, balık tutup verirseniz bir öğün karnını doyurabilirsiniz. Balık tutmayı öğretirseniz, oltasının olmadığını söyler! Onu da alırsanız, size *denizin yerini sorar!* Götürüp denizin kenarına bırakırsanız; şöyle bir denize bakar, oltasını salar, biraz bekler, kuşları seyreder, gelen geçenle konuşur, sigara içer, dalgalarda taş sektirir, sonra oltayı denizde bırakıp at yarışı oynamaya gider!

Saydıcı doğulmaz, saydıcı olunur!

Bir fıkra, saydıcı ve rağmenci paradigma arasındaki farkı özetler. Kısa boylu ve zayıf bir genç, yanında duran uzun boylu ve iri yapılı kuzenine dönerek, "Ben senin yerinde *olsaydım*, dünya ağır sıklet boks şampiyonu olurdum!" der. Muhtemelen rağmenci olan kuzeni dönüp cevap verir: "*Seni dünya hafif sıklet boks şampiyonu olmaktan alıkoyan ne?*"

- "Başbakan *olsaydım* bu ülkeyi adam ederdim" değil,
- "Müdür *olsaydım* bu şirketi kurtarırdım" değil,
- "Bir milyon dolarım *olsaydı*, çok iyi iş adamı olurdum" değil,
- "Hülya Avşar'ın güzelliği bende *olsaydı* neler yapardım" değil.

"Vehbi Koç'un parası bende *olsaydı*, ben de iş hayatında başarılı olmayı bilirdim!" demeyin. *Vehbi Koç böyle düşünseydi bu tarz düşünenlerin yerinde olurdu!* Sizin kendi şartlarınızda yetişecek bir başarı bitkisi seçmeniz gerekir.

Saydıcılar arasında gizli bir sosyal sözleşme vardır. Buna *mazeret dayanışması* diyebiliriz. Saydıcılar bilir ki, *diğer başarısızların mazeretlerine verdiğin destek, ileride senin bahanelerinin kabulü şeklinde sana geri dönecektir!* Aslında inanmadığı halde başkasının bahanelerine *inanmış taklidi yapmak*, saydıcılar arasında bir *ilişki yatırımıdır!* Saydıcılık bir sanattır; kültürü, tekniği, görgüsü, töresi vardır! Öyle her isteyen saydıcı olamaz; önce saydıcılığın ruhunu kavraması, sonra *hızlandırılmış mazeret bulma teknikleri* çalışması gerekir.

Rüzgâra rağmen yürüyenler: "Rağmenciler"

Rağmenciler, sorunun değil, çözümün parçası olmayı seçmiştir. Hayatı engelli maraton gibi görürler. *"Bu şartlarda ve şimdi, elimden gelenin en iyisini yaparak nasıl sonuca giderim?"* diye düşünürler. *Rağmencilik bir kültürdür, tavırdır, dünya görüşüdür. Rağmenizm, başarının ideolojisidir.* Bazıları rağmenci doğar, bazıları rağmenciliği sonradan öğrenir, çoğunluk hiç öğrenmez!

Saydıcılar el arabası gibidir, ancak iterseniz ilerler. Rağmenciler ise *mobilizedir*, gücünü içinden alır. Rağmenciler, dış destek gelmese de, *içten ürettikleri güçle* bir şeyler yapmaya çalışırlar. Başkalarını kendisine karşı borçlandıran düşüncelere bel bağlamazlar. İşler kötü gittiğinde çabalarını iki kat artırırlar. Aştıkları her engelde kendilerini büyütürler. Mızmızlık ve mıymıylık etmez, mücadeleden kaçmazlar.

Engelsiz bir yoldan giderlerse, göz alıcı bir başarı üretemeyeceklerini bilecek kadar zekidirler. Bu nedenle engellere karşı söylenmek bir yana, *gizli bir minnettarlık duygusu* taşırlar. Zorlukların başarıyı hak eden ile etmeyenleri ayıran, *yararlı bir mekanizma* olduğunu düşünürler.

Rağmenciler;

– Paraları olmamasına *rağmen,*

– Makamları olmamasına *rağmen,*

– "Ellerinden tutan, destek çıkan" olmamasına *rağmen,*

– Çevredekilerin çoğunlukla çelme takmasına *rağmen,*

– Şanslı şartlarda çalışmamalarına *rağmen,*

– Rakiplerinin imkânlarına/ayrıcalıklarına sahip olmamalarına *rağmen* yine de işlerine asılırlar. Bu yüzden en çarpıcı başarı öyküleri *zorlu koşulların içinden kardelen çiçeği gibi çıkan* rağmencilere aittir.

Rağmenci insan kendi iç alkışıyla ilerler

Saydıcılar arasında rağmenci olmanın bedeli türlü şekillerde ödenir. Bir gün büyük bir iş başarınca doğal olarak gözleriniz biraz alkış arayabilir. Her ne kadar *"Marifet iltifata tabidir"* diye bir atasözümüz olsa da, saydıcılık kültürünün etkisiyle, başarılı insanları *yaşarken övme* ve *ölmeden onurlandırma* konusunda maalesef cimri bir toplumuz. "Havaya girer" korkusu ve *tevazu takıntısı* nedeniyle başarıyı takdir etmiyoruz. İnsanlardan olağanüstü işler başardıktan sonra sıradan biri gibi yaşamasını bekliyoruz! Büyük bir iş başardığınızda, *kayıtsız kalan* ve *kıskançlık duyanların sayısı* gönülden alkışlayanlardan fazlaysa, o ülkenin başarı kültüründe bir sorun var demektir.

Genç yaşınızda büyük bir sonuç aldıysanız ve iyi bir övgü duymak istiyorsanız bir an önce ölmelisiniz! Çünkü *ölmeden önce övülmek* zordur bu topraklarda! *Çocuklar Duymasın*'ın senaristi Birol Güven, bir konuşmamızda şöyle demişti: *"Türkiye'de insanı, Teşvikiye Camii'nde takdir ederler!"*

Kıdemli bir rağmenci kendi iç alkışıyla ilerlemeyi öğrenmiş insandır. Takdir edilmemesine *rağmen* idealini tüm gücüyle takip eder. Yeteneği görülmese de, başarısı övülmese de "davasına inanmış bir insan" teslimiyetçiliği içinde yoluna devam eder. Bir gün *kimsenin kayıtsız kalamayacağı kadar görkemli bir* iş başardığında her şeyin değişeceğini bilir. O gün gelip herkes onu övdüğündeyse, artık övülmeye ihtiyacı yoktur! Toplumların tuhaf bir âdeti vardır, neye artık ihtiyaç duymazsanız onu size daha çok verir. Heykele ihtiyacı olmayanların heykeli olabilir!

Odaklı, amaçlı ve tutkulu çaba bir şekilde sahibine geri döner

Ben genel olarak hiçbir tutkulu çabanın karşılıksız kalmayacağına inananlardanım. Akıllıca seçilmiş bir hedef için *hemen sonuç görülmese* de istikrarlı bir şekilde çabalamak gerektiğini düşünüyorum. Boşa gittiği sanılan emek yığılarak birikir, beklenmedik bir ödüle eşlik ederek geri gelir. Bu, dağa kaçan evcil bir atın, *yabani atları da peşine takıp geri gelmesine* benzer! Amaçlı, odaklı ve planlı bir emeğin boşa gitmeyeceğini Jacob Riis'in taş kırma metaforu çok iyi anlatıyor: "*Çaresiz kaldığım zamanlarda gider bir taş ustası bulur, onu seyrederim. Adam taşa belki yüz kere vurur, ama değil kırmak, küçük bir çatlak bile oluşturamaz. Sonra birden, yüz birinci vuruşta taş ikiye ayrılıverir. İşte o zaman anlarım ki; taşı ikiye bölen o son vuruş değil, ondan öncekilerdir.*"

Yazar Mustafa Güngör'ün, "*Çaba göstermeden kazandığın birçok şey, diğer şeyleri kazanmak için gösterdiğin çabanın yan ürünüdür,*" düşüncesine çok inanıyorum. Bugün çaba harcamadan kazandıklarımız, *geçmişte çok çaba harcayıp da kazanamadıklarımızın geri dönüşüdür.*

Yapıp da karşılığını alamadığımız emekler, hiç beklemediğimiz başka şeyleri bize kazandırır. İşini çok iyi yapan ama politik nedenlerle bir türlü terfi ettirilmeyen bir memur tanımıştım. İşini kutsallık derecesinde seven bu adam, *Titanik batarken keman çalmaya devam eden* müzisyenler gibiydi! Her şeye rağmen işini en iyi şekilde yapmaya çabalıyordu. Oğlu onun bu asil ve onurlu tavrından öyle etkilenmişti ki, üniversite sınavında derece yapıp babasına armağan etti!

Esprili bir duvar yazısı şöyle der: "*Boşa kürek çekiyorum diye üzülme, hiç olmazsa kol kasların gelişir!*" Amaçlı, odaklı ve sistemli çalışmanın her zaman birden çok ödülü vardır ve *asıl beklediğinizi getirmezse, beklemediğiniz bir şey getirebilir.* Bu biraz da başarının insana sürpriz yapma şeklidir!

Başarının hakkınızı yemeyeceğine inanmayı öğrenmelisiniz. Biliyorum, eğer saydıcıysanız, "Ben başarıya güveniyorum, ama *çevresindekiler kötü!*" diyeceksiniz! Başarı, siparişleri uzaktan postayla gönderen bir işletme sahibine benzer; onunla hiç iş yapmamış olanlar ona güvenmekte zorlanır, *ön ödemelerini biraz eksik yaparlar.* Bedeli tam ödemeyince başarı da ödülü eksik gönderir. Bu sefer *ona güvenmemekte haklı olduklarını* düşünürler! Sonra gider başarısızlığın paçavra dükkânından alışveriş yapmaya devam ederler.

Önce on çalışır bir alırsınız, sonra bir çalışır on kazanırsınız

Alınan ilk başarılı sonuçlar, *insanın başarıyla güvenli ve güçlü bir bağ kurmasını* sağlar. Kişi bilinçli, odaklı ve tutkulu bir çabanın asla sonuçsuz kalmayacağını "yaşayarak" öğrenmiştir artık. Bu *emin olma hissi* sayesinde yeni denemelerinde işine *tüm gücüyle yüklenir*. Ne kadar nitelikli ve yoğun bedel öderse, o kadar büyük ödül alacağını bilir. İlk başarının en büyük ödülü işte *bu emin olma duygusudur.*

Tutkulu ve bilinçli her çalışmanın, bağırarak ileriye fırlattığımız bir sese benzediğini düşünüyorum. Hayat ise çok uzakta bekleyen bir dağ gibidir. Yaptıklarımız gider ve dağa çarpıp geri gelir. Bazılarının *yankı yasası* dediği bu geri dönüşü beklerken sabır, çaba ve umudu korumak gerekir. *Bir de istikrarlı olmamız, yaptıklarımızın yankıları geri geldiğinde bizi bulabilsin diye aynı yolda yürümemiz gerekir.*

Bir işi *uzun süre istikrarlı bir şekilde iyi yapmanın gücünü* kesinlikle hafife almayın. Kendi kariyerimin ilk beş yılında on çalıştım bir geri dönüş aldım, şimdi bir çalışıp on geri dönüş alabiliyorum. *Eğer yolumu değiştirseydim, başlangıçtaki karşılıksız çalışmalarımın yankıları geri döndüğünde beni bulamayacaktı.*

Türküm, doğruyum, rağmenciyim!

Girişte hayat hikâyesini anlattığım Adnan Kahveci'nin çok sevdiği bir fıkra vardı. Savaş sırasında Alman orduları Macaristan'a girer, büyük bir kasabayı ele geçirirler. Tuvalet ihtiyacı duyan Alman general, karakolun tutuklu komutanını yanına çağırıp tuvaletin yerini sorar. "*Şu tarlaya yapabilirsiniz!*" diye cevap verir Macar. Alman general şaşkın bir halde, "Nasıl bir ülkesiniz siz, bir tuvalet yapmayı bile becemediniz mi!" diye çıkışır. Macar komutanın cevabı tam saydıcadır: *"Bizde o organizasyon becerisi olsaydı, şimdi ben sizin tarlanızı kullanıyor olurdum!"*

Çin'in son dönemdeki başarılı yükselişinin siyasi mimarı olan Deng Xiaoping tüm siyasi görüşünü bir cümleyle özetlemişti: *"Önemli olan kedinin renginin siyah mı beyaz mı olduğu değil, fare yakalama yeteneğidir!"* Deng'in kurduğu *meritokrasi sistemi* (başarı ve yeteneğe dayalı terfi anlayışı) ülkedeki rağmencilerin önünü açmıştı. Bu sayede ülke büyük bir şahlanış gerçekleştirebildi.

Ülkeler metrekarelerine düşen rağmencileri kadar yükselirler. Rağmenciler yaşadıkları ülkenin itici gücü, azimli üretkenleri, taşıyıcı kolonlarıdır. Bazen bir öğretmen, bazen hemşire, bazen yönetici, bazen bir öğrencidirler. İçinde bulundukları kurumu onlar sırtlar. Bir aile veya şirket de rağmencileri kadar *atılımcıdır.* Saydıcılık ise, yerinde saymanın felsefesidir, toplumsal gelişimin en büyük engelidir.

Türkiye'nin saydıcılık-rağmencilik endeksi!

Sizinle Türkiye üzerine birkaç kritik bilgi paylaşmak isterim. Türkiye ekonomisi dünyada 17. sırada ama Türk insanı Birleşmiş Milletler'in *insani gelişmişlik endeksinde* 82. sırada! Türkiye'de yaşayan insanların ortalama eğitim seviyesi ise *ortaokul üçüncü sınıfa* denk geliyor. ISO verilerine göre, Türkiye'nin bütün kayısı ihracatıyla 6 adet uçak alınabiliyor. 670 tır demir satıp bir tır cep telefonu alabiliyoruz. 1800 kilo domatese karşılık bir iPad alınabiliyor. Bunların anlamı ne? Dünya akıl ekonomisine geçiş yaşıyor. *Alın teri* gücünü hızla *akıl terine* devrediyor. Tarihte olmadığımız kadar akıllı ve azimli olmamız gerekiyor. Bunun için de acilen *kendini geliştirme seferberliği* başlatmamız gerekiyor! Hepimiz bundan sorumluyuz.

Başarıya bakış açımızı yeniden yapılandırıp, saydıcılık anlayışından kurtulup, rağmencilerimizi çoğaltıp, ataletimizi ve öğrenilmiş çaresizliklerimizi yendikçe daha büyük ve gelişmiş bir ülke haline gelebiliriz. Daha ileri gitmeyi bırakın, olduğumuz yeri korumak için bile buna mecburuz. Daha iyi ve büyük olmamız mümkün. *Ait olduğumuz yer burası değil, eskiden daha üst liglerde yaşadık. Bir kez yapan bir kez daha yapabilir!*

Buraya kadar saydıcılara çok yüklendiğimin farkındayım, ama bir konuda haklarını vermem lazım. Onların içinde *sıkışmış bir halde, yoğun bir başarı tutkusu* bulunuyor. Saydıcılar *toplumsal başarı sistemine güvenini kaybetmiş insanlardır*. Çoğu böyle doğmadı, yaşarken oldu! Bu insanları ikna etmek, oyuna geri kazandırmak gerekiyor. Birçoğunu kola şişesi gibi çalkalayıp *başarı enerjilerini tekrar harekete geçirmek* mümkün. Türk insanının içindeki *başarılı olma tutkusunun şiddeti* çok yüksek. Bu *potansiyeli performansa çevirmek* bizim ev ödevimiz.

Ev ödevimizi yapmak için anahtar kelimeleri de vereyim. Yükselmek için T.H.Y (Tutku, Hedef, Yetenek) gerekir! Tutkumuz yeterli, şimdi bu *tutkuya bir hedef göstermemiz* ve *işlerini dünya standardında yapabilecek yetenekte insanlar yetiştirmemiz* gerekiyor.

Bu rüyaya inanıyorsanız, *kendinizi başarılı yapmakla* işe başlayın. Parça büyürse, içinde yer aldığı bütünü de büyütür. Ülkedeki başarısızların sayısını bir kişi azaltıp, "büyük işler başaran" insan sayısını bir kişi artırmaya çalışın! Erdemli ve görkemli bir başarı hikâyesi, toplumda *güçlü bir moral etki* yapar. Başarı hikâyenizle toplumda yaygınlaşmasını istediğiniz insan tipinin örneği olun. *Türkiye'nin başarısı da sizinle başlar!*

ÖZGÜVENİ GERİ KAZANMAK: BİZE NEDEN "DÜŞ İŞLERİ BAKANLIĞI" GEREK?

Eski bir Kızılderili hikâyesine göre, *bir kartal yumurtası her nasıl olduysa tavuk yumurtalarının arasına karışmış*. Yumurtadan çıkan kartal yavrusu *kendini tavuk sanarak*, onlar gibi yürüyüp, onlar gibi yem yemeye başlamış. Yavru bir gün gökte süzülen bir kartal görünce hayranlıkla söylenmiş: *"Ne muhteşem bir kuş! Ne kadar yüksekten uçabiliyor. Keşke ben de onun gibi olabilsem!"*

Yanındaki civcivler ona gülmüşler. *"Biz bir tavuğuz, o ise kartal. Boşuna hayallere kapılma. Asla onun gibi yükseklerde uçamazsın!"*

Kartal yavrusunun içinde uçma isteği varmış, ama bunu yapabileceğini bilmiyormuş. Sadece kendi haline üzülüp duruyormuş. Birilerinin ona kartal olduğunu söylemesi, hatta buna *inandırması* gerekiyormuş. *Söyleyen olmayınca tavuklar arasında, kendini bir tavuk sanarak, onlar gibi yaşayarak hayatına devam etmiş.*

Kendini tavuk sanan kartal hikâyesi tipik bir *öğretilmiş güçsüzlük* örneğidir. Bu duygu kartalı tavuğa, aslanı kediye çevirir. Özgüveni eriterek insanın kendini *olduğundan farklı görmesine* neden olur.

Öğrenilmiş ya da öğretilmiş güçsüzlük üç şeyi unutmamıza neden olur:

1. Daha büyük hayaller kurabilmeyi
2. Daha fazlasını gözüne kestirme özgüvenini
3. Bir daha deneme cesaretini

Özgüven terapisi: İlk önce yıkılan özgüveni onarmak gerekir

Özgüven *neyi yapıp neyi yapamayacağımızı* doğru kestirebilmektir. İdeal olan hedefimiz, donanımımız ve sonuçlarımıza göre bir karar vermektir. Özgüvenimiz, eski usul bayramlık kıyafetler gibi, *mevcut sonuçlarımızdan bir birim fazla* olabilir. Birçok insan *optimum oranı* şaşırır, kendine gereğinden fazla ya da az güvenir. *"Okunu hedefinin iki metre ilerisine düşüren de, iki metre gerisine düşüren de başarısızdır"* der Montaigne. Özgüvenin de hem aşırılığı hem de azlığı sorun yaratır. Kendine aşırı güvenmek ya da hiç güvenmemek *öğrenilmiş tavırlardır.*

Artık biliyorsunuz ki, başarısızlığı içsel yerine dışsal faktörlere bağlamak özgüven kaybını azaltabiliyor. Ancak bu yolu çok fazla kullanmamak gerekir; çünkü sürekli sebebi dışarıda aramak kişinin *başına gelene katkısını görebilmesini* ve *sorumluluk duygusunu* zayıflatabiliyor! Bu yaklaşım, belki moralimizi koruyor, ama mantığımızı zayıflatıp *aynı şeyi tekrar tekrar yaşamamıza* neden oluyor.

Benzer şekilde başarısızlığın *kalıcı değil geçici* olduğunu düşünmek de özgüven kaybının daha az olmasını sağlıyor. Buna karşın "sadece o işte" başarısız olduğunu düşünmeyip *başarısızlığı genellemek* ("hiçbir şeyi beceremem zaten") özgüveni çökertiyor.

Sizi güçsüzlük psikolojisine sokan olayları, bu kitaptan öğrendiğiniz tutum ve teknikleri kullanarak yeniden yorumlayabilirsiniz. *Geçmişteki olayların kendisini değiştiremezsiniz, ama olayların zihninizdeki işlenme biçimini, taşınma şeklini ve bugünkü davranışlarınıza etkisini yönetebilirsiniz.* Bu konuda yapılması gerekenleri "hayal kırıklığı terapisi" kısmında anlattığım için burada tekrarlamayacağım.

Düşük özgüven konusunda yapılacaklar iki aşamalıdır: Birincisi, özgüveni *onarmak*; ikincisi ise, *geliştirmektir.* Onarmak, eksi ondan alıp sıfır noktasına getirmektir. Geliştirmek ise sıfırdan alıp *ideal (optimum) noktaya* çıkarmaktır. İdeal özgüven seviyesi, *sabit değil dinamiktir, tek şeye değil çok değişkene* bağlıdır.

Bu kısımda kendine güveni geliştirmek için yapılacakları anlatacağım. Özgüven başarıda çok önemlidir. Yolun başındayken birçok şampiyon panosuna şu sloganı yazar: "*Gücünden şüphe edersen şüphelerine güç verirsin!*"

Özgüvenin kaynakları: Kendimize ne kadar güvenmemiz gerektiğine neye bakarak karar veririz?

Özgüvenin en önemli kaynağı elde edilmiş başarılı sonuçlardır. Başarı en güçlü özgüven terapisidir. Başarı ile özgüven birbirini besler. Sevgilimiz güzel/yakışıklı oldukça, kendimizi daha güzel/yakışıklı hissederiz. Yüksek not alan bir öğrenci okul birincisi olabileceğine *inanır,* okul birincisi olabileceğine *inanan* öğrenci daha yüksek notlar almaya başlar. Terfi alan bir çalışan daha büyük terfileri gözüne kestirmeye başlar. *Sonuçlar ile özgüven insanın sağ ve sol bacağı gibidir. Birini ileriye atmak için diğerinin üstüne basıp destek almak gerekir.*

Bazı insanlar, *mutlak bir özgüven oluşturmadan harekete geçmemek gerektiğini* düşünür. Bu pek doğru bir beklenti değildir, çünkü özgüven biraz da *yolda ilerledikçe oluşur.* Eğer yolun başındaysak, *banka kredisi kullanır gibi* kendimize *özgüven avansı* vermemiz gerekir. Bu avansı doğru ayarlamak bilgelik ister.

Birçok insan, cesur insanların hiç korkmadığını, özgüven krizleri yaşamadığını düşünür. Oysa her dağın karı kendine göredir. Büyük dağların başından bulut eksik olmaz! Başaranlar ilk adımı atarken hiç korkmuyor değiller; onlar *korkuya rağmen eyleme geçen,* korkuyu *daha iyi hazırlık yapmak için itici güç olarak kullanan* insanlar.

Hayallerimiz bizden Robert Frost'un ifadesiyle, "sınırlı bilgi ve yetersiz kanıtla harekete geçme cesareti" ister. Hayallerimiz burada bize kadınca bir kapris yapmaktadır: "*Senin olacağımdan emin olmasaydın bile yine de peşimden koşar mıydın!*" Sanırım hayallerimizin de biraz özgüven sorunu var, kendini bize teslim etmeden önce *sevildiğinden emin olmak istiyor!*

Özgüvenimiz başkalarının bizi nasıl gördüğünden çok, bizim kendimizi nasıl gördüğümüzle ilgilidir. Başkalarının hakkımızdaki küçültücü sözleri ve görüşleri, *kendi algı merceğimizden* geçerek bizi etkiler. Başkasının görüşlerine değer vermek sonuçta bize bağlıdır. "*Devlet başkanlarının eşleri gergedan derili olmalıdır*" diyen ABD'nin eski "first lady"lerinden Eleanor Roosevelt'e göre, "*Sizin izniniz olmaksızın hiç kimse kendinizi değersiz hissettiremez.*" İlişki terapistleri ağız birliği etmişcesine, "*İnsanları bize karşı nasıl davranacaklarına, onlara karşılık verme şeklimizle biz eğitiriz*" der. İnsanlar sizden aldıkları geribildirimlere göre size davranırlar. Kendi gözünüzdeki imajınız, başkalarının size nasıl davranmasına izin vereceğinizi önemli oranda etkiler.

"Topladım dağılan kalbimin her köşesini!"

Özgüveni güçlendirme yollarından bir diğeri yön değiştirmiş tutkudur. Sevgilisi tarafından terk edildiği için özgüveni yerlerde sürünen bir sporcu, kendini tamamen kariyerine odaklayıp müthiş bir başarı kazandığında, yeni başarının getirdiği özgüven ve moralle eski sorununu da aşar. Boynunuza olimpiyat madalyası takılırken, eski sevgilinizin veda mesajını boş günlerinizdeki kadar güçlü hatırlamazsınız! Büyük bir başarı algı odağınızı kendine sabitleyerek, diğer pek çok şeyi kadrajın dışında bırakır. Bu açıdan bakınca, *size karşı kötü davranan insanlardan intikam almanın en zekice yolu, gidip kayıtsız kalınamayacak kadar büyük bir iş başarmaktır!*

Bazen de daha büyük bir acı mevcut acıyı unutturur. Peşinizden aslan kovalarken diş ağrınızı pek düşünemezsiniz!

Her sorun belli bir hayat düzleminde geçerlidir, daha yukarı çıkarsanız sorun alt ligde kalır. Küçük ve saçma sorunları doğrudan çözmek yerine, o sorunları çözmeyi gerektirmeyecek kadar yükselebilirsiniz. *Siz bir üst lige çıktığınızda, dönüşüp kelebek olduğunuzda, tırtıllık döneminin sorunlarını çözmek zorunda kalmazsınız!* Sürekli saçma sapan sorunlarla mı uğraşıyorsunuz? Birinci sınıf işler başarırsanız, üçüncü sınıf sorunlarla uğraşmak zorunda kalmazsınız. Sorunların da bir *sınıfı* vardır!

Özgüven kanıtları toplamak

Hayata başladığınız yer ile geldiğiniz yer arasındaki fark da özgüven için önemlidir. Özgüveni yüksek insanlar arasında yapılan araştırmalar, onların *özgüven kanıtları toplama eğiliminde* olduklarını göstermiştir. Bu insanlar, üstün oldukları noktalara *odaklanıyor,* hayattaki başarı ve ilerlemelerini sürekli *kendilerine hatırlatıyorlar.* Bir tür *içedönük başarı propagandası* ve *öz-güçlendirme çalışması* yapıyorlar. Ancak bu yararlı yöntem sağduyu sınırlarını aşacak düzeyde kullanılırsa, kişide narsisizm ve megalomanlık eğilimleri oluşturabilir.

Özgüven ya da güvensizlik duyguları bulaşıcıdır. Sürekli *panik baz istasyonu* gibi hareket eden, kaygı kapasitesi yüksek insanlarla yaşarsanız, size *korku merkezli yaşamayı* öğretirler. *Özgüveni yüksek insanlarla birlikte yaşadıkça hayatı daha güvenli algılamayı öğrenirsiniz.* En ideali, beyni *başarı baz istasyonu* gibi çalışan insanlarla bağlantıda olmaktır. Arkadaş seçiminizi bir de bu kriterle değerlendirmeye ne dersiniz?

Sürekli kendini geliştirmek özgüveni hızla yükseltir

Kendini geliştirme alışkanlığı da özgüveni besler. İnsan kendini geliştirdikçe, dün yapamadığını bugün yapabilir hale geldikçe, gelecekte de daha iyi işler yapabileceğine rahatlıkla inanır. Ben "gençliğimde" *öğrenebilme kapasiteme dayanan* bir özgüvene sahiptim. Deneyip de beceremediğim bir durum olursa kendime şöyle derdim: "*Şu andaki bilgi ve beceri seviyemle bunu yapamıyor olabilirim, ama birçok insan yapabilmişse, ben de insansam, nasıl yapıldığını öğrenir, ben de yapabilirim. Gerekli zamanı, çabayı ve enerjiyi harcarsam ben de yapabilirim.*" Tabii bu yaklaşım, şarkı söylemek gibi çok *özgün yetenek* gerektiren şeyler için geçerli olmayabilir.

İnsanı güçlendiren, pozitif ve gerçekçi argümanlar bulabilmek ve bunları kendine düzenli olarak hatırlatmak özgüvenin en güçlü gıdasıdır. Gündelik hataların yıprattığı özgüveni, düzenli pozitif okumalar ve destekleyici *telkinlerle sürekli güçlendirmek* gerekir. Gerçekçi ve güçlendirici kitaplar bu konuda en işe yarar ve erişilebilir araçlardır.

Türk tipi özgüven üretimi: "O yaptı, oldu, ben de yapabilirim!"

Kişi, kurum ve toplumların bir şeyi yapabileceklerine *kendilerini inandırma biçimleri* oldukça çeşitlidir. *Her yiğidin özgüven üretme biçimi farklıdır!* Bazı insanlar bir işi yapıp yapamayacaklarına *içindeki sesi dinleyerek*, sezgi ve hisleriyle karar verirler. Bazıları analitik beyinlidir; mantık ve verilerle düşünüp *fizibilite/olabilirlik raporlarına* bakarlar. Bir grup rol modeliyle motive olur. Başka bir grup insan ise rol yapmanın gücüne inanır, *kendine güveniyormuş gibi yaparak* özgüvenli olmaya çalışır.

Bazıları fiziksel araçlara güvenir; iyi giyinip, pahalı saatler takıp, makyaj yapınca özgüven endeksi yükselişe geçer. Bazıları *banka hesaplarından* güç alır, bazıları ailesi tarafından *çok sevildiğini bilmekten*. Bazıları oto-telkinle (içinden "yapabilirim" gibi kelimeleri tekrarlayarak) özgüven üretir. Bazıları başkaları ona "yapabilirsin" deyince her şeyi yapabileceğine inanır. Kararsızlar ise *anlık psikolojiyle* hüküm verir; bir yaparım der, bir yapamam!

Peki biz Türklerin *bir işi başarabileceğimize kendimizi inandırma şeklimiz* nasıldır? Yukarıdaki tarzların hepsini belli oranda kullanmakla beraber bizde biri daha baskındır. Başarı kültürümüz *analitikten çok duygusal* karakterli, *işten çok ilişki* merkezli, *süreçten çok sonuç* odaklı, *teoriden çok pratik* bazlıdır. Bu yüzden yakın ilişkilere ve gözle görülebilir sonuçlara dayalı *"ben de yapabilirim" kanıtlaması* kullanırız. Pragmatik düşünmeye yatkın olduğumuzdan, *topuk izlerini teorik analizlerden, örnekleri öğütlerden* daha çok severiz. Bu anlayışla hareket edince de, *bir tanıdığımız bir işi başarmışsa biz de o işi başarabileceğimize inanırız.* Dış şartlar ve iç yapılardan çok, *yakınlık ve benzerlik derecesi* cesaret verir bize. Tanıdık biri başarınca bir anda o iş "asıl bizim işimiz" olur!

Bir Türk bir işi başardıysa ve başarısı uzay mekaniği gibi çok teorik bir bilgiye dayanmıyorsa, onu tanıyan hemen herkes kendisinin de o işi başarabileceğini düşünmeye başlar! Abarttığımı düşünmeyin lütfen, çok sayıda örneğim var! Bir aileden bir kişi üniversiteyi kazanınca, ondan sonra gelenlerin de kazanmaya başlamasına ne dersiniz? Ailenin biyolojik geni birden değişmediğine göre ne değişti? Naim Süleymanoğlu'ndan sonra dört dünya halter şampiyonu çıkarmamıza ne demeli? İstikbal Kanepe'nin başarısından sonra Kayseri'de yüzden fazla kanepe şirketi kurulmasına ne demeli? Bir köyden birkaç kişi Belçika vatandaşlığı alınca, aynı bölgeden 60.000 kişinin Belçika'ya yerleşip orada Emirdağ ilçesi kurmalarına ne demeli? İstanbul'a gelen ilk birkaç Karadenizlinin müteahhitlik yapıp başarılı olmasından sonra birçok Karadenizlinin müteahhit olmasına ne demeli? Lüks semtlerdeki bir kapıcı Sivaslıysa diğerlerinin de genellikle Sivaslı olmasına ne demeli? Tek konum bu olsaydı, 1567 örnek daha sıralayabilirdim!

"O yaptı, oldu, ben de yapabilirim" tarzı düşünmek iyi midir, kötü müdür? Artıları ve eksileriyle sonuçlarına bakarak karar verebiliriz.

1. İyi yanı: *Başarılı olunca hep beraber oluyoruz!* Türkiye'de başarılı olmak otomatik olarak çevredekileri de başarıya motive ettiği için her başarıdan toplumsal yarar sağlanıyor!
2. Kötü yanı: *Başarısız olunca da hep beraber oluyoruz!* Bir mahallede bir market açılıp da çok kâr edince ondan cesaret alıp üç market daha açılıyor. O mahallenin iki marketlik potansiyeli varsa ilk açanı ihya ediyor, ama üç market daha açılınca hepsi birden iflas edebiliyor.

İstekleriniz yetenek ve yapınızla uyumlu mu?

Özgüveni en fazla sarsan şey *yanlış ve yıkıcı kıyaslamalardır*. Yıkıcı kıyaslama bazen *dıştan*, bazen *içten* yapılır. Dıştan kıyaslamaların en acıtanı, en *yakınımızdakilerden*; aile, sevgili ve arkadaşlardan gelir. Yakınımızda olduklarından *zırhımızdaki delikleri* iyi bilirler. Bir tartışma anında da kıyaslama yoluyla bu bilgiyi kullanırlar.

Özellikle annelerin çocuklarını *koşulsuz ve kıyassız sevmesi* beklenir. Ancak pratikte bu oldukça zordur. Çitin öteki tarafındaki çimenlerin hep daha yeşil görünmesi gibi, *komşunun çocuğu da her zaman daha çok ders çalışır!* Çocukları adil olmayan şekilde başkalarıyla kıyaslamak *kalıcı özgüven hasarları* yaratabilmektedir.

Bazen de kişi kendini *yanlış örneklerle* kıyaslar. Kendimizi bizden *tamamen farklı yapıdaki biriyle* karşılaştırırsak özgüvenimiz gereksiz yere sarsılır. Girişteki kartal hikâyesini biraz uzatarak bu durumu açıklamak isterim.

Kendini tavuk sanan kartal yavrusu *bir gün te(r)k başına* gezintiye çıkmış. Yükseklerde uçan dişi bir kartal onu görüp yaklaşmış.

"Evladım, seni bir süredir izliyorum. Sen kartalsın, niye tavuklar arasında yaşıyorsun?"

"Öyle mi gerçekten? Kartal mıyım ki ben?"

"Tipine baksana çocuğum, sen de bizim gibisin. Zekân biraz tavuklara çekmiş ama!"

"Size anne diyebilir miyim?"

"Hayır diyemezsin! Senin annen pek melek değildi yavrum, seni tavukların arasına kattığına göre!"

Kendini tavuk sanan kartal yavrusu sevinçle hakiki tavukların yanına koşmuş. *"Size söylemiştim, ben de kartallar gibi uçabilirim!"* demiş.

Hemen yüksekçe bir taş parçasının üstüne çıkıp kendini cesaretle boşluğa atmış, kanadını çırpmış çırpmış, ama yüzü koyun yere çakılmış! Bütün civcivler kahkahalarla gülmüşler!

Hiç *uçma pratiği* yapmadığı için, *doğasına uygun olduğu halde* uçamıyormuş.

Bu durum içine dert olmuş! Ait olduğu yerde yaşamalıymış. İçinde onu *yukarı doğru çeken bir his* varmış! Uçmak beyninde *sabit bir saplantıya* dönüşmüş. Rüyalarında uçtuğunu görüyor, *gizli gizli uçma denemeleri* yapıyormuş. Yerde yem aramaktan çok, gökteki kartalları izlemeye başlamış.

Bir gün artık hazır hale geldiğinden emin olmuş. Tekrar herkesi çağırmış, gelenler eğlenerek izleyecekleri yeni bir *çakılma gösterisi* olacağını düşünüyormuş.

Bizimki bu defa çevredeki en büyük taşın, *ulu yalçın kayanın tepesine* çıkmış! *Genç civcivler nefeslerini tutmuş*, ihtiyar tavuklar endişelenip onu vazgeçirmeye çalışmış, ama o çok kararlıymış. Kendisini yüksek kayadan boşluğa atmasıyla birlikte *havalı bir şekilde havalanmaya* başlamış.

Tavuklar şaşkın, civcivler şokta öylece kalakalmışlar. Şokun ilk dalgasını atlattıktan sonra civcivler hep beraber, "*Bak o da bizden biriydi ve uçabildi! Biz de uçabiliriz!*" diyerek kartal gibi uçmaya çalışmış!

Oysa anatomik sınırları gereği tavuklar en fazla 5 metre uçabilirler!

Hayatta neyi yapamayacağınızı ne çok erken kabul edin, ne de çok fazla geç kalın!

O civcivler hiçbir zaman bir kartal gibi uçamayacak. Özgüvenin ötesinde bir şey varsa o da *fabrika ayarlarımızdır.* Yapımız, neyi yapıp neyi yapamayacağımızın *gerçeklik sınırını* çizer; özgüvenimiz ise, *duygusal sınırlarımızı* gösterir. Özgüven psikolojiktir, daralır ve genişler, ama genlerimiz *biyolojik temellere* dayanır, esnekliği düşüktür.

Bir insanın oluşmasını tabloya benzetirsek; tablonun *çerçevesini* genler ve yapı çizer. Çerçevenin içindeki *resmi* ise; aldığımız eğitim, düşüncelerimiz ve yaşadıklarımızla biz oluştururuz.

Her insan bir gün *sınırlarıyla yüzleşmek* durumunda kalır. Bunu genellikle *kırklı yaşlarında* yapar. Başarılı olup birçok sınırı aşsanız dahi, *bir gün bir şekilde aşamayacağınız bir sınırla* karşılaşırsınız. Makedonya'dan başlayıp sekiz yılda Hindistan sınırına kadar ilerleyen Büyük İskender bile, komutanlarının daha fazla savaşmaya karşı çıkması üzerine, Hindistan'ın tamamını fethedemeden geri dönmek zorunda kalmıştı! Napolyon ve Hitler'in hayatında olduğu gibi, herkesin bir *Sibirya sınırı* vardır. Onu aştığınız anda, başlangıç noktanızın da altına düşer, iyice *başarısızlaşırsınız!*

Gücünün sınırını bilme ve yönetme şekli bir sanattır. Size bir dost tavsiyesi: *Hayatta neyi yapamayacağınızı ne çok erken kabul edin, ne de bu durumla yüzleşmek için çok geç kalın!* Bunun için daima kendi yapınızı ve yeteneklerinizi izleyin, fabrika ayarlarınızı keşfetmeye, sonuçlarınızı ölçmeye çalışın. *Sınırlarınızı sürekli genişletecek kadar cesur, potansiyelinizde hiç olmayanı kabullenecek kadar bilge olun.*

Kritik bir bilgi daha: *Neyi yapıp neyi yapamayacağınız hakkındaki kararlarınızı, duygusal olarak zayıf ve kafanızın karışık olduğu anlarda değil, mantıklı, güçlü ve duru düşünebildiğiniz zamanlarınızda verin.* İyi uyuduğunuz bir günde, kafanız negatif bir şeye takılı değilken, açık havada yürüyerek bu tür konulardaki düşüncelerinizi berraklaştırmalısınız.

Bir balığın başarısını ağaca tırmanma yeteneğine göre ölçmek!

Öykümüzdeki civcivler "başarılı" birer tavuk olabilirler, ama hiçbir zaman kartal olamazlar. *Kartal olmaları da gerekmez!* Herkesin *kendine özgü bir zekâ potansiyeli* olduğunu savunan Einstein, hatalı başarı yargılamasının sonucunu şöyle anlatır: *"Siz kalkıp bir balığı ağaca tırmanma yeteneğine göre yargılarsanız, tüm hayatını aptal olduğunu düşünerek geçirecektir."*

Kartal gibi yükseklerde uçabilmek tavukların kariyerinde bir *başarı ölçütü* değildir. Tavuğun *performansı* yumurta sayısıyla ölçülür. *Hatta bu ölçüt de endüstriyel kariyeri olan tavuklar için geçerlidir!*

Doğasına uygun olmayan bir işte en iyi olmaya çalışmak, *yanlış başarı beklentileriyle kendini yormak*, psikanalist Karen Horney'in de savunduğu gibi, nevrotikleşme sürecini başlatacaktır.

Tüm bunlar bize gösteriyor ki, *kendine güvenmenin ötesinde bir şey varsa o da kendini bilmektir!* Herkes *kendini iyi tanımalı*, *karakteriyle uyumlu kariyer planı* yapmalı, istekleriyle yeteneklerini uyumlandırmalı, *doğuştan gelen yatkınlıklarıyla bağlantılı yetkinlikler* geliştirmelidir. Stephen Covey'in deyişiyle, "Başarı merdivenini hızla tırmanmak kadar *merdivenin doğru bir duvara dayalı olup olmadığı da önemlidir.*"

Her insanın profesyonel test teknikleri ve içedönük farkındalık (öz gözleme) yöntemleriyle; neyi yapıp neyi yapamayacağını, bilgi ve beceri tabanını, doğuştan gelen eğilimlerini, kişilik yapısını, güçlü ve zayıf yönlerini belirlemesi gerekiyor. Kendi *gerçeğinizi* ne kadar iyi tespit ederseniz, *kendini kartal sanan tavuk* ya da *kendini tavuk sanan kartal* olma ihtimaliniz de o kadar azalır. Kendiniz hakkında bilginiz ne kadar azsa, kendinizi *olduğunuzdan farklı sanma ihtimaliniz de* o kadar yüksek olur. Kendinizi iyi öğrenin! Önce *kendi iç üniversitenizden* mezun olun.

Temelsiz özgüvenin tehlikeleri

Hayattaki *hâkimiyet alanınızı* gücünüz belirler. Gücünüz de, yapınız ve yetenekleriniz ile yaşam alanınız arasındaki uyumdan gelir. Gücünüzün *kaynağını ve sınırlarını* iyi bilmelisiniz. Aslansanız, suya girip timsaha kafa tutmamalısınız. Timsahsanız, bataklığın imparatoru olsanız da karaya çıkıp aslana meydan okumamalısınız. *Doğal başarı bölgesini* iyi bilmek gerekir. Hem gücünü hem haddini bilebilmek, ancak *bu sınırlara çok da teslim olmayıp güç alanını sürekli genişletebilmek* kritik başarı becerilerindendir.

Özgüveniniz yerinize uymaz ve yeteneğinizi çok aşarsa Leonard Cohen'in deyişiyle "*görkemli kaybedenler*"den biri olabilirsiniz. Görkemli kaybedenler roket gibi yükselir, meteor gibi düşerler.

Hırsları ve hızları yüksek, sağduyuları ve mantık kaliteleri düşüktür. Kaybedince sadece kendilerine değil, çevrelerine de ciddi zarar verirler. Görkemli kaybedenler denince benim aklıma hep Enver Paşa'nın hayatı gelir.

Genç Enver henüz yarbayken Hareket Ordusu'na katılır. İstanbul'a baskına geldikten sonra zekâsı, adanmışlığı ve vatanseverliğiyle insanları etkileyip hızlı bir yükselişe geçer. Bir yıl içinde iki rütbe birden atlayıp paşa olur. Bununla da yetinmez, padişahın torunuyla evlenip, saraya damat da olur. Bir süre sonra Harbiye Nazırı ve başkomutan vekili yapılınca, genç yaşında ordunun kontrolünü tamamen ele geçirir.

Kıraathanede okey oynarken ülke yönetimine dair saçma fikirler üretebilirsiniz, bunun size ve ülkeye bir zararı olmaz! Ancak şans ya da şanssızlık eseri, bir gün "hızlandırılmış" bir şekilde devletin tepesine gelirseniz, tuhaf düşüncenizin trajik sonuçlarını yaşar ve bunu etki alanınızdaki kişilere de yaşatırsınız.

Genç Enver'in bütün niyeti Osmanlı'yı eski muhteşem günlerine geri döndürmektir. Bu yolda iyi niyetli, azimli ve kararlıdır. Bunun için önce ülkeyi Almanya'nın yanında Birinci Dünya Savaşı'na sokar. Yanlış ata oynamıştır, yenilir. Sonra Kuzey Anadolu'yu Ruslardan geri almak için Sarıkamış harekâtını başlatır. Askerin fiziki durumuna bakmadan, hatalı planlama yapınca, on binlerce askerimiz savaşmadan donarak ölür. Yenilgi büyük bir hezimet olur. Sonuçta ülkeden kaçmak zorunda kalır.

Eşi ve çocuklarını Almanya'ya gönderir; kendisi ise Tacikistan'a sığınır. Orada da boş durmaz, Orta Asya Türklerinin birliğine dayalı "Turan İmparatorluğu"nu kurma hayalleri kurar! Öte yandan hayalleri ile hayatı arasındaki makas iyice açılır. Birkaç yıl önce imparatorluğun en güçlü adamı olan Enver Paşa, yabancı bir ülkede, beş parasız bir halde, tek başına kalmıştır. Sokak ressamlığı yaparak geçimini sağlamaya, artırdığı birkaç kuruşu da eşine ve çocuklarına göndermeye çalışır. Henüz 42 yaşında, yoksul ve yenik bir halde bir Tacik köyünde ölür.

Enver Paşa ile Mustafa Kemal'in *başarı tarzı* karşılaştırmalı olarak incelenmeye değer. Aynı yıllarda doğar, benzer okullardan mezun olurlar. İkisi de kahraman olmak ister, ama yaklaşımları çok farklıdır. İkisi de zeki, hırslı, hızlı ve vatanseverdir. İkisinin de acelesi vardır, ancak Enver kişilik olarak da "aceleci"dir. Enver roket gibi dik yükselir; Mustafa ise uçak gibi kademeli ilerler. Enver'in mantığı hayalini yönetir; Mustafa'da ise tersi baskındır. Enver'in hırsı sık sık sağduyusunu savurur. Mustafa gerçekçi bir iyimserdir. Enver maratonu yüz metre gibi koşar; hızlı başlar, soluğunu ayarlayamaz, bitkin halde bitirir. Mustafa temposunu *sürdürülebilir başarıya göre* ayarlar. İki genç Harbiyeli'nin başarı yarışında *ilk deparda Mustafa, Enver'i kıskanır; görebilseydi son sahnede Enver, Mustafa'yı kıskanırdı!*

Benim yolum: Gerçekçi iyimserlik!

İlk gençlik yıllarımda ben de çoğu insan gibi, neyi yapıp neyi yapamayacağıma hayali birtakım *tahminlerle* (bunu yapabilirim-bunu yapamam) karar veriyordum. Bazı şeyleri yapabileceğime inanıyordum, bazılarına *inanmıyordum,* ama her iki durumda da *kesin bilgim* yoktu!

İnsanın net bilgisi olmayınca, hayat ve kariyer yolunda ilerlerken *tahmine dayalı inançlarla* (bu işe yarar-bu işe yaramaz) hareket eder. Haritasını bilmediğiniz bir arazide yol alırken, karanlıkta kör uçuşu yaparken, iyimserliğiniz, kötümserliğiniz ve özgüveniniz çok önemli hale gelir. Oysa avucunuzun içi gibi bildiğiniz bir alanda, detayına hâkim olduğunuz bir işi yaparken bunlara fazla ihtiyaç duymazsınız. Varsayımsal inançlar yerine *sağlaması yapılmış bilgiyle çalışırsınız.*

Ben de yıllar içinde neyi yapabileceğimi, neyi yapamayacağımı, hedeflerimi ve isteklerimi, güçlü yönlerimi ve zayıf yanlarımı, yatkınlıklarımı ve yetkinliklerimi, kişilik özelliklerimi ve yetenek yelpazemi net olarak keşfettim. *Kendimi iyice öğrendim!* Sekman Üniversitesi'nden mezun oldum.

Yıllar içinde, kendimle beraber kariyer alanımda da neyin işe yarayıp neyin yaramadığını keşfettikçe, *tahmini inançlar yerine verili bilgiyle çalışmaya* başladım. Bu yeni düzlemde hayata bakış açımı *gerçekçi iyimserlik* olarak tanımladım. Ayakları yerden kesik Pollyannacı iyimserlik ile başı bataklığa gömülü kötümserliğin ötesinde bir şey bu. *Olabilecek en kötü ihtimale hazırlanacak kadar gerçekçi, mümkün olan en iyi ihtimali zorlayacak kadar iyimserim.* Mottom: "*Amor fati!*" Gerçekçi iyimserliğin hayata bakışını bir Alman atasözü iyi özetler: "*Hayatı olduğu gibi kabul etmeli, ama olabileceğinin en iyisi olması için onu zorlamalıyız.*"

Her özgüven genişleme potansiyeline sahiptir

Kendini bilmek, bildiğine *tamamen teslim olmayı gerektirmez*. İnsanın *ne olduğu* kadar *ne olabileceği* de önemlidir. Aktif özelliklerimiz kadar *pasif potansiyellerimiz de kimliğimizin bir parçasıdır.* İnsan *genişleyebilen* bir varlıktır. Ne olduğunuzu keşfedin, ama *en iyi halinizin ne olabileceğini* de hayal edin! Mevcut gerçekliğin ötesine geçmek, hayalinize göre kendinizi yeniden biçimlendirmek mümkün. *İnsanın değiş(tiril)ebilir tarafları, değiş(tiril)emez yanlarından katbekat daha fazladır.* Erich Fromm'un da söylediği gibi, insan yaşarken *kendini yeniden doğurabilmelidir.*

Özgüvenin beklentilerle ilgisi yüksektir. Beklentilerimiz de üç yönlüdür: *başkalarının bizden (b)eklentileri, bizim kendimizden beklentilerimiz ve bizim başkalarından beklentilerimiz*. Aşırı başarı beklentisi de, beklentisizlik de sorunlu durumlar yaratabilir. Çoğumuzun özgüveni sosyal bir üçgenin iç açılarının toplamından oluşur: *Bizim başarabileceğimize inandıklarımız, başkalarının başarabileceğimize inandıkları ve halihazırda başarmış olduklarımız.*

Bu üçgende, *kendini doğrulayan bir kehanetin çalıştığı* tespit edilmiştir. Harvard Üniversitesi'nden Robert Rosenthal 1968'de öğrenci-öğretmen ilişkisini ele alan bir araştırma yapar. Bunun için önce bir ilkokulun öğrencilerine zekâ testi uygular. Bu testin "*çocukların gele-*

cekteki zihinsel gelişimi hakkında öngörüde bulunduğunu" söyler. Sonuçlar ortaya çıktıktan sonra, öğrencilerin *rastgele yüzde 20'sini* seçer. Aslında sınıf arkadaşlarından hiçbir üstünlüğü olmayan bu çocukların "dahiyane bir potansiyel taşıdıklarını" ve "*8 ay içinde çok büyük zihinsel gelişim göstereceklerini"* okula duyurur. Ders yılı sonunda (8 ay sonra) aynı test aynı öğrencilere tekrar uygulanır. Sonuçlar şaşırtıcıdır; *büyük bir zihinsel gelişme göstereceği söylenen çocukların gerçekten de diğerlerine göre daha yüksek oranda ilerledikleri ortaya çıkar.*

Araştırmacıya göre, *farkı yaratan öğretmenlerin kafasındaki olumlu beklentidir*. Öğretmenler özel (dâhi) olduğunu düşündükleri o öğrencilere, daha özenli ve yüreklendirici davranmış; ses tonu, yüz ifadesi ve göz teması gibi yollarla onlara *duydukları inancı yansıtmıştır*. Bu başarı beklentisi çocukların *benlik algılarını olumlu etkileyerek*, onları daha çok çalışmaya sevk etmiştir. Böylece *kendini gerçekleştiren bir kehanet* ortaya çıkmıştır. Oluşturulan *başarı inancı ve beklentisi, başarı gerçeğini yaratmıştır.* Bu araştırmaya *beklenti etkisi* [*pygmalion effect*] denir.

Sen cesaretini büyütürsen önündeki engeller ve içindeki korkular küçülecektir!

Genç, zeki ve cesur bir kral, art arda büyük zaferler kazanmıştı. Sonunda kralın en büyük rakibiyle yüzleşme anı gelmişti. Bu savaşı kazanamazsa *öncekileri de kaybedecekti*. O yeneceklerine inanıyordu, ama komutanlarında ilk defa *tereddüt titreşimleri* seziyordu.

Generallerini topladı, cebinden bir bozuk para çıkardı, "*İsterseniz savaşın sonucu hakkında talihin ne düşündüğünü şimdiden öğrenelim!"* dedi. Generaller tedirgin olmuştu! "*Tura gelirse biz kazanacağız, yazı gelirse düşman kazanacak!"* diyerek parayı havaya fırlattı. Herkes nefesini tutmuş sonucu bekliyordu. Para havada döndü, yere düştü. Tura gelmişti!

Komutanlar zafer çığlıkları attı, güçlü bir moralle başlayıp savaşı kazandılar. Zaferi kutlarken generallerden biri, "*Tura geldikten son-*

ra kazanacağımıza tam inandım, talih bizden yanaydı!" dedi. Diğerleri de onu desteklediler. *"Sen öyle düşün"* dedi genç kral, cebinden metal parayı çıkarıp herkese gösterdi. *Paranın iki tarafı da turaydı!*

Bir insanın kariyer yolunun başındayken, kendi potansiyeli ve içinde bulunduğu şartlar konusunda *aşırı derecede objektif olması cesaret kırıcı olabilir.* Başarılı insanlar, yolun başındayken kendi kapasiteleri ve önlerindeki koşullar hakkında *iyimser ihtimallere inanmayı seçmiş* kişilerdir. Birçok akademik araştırma da bu *iyimserlik eğilimini* doğrulamıştır. Yolun başındayken *seçilmiş iyimserlik* tutumuyla hareket etmek, gerçekçi kötümserlikten daha fazla ilerleme sağlar. Bu tutum objektif olmayabilir, ama pratikte çok işe yaramaktadır. Umudu canlı tutmak, *uzakta yanan küçük bir mum ışığı kadar küçük bile olsa* başarı ihtimaline güvenmek gerekir.

Özgüven konusundaki tutumlarına göre insanlar ikiye ayrılır: *geçmişteki başarısızlıklarına saplanıp kalarak özgüvenini tüketenler ve gelecekteki muhtemel başarılara odaklanarak eylem kapasitesini büyütenler.* Özgüvensizlik geçmiş merkezli yaşamaktır, dikiz aynasına bakarak ilerlemeye çalışmaktır. *Oysa geçmişe takılıp kalmayalım diye gözlerimiz ensemize değil yüzümüze konmuş!* Geçmiş, şimdi ve gelecek arasındaki ideal dengeyi bir Japon atasözü iyi özetler: *"Geçmişten ders al, bugün için çalış, gelecek için hayal kur!"*

Aşırı güvensizlik kişilik yapısından kaynaklanmıyorsa muhtemelen *yetersiz hazırlık düşüncesinden* doğmuştur. Başarısızlıktan çok korkuyorsanız iki katı daha fazla başarı antrenmanı yapın. İrlanda'dan çıkan en zeki adam olan Bernard Shaw'un sözünü dinleyin: *"Gençken yaptığım on şeyden dokuzunun başarısızlıkla sonuçlandığını gördüm. Başarısız olmak istemiyordum, bu yüzden ben de on kat daha çok çalıştım."* Başarısızlık korkusunu yenmek için başarısızlığa ihtimal vermeyecek kadar iyi hazırlık yapmak gerekir. Bunun tersi de doğrudur, *"başarıya yeterince hazırlanmıyorsanız başarısızlığa hazırlanıyorsunuz demektir!"*

KAYBETMEYİ ÖĞRENEMEYENLER: YOLUN BAŞINDAYKEN ONLARA DA YAPAMAZSIN DEMİŞLERDİ!

Tembel, ama zeki bir öğrencinin hikâyesini belki duymuşsunuzdur. Matematiği sevmeyen adamımız ders sırasında uyumaktadır. Teneffüs zili çalınca uyanır! Tahtada gördüğü problemi *ev ödevi sanarak* defterine kaydeder.

Eve döndüğünde uzun süre uğraşır, ama bir türlü soruyu çözemez. İyice hırslanır, defalarca dener ve her nasılsa soruyu çözer. Bir sonraki derste öğretmenine ev ödevini gösterip cevabını kontrol etmesini ister. Öğretmen şaşkındır, çünkü tahtaya yazdığı problem *matematik tarihinde çözülememiş sorulara* verdiği bir örnektir!

Derste uyuyan öğrenci o sorunun şimdiye kadar çözülemediğini *bilmediği için* defalarca denemiş, sonunda çözebilmiştir. *Kahramanımız büyük bir iş başarmıştır, çünkü o işin "başarılamayacağını" duymamıştır!* Diğer öğrenciler sorunun *çözülemeyeceğini bildiklerinden*, tecrübelerine dayanarak "*mantıklı ve gerçekçi*" hareket edip hiçbir şey yapmamıştır.

Çığır açan işler başaran, tutkulu ama tecrübesiz birçok insanın başarı sırrı bir cümleyle özetlenebilir: "*Başardılar, çünkü başaramayacaklarını bilmiyorlardı!*"

Hangisi daha üstün; tutku mu, tecrübe mi?

"Gençler bilebilse, yaşlılar yapabilse" der bir Fransız atasözü. Tecrübeyi, "neyin yapılamayacağının bilgisi" anlamıyla sınırlayarak soruyorum: Sizce hangisi daha üstündür; tutku mu, tecrübe mi? Tecrübesi fazla ama tutkusu az olan mı; tutkusu fazla, ama tecrübesi az olan mı daha çabuk ilerler?

İdeal olan tutku ve tecrübenin bir arada olmasıdır, ama birini tercih etmem gerekirse ben *tutkunun gücüne* inanıyorum! Tecrübenin değerinin farkındayım, ama *tutkuyu yok edecek tecrübeye* karşıyım! Tutkunun enerjisi, üstün öğrenme yeteneği, zekâ ve sağduyuyla birleşirse, kişi tecrübesiz dahi olsa başarıya gidebilir. Tutkulu, ancak tecrübesiz biri daha fazla düşer; ama hızlı öğrenen biriyse çabucak toparlanıp ilerleyişine devam edebilir. Tutkusuz tecrübe ise, kendi rutinlerinde boğulan *sıkıcı bürokratik formaliteler* demektir.

Günümüzde, dünya çok hızlı değiştiği için, *tecrübenin son kullanma tarihi hızla kısalıyor*. Dün işe yarayan yollar bugün işe yaramıyor, bugün işe yarayanlar yarın yaramıyor. Oyunun kuralları sık sık değiştiği için, tecrübe bazen *akıl bağı* oluyor. *Eğer başarımız tecrübemizle bire bir paralel ilerleseydi, ömrümüzün son on yılında emekli değil efsane olurduk!*

İş hayatının yeni normalinde, tecrübeli olandan çok, *sürekli ve gerçek zamanlı öğrenenler* yükseliyor. Tecrübenin yerini *hızlı öğrenebilme becerisi* ve *çabucak uzmanlaşabilme yeteneği* alıyor. Bir ezbere saplanıp kalanlar da, ezberi sürekli bozuk olanlar da kaybediyor. İş ezberini bir lego gibi kendi iradesiyle bozup *yeni bilgilere göre yeniden oluşturabilenler* ise, kazanıyor.

"Gelecek güzel günlere gebeydi, kürtaj ettiler" der şair Özdemir Asaf. Tecrübeli ama tutkusuz insanların ilk işi, *tutkulu ama tecrübesiz* insanların hayallerini havaya uçurmaktır. Bunu yaparken kötü niyetli değillerdir, ama sonuçta bizi hayallerimizden soğuturlar. Bazı insanlar, *adeta neyin yapılamayacağını anlatmak için doğmuştur.* Ellerinde bir iğne, patlatacakları renkli düşünce balonları ararlar!

Yolun başındayken onlara da yapamazsın demişlerdi!

Henüz çocukken *ayağımızı yorganımıza göre uzatmamız* ve *hayallerimiz için kurulu düzenimizi bozmamamız* tembihlenir. Bu eğitim, "gerçekçilik ve mantıklılık" adına yapılır. Adına da "hayat tecrübesi" denir!

Bünyesi başarısızlık derslerini reddeden bazı çocuklar, *neyi yapamayacaklarını iyice öğrenemeden* büyürler. Böylece sınırları geniş hayaller kurabilir, ayak basılmamış toprakları fethedebilirler. Öncü insanlar genellikle bu tür *zeki, disiplinli ve bağımsız beyinli çocuklar* arasından çıkar.

Başarı, olumsuz telkinlere karşı *güçlü bir bağışıklık sistemi* gerektirir. Yolun başındayken bizi bekleyen en büyük tehlikelerden biri, "yapamazsın" cümleleriyle cesaretimizin kırılmasıdır.

Bugün zirvede gördüğünüz pek çok insan henüz yolun başındayken, *"Boşuna deneme, olmayacak"* ya da *"Senden bir şey olmaz"* cümlesini en az bir defa duymuştur. Bir gün kanınızı kaynatan bir hayal kurduğunuzda, *sizi yükseltecek o düşünce balonunuzu* patlatmaya hevesli insanlar da hemen yanı başınızda bitecektir.

Bu kişiler iki kelimeyi iğne gibi kullanırlar:

1. Yapamazsın
2. Yapmamalısın

Yapmamalısın öykülerini daha önce anlattım. Sırada yapamazsın örnekleri var. Yazarların hayatlarından başlayalım.

Yazarların, ilk kitaplarını yayımlatma maceraları *trajikomik reddedilişlerle* doludur. *Martı* adlı ünlü kitabın yazarı Richard Bach 18 yayınevinden ret cevabı almıştı. Satış rekorları kıran Harry Potter'ın yazarına 12 yayınevi ret cevabı vermişti. Nobelli yazar Orhan Pamuk ilk kitabını yazmaya 22 yaşında başlamış, ancak o kitabını yayımlatıncaya kadar 2,5 kitap yazıp sekiz yıl beklemişti.

Dünyada yüz milyona yakın baskı yapan *Tavuk Suyuna Çorba* serisinin yazarları 100'den fazla yayıncı tarafından geri çevrilmişti. Kitapları 6 milyondan fazla baskı yapan Aziz Nesin, ilk kitabını kimse yayımlamak istemeyince kendisi bastırmıştı. Aralarında *Kendine Ait Bir Oda*'nın da olduğu pek çok güzel kitabın yazarı olan Virginia Woolf için eleştirmen Edith Sitwell şöyle demişti: *"Onunla tanışmaktan büyük keyif aldım, ama yazdıkları beş para etmez. Benim gözümde küçük, güzel bir örgücü kızdır!"*

Modern felsefenin buzkıran gemisi Nietzsche'nin ilk kitapları 30-40 adet ancak satabiliyordu. Yayıncılar kitaplarını yayımlamayı kabul etmediğinden çoğunu kendisi bastırmıştı. Schopenhauer'in kitapları da 200-300 adet satabilmiş, uzun süre fikirleri entelektüel çevrelerce ciddiye alınmamıştı.

Başarısızlık galerisi ve dünya reddedilme rekoru!

Yolun başındayken, reddedilmek kaçınılmaz ise, bu durumun *komiğini çıkarabilmek* iyi bir fikir olabilir. Böylece trajik olan trajikomik olur! *Gülebildiğiniz ve ders çıkarabildiğiniz kayıplardan, daha büyük hale gelirsiniz.*

Çok satan kült bir kitap olan *Zen ve Motosiklet Bakım Sanatı*'nın yazarı Robert M. Pirsig 121 yayınevi tarafından reddedildi. Peki o ne yaptı? Yorganı başına çekip, hayatın adil olmadığını söyleyip ağladı mı? Hayır, bunun yerine aldığı ret cevaplarıyla *Guinness Rekorlar Kitabı*'na başvurarak dünya *reddedilme rekorunun* sahibi oldu! Stephen King ve Scott Fitzgerald öykülerini yayımlatıncaya kadar aldıkları ret cevaplarıyla yatak odasının duvarlarını kaplayıp *başarısızlık galerisi* yapmıştı!

Siz de reddedilişlerinizi kaydedip, bir gün hayalinizi başardığınızda "sergilemeyi" düşünebilirsiniz! Başarısızlık ilk başlarda trajedi gibi görünür, ama başarılı olduktan sonra eski başarısızlıklar komediye dönüşür. Çünkü başarı sizin kimliğinizi yeniden tanımlar.

Bazen anneniz, bazen uzmanlar, bazen tüm toplum yapamazsın diyebilir!

Yapamazsın cevabıyla karşılaşanlar sadece yazarlar değildir. İnsanlık tarihi en yakınındaki insanları hayaline inandırmakta zorlanmış kişilerin öyküleriyle doludur. İnanan sayısına göre bugün dünyanın en büyük üçüncü dini olan Müslümanlığın peygamberi Hz. Muhammed'e ilk üç yılında sadece 3 kişi inanmıştı!

Tutkunun mucizesine inanmayanlar, lise mezunu olan Wright kardeşlerin *uçağı icat etmeye çalışmasını* gülerek izliyorlardı. Sonuçta dev araştırma bütçeleri ve sayısız mühendisleri olan şirketler değil, mesleği *bisiklet tamirciliği* olan ve yüksek eğitimi olmayan iki kardeş, kendi yaptıkları uçakla ilk defa uçabilen insan oldular.

Bazen bir insan değil, bir *jüri* (hatta *toplumun kendisi*) size *yanlış hayaller peşinde koştuğunuzu* söyleyebilir. 16 yaşındayken birkaç günlüğüne evden kaçarak bir şarkı yarışmasına katılan Sezen Aksu ancak *altıncı* olabilmişti! Yapımcıların kapısını çaldığında aldığı yanıtlar olumsuzdu. 21 yaşında çıkardığı *Haydi Şansım* adlı ilk 45'liği *sadece 50 adet satabilmişti!*

Bazen de uzman kişiler size neyi başaramayacağınızı söyler. Ünlü mucit Edison "beyni çürük" denilerek ilkokuldan atılmış, öğretmen olan annesi tarafından evde eğitilmişti! Sonuçta, *ev yapımı bir dâhi* oldu!

Karl Marx'a annesi "*Kapital*'i yazacağına, biraz kapital kazansaydın" diye söyleniyordu! Avusturya'nın Graz kasabasında doğan Arnold Schwarzenegger, Hollywood'a gitme hayallerini gerçekleştirmek için olağanüstü bir tempoyla vücut çalışıyordu. Peki annesi bu duruma ne diyordu? Arnold'un anlattığına göre şöyle diyormuş: *"Bütün gününü spor salonunda geçirmeye daha ne kadar devam edeceksin? Bulutların üzerinde yaşıyorsun!"*

Bir hayali olan her canlı, "Boşuna deneme, olmayacak" cümlesini bir gün tadacaktır!

Öğrencilik yıllarımda tanıdığım herkes hakkında içimden, "*Acaba ileride nerelere gelecek, ne kadar başarılı biri olacak?*" diye tahmin oyunu oynardım. Bir tür, mesleki saplantıydı! Şimdi ise tersinden düşünüyorum. "*Bugün zirveye gelmiş olan kişiler henüz yolun başındayken diğer insanlar onların hakkında ne düşünüyordu acaba?*"

7 yıla yakın İsviçre'de küçük bir patent dairesinde *sıradan bir memur* olarak çalışan Einstein'ın dehasını mesai arkadaşları fark edebilmiş midir? Müştemilatında kalma izni karşılığında, ev sahibinin çocuğunun doğum gününde *ağzından alev çıkaran oyuncak aslanlar yapan* Leonardo adlı gencin, bir gün deha da Vinci olacağını, o davete katılanlardan *kaç kişi* fark edebilmişti? Amerika'ya doktora yapmaya gelmiş Suriyeli bir baba ile Katolik bir Amerikalı annenin gayrimeşru çocuğu olarak dünyaya gelen, doğar doğmaz başkasına evlatlık olarak verilen o çocuğun bir gün Steve Jobs olacağını kim tahmin edebilirdi? Annesi bilse gene de çocuğunu evlatlık olarak verir miydi acaba? Israrla avukat yapmak istediği halde, ona karşı çıkarak gidip *rahip* olan oğlunun, bir gün *kiliseye de kafa tutup* Protestanlığın kurucusu Martin Luther olacağını babası tahmin edebilir miydi? Sırf Hong Kong sokak çeteleriyle çok kavga ediyor diye, 19 yaşında cebine 120 dolar konup Amerika'ya gönderilen bir delikanlının, ileride aktör Bruce Lee olacağını ailesi tahmin edebilir miydi? Fransız ordusuna katıldığı ilk günlerinde "taşralı" diye onunla alay eden arkadaşları, gün gelip o sıska çocuğun Napolyon olacağını düşünebilir miydi?

Geleceğin dehası komşunuzun çocuğu olsaydı onu fark edebilir miydiniz?

Gelelim size, lütfen şimdi dürüstçe cevap verin. *Yakınınızda geleceğin başarı hikâyesini yazacak biri olsa onu görebilir misiniz?* Askeri okula yeni başladınız, yeni gelen yetim ve hüzünlü bir genç yan ranzada yatıyor. Onun ileride Atatürk olacağını düşünebilir miydiniz? Osmanlı sarayında oduncubaşı olsaydınız, *odun kırma görevlisi* olarak işe aldığınız bir gencin, ileride "Baltacı" Mehmet Paşa adıyla sadrazam olacağını tahmin edebilir miydiniz? Çukurova'da bir tarla sahibi olsaydınız, yevmiye karşılığı çalıştırdığınız, ortaokul son sınıftan terk, bazen işten kaytarıp yaşlı kadınların manilerini defterine yazan, beş yaşındayken babası kan davası nedeniyle gözü önünde öldürülmüş bir ırgatın ileride Yaşar Kemal olacağını düşünebilir miydiniz? Mülkiye'de öğrencisiniz, sınıf arkadaşlarınızdan biri bazen küçük şiirler karalıyor. Bir gün aniden babasını kaybetti, ardından birkaç ay sonra evleri yanıp kül oldu. Daha hızlı iş bulmak için Mülkiye'yi bırakıp baytar (veteriner) mektebine geçti. Onun ileride İstiklal Marşı'nı yazan Mehmet Âkif olacağını düşünebilir miydiniz?

Dünyadan örneklerle devam edelim. Boyacı bir baba ile evlere temizliğe giden bir annenin çocuğu aynı sınıfta arka sırada oturuyor olsaydı, onun ileride Muhammed Ali olacağını tahmin edebilir miydiniz? Alkolik bir baba ile sürekli hasta bir annenin işitme kaybı yaşayan çocuğu komşunuz olsaydı, ileride Beethoven olabileceğini görebilir miydiniz? Güney Afrika'da hapis yatan bir siyahi olsaydınız, kurulduğundan beri beyaz adamın yönettiği bir ülkede, siyahi haklarını savunduğu için özel hücrede tutulan Mandela adlı gencin, 27 yıl sonra özgürlüğünü kazanıp, Nobel alarak ilk siyahi devlet başkanı olacağını düşünebilir miydiniz? Gandi'nin komşusu olsaydınız, açlık grevi yapıp pasif direnişle İngilizleri geri göndermeyi planladığını size anlatsaydı başaracağına inanır mıydınız?

Asansöre bindiğinizde hep önüne bakan, sokakta karşılaştığınızda gözlerini kaçıran komşunuzun sivilceli çocuğuna mavi ışık altında bir kez daha bakın, geleceğin dehası yanınızda olabilir! Kim bilir?

Umutlarınızı savunmak kadar, zeki, çevik ve çalışkan olmak da gerekir

"*Senden bir şey olmaz*" denilen herkesin bir gün çok başarılı olduğunu iddia etmiyorum, ama bugün çok iyi yerlere gelmiş kişilerin *bir zamanlar hiç önemsenmediklerine* dikkatinizi çekmek istiyorum. Bu örnekler, "yapamazsın" ve "senden bir şey olmaz"a karşı *bağışıklık sisteminizi güçlendirsin* isterim. Amacım, "yapamazsın" diyen herkesle *kuru bir inatlaşmaya girmeniz* de değil. İçinizde yanan umudun mum ışığını dışarıdaki rüzgârlardan koruyabilmenizi önemsiyorum. Başarmak için yapabilirim demek gereklidir, ama tek başına yeterli değildir. Umutlarınızı savunmak kadar, zeki, çalışkan, girişken, sistemli ve disiplinli de olmalısınız.

Yapamazsın diyenlerin bir kısmı aşağılamak için, çoğu ise *sevdiğini korumak için* yapar. Bu insanlar kötü niyetli değildir, bazen haklı da çıkabilirler, ama yine de büyük başarı yürüyüşünüze zarar verebilirler. Onların temel sorunu, hayallerinizi sizin gibi *içten* değil, *dıştan* görüyor olmalarıdır. Hayallerinizi sonuçlara dönüştürüp önlerine koyduğunuzda tavırları hemen değişecektir. Sanırım bu konularda en iyisini Robert Goddard söylemiş: *"Neyin imkânsız olduğunu söylemek zordur, çünkü dünün hayali, bugünün ümidi ve yarının gerçeğidir."*

Hayatta kime "yapamazsın" denmeyeceğine dikkat etmek gerek!

Yapamazsın denilen insanların bazıları korkar, içine kapanır; bazıları ise tersine daha da güçlenir. İçinde çelik çekirdek taşıyan insanlara yapamazsın demeden önce birkaç defa düşünmek gerekir! Bu tür insanlar, *kum saatini ters çevirecek olayları* tetikleyebilir. Emin olun ki, büyük siyasi liderlerin çoğu yüzde 30 ideolojik, yüzde 70 psikolojik nedenlerle siyasi mücadelesine başlamıştır. Çoğu, henüz yolun başındayken biraz "adam yerine konulsaydı" muhtemelen sisteme savaş açmazlardı. İşte bir örnek...

Bir zamanlar Amerika'da zenciler ile beyazlar aynı restoranlarda yemek bile yiyemiyordu. Olimpiyatlarda Amerika için mücadele edip şampiyon olan Muhammed Ali zaferini kutlamak için doğduğu yerin en iyi restoranına gidince kapıda ilginç bir sürprizle karşılaştı:

"Olimpiyatlardan sonra altın madalyamla Louisville'e döndüm ve siyahilerin yemek yiyemediği bir restorana girdim. Oturup kendime bir yemek söyledim. *Olimpiyat şampiyonuydum ve boynumda altın madalya asılıydı.*

'Burada siyahi servisi vermiyoruz' dediler. '*Sorun yok, ben de zaten siyahi yemem!*' dedim. Beni kapının önüne koydular! Ohio Nehri'ne gidip *altın madalyamı denize fırlattım.* O günden sonra ABD'de işler yüzde yüz değişti. İnanıyorum ki, güneş mutlaka bir yerlerde parlar. *Tanrı kullarının omuzlarına taşıyamayacakları kadar ağır bir yük vermez.*"[11]

Efsane insanlar saksıda yetişmez! Çoğu *ekildikleri verimsiz ve sert toprağa rağmen* yeşerirler. Onlar sıkı çocuklardır! Çöle düşünce *kaktüs* olup büyürler. Buzlanmış karın altına düşünce *kardelen* çiçeği olup çıkarlar. Onların güçleri içlerinden gelir. Güneşleri içlerinden doğar. *Büyük başarıların bestesi dıştan gelen seslerle değil, içe doğan sözlerle yazılır.*

Benim payıma düşenler: Yolun başındayken bana da "yapamazsın" demişlerdi!

Ben de hayatımın en büyük başarısını çevremdekiler tarafından "mantıksız" bulunan bir kararıma borçluyum. Şu anki kariyerime ilk başlayışım çoğu insana "akıldışı" görünen bir fikre dayanıyordu!

İzninizle, size biraz yolun başındaki günlerimi anlatayım.

Ankara Üniversitesi Hukuk Fakültesini normal süresinde bitirmiştim. O yıllarda en yüksek puanla öğrenci alan hukuk fakültesiydi. Diplomamla rahatlıkla hâkim, savcı, avukat ya da noter olabilirdim. Diplomaya dayanan konfor alanımda kalırsam, kolayca saygın, rahat ve güvenli bir hayat yaşayabilirdim. Ama ben büyük bir delilik yaparak, o *diplomayı çöpe atıp*, "kişisel gelişim" denilen ve o zamanlar *kimsenin ne olduğunu bilmediği bir işi* yapmaya kalkışıyordum!

O yıllarda Türkiye'de "kişisel gelişim uzmanı" diye bir kariyer alanı yoktu. Yaptığım işe bu ismi bile ben koydum.

Ailem ve arkadaşlarıma göre, yaptığım kesinlikle "mantıklı" değildi. Bu iş bir *meslek* değildi, sosyal saygınlığı yoktu, asgari ücret seviyesinde geliri vardı. Ve en kötüsü, mesleğin *adı bile* yoktu! Haklı olarak bana *iyi düşünüp "daha gerçekçi olmamı"* tavsiye ediyorlardı. Bir düşünün, *siz o yıllarda arkadaşım olsaydınız bana ne önerirdiniz?*

Ben ise bu işi bir *meslek* değil, misyon olarak görüyordum. *Birisinin bunu yapması gerekiyordu, yapan kimse yoktu, o halde yapılması gerekeni ben yapacaktım!* Gözü kara bir gençlik idealizminden başka bir şeyim de yoktu. Param, önemli tanıdıklarım, makamım yoktu, sadece beynim vardı! Yapmak istediğim işten o kadar emindim ki, bir seçim yaptığımı bile düşünmüyordum.

İlk kendini geliştirme seminerlerimi başlatmak için hangi kurumla görüşsem, "kişisel gelişim" diye bir şeyin kimsenin ilgisini çekmeyeceğini söylüyorlardı! Öyle ki, Esenler Halk Eğitim Merkezi "bile" beni kabul etmedi! (Doğru anladınız; fakir ama gururlu bir gencin yıllar sonra gelen intikamıydı!)

Alternatifler aramaya devam ettim. Kadıköy Halk Eğitim Merkezi müdiresi Serpil Güleçyüz bana bir şans verdi. *Eğer ilk ayda bir grup açılmazsa orada da bu işi yapma şansımı kaybedecektim!*

Bütün bu veriler ışığında bakıldığında, gittiğim yol pek "gerçekçi ve mantıklı" görünmüyordu. Okul arkadaşlarım şık bürolarda, güzel kartvizitlerle işe başlamıştı. Ben ise bir ilkokul sınıfında tahtaya tebeşirle yazı yazarak seminer veriyordum!

Bu arada aile çevresindeki başarı efsanem de bitiyordu! Bir buçuk yaşında babasını kaybettiği halde hayata tutunan, azimle çalışıp hukuk fakültesini kazanarak ailesinin gururu olan ben, bu son seçimimle *her şeyi berbat ediyordum!* Onlar açısından bakınca, beynime giren bir "kişisel gelişim cini" beni zombiye çevirmiş olmalıydı!

Olana teslim olmak mı, olması gerekenleri oldurmak mı?

Ben ise bambaşka bir kafayı yaşıyordum. Olana değil, *olması gerekene* bakıyordum. Hayatımdan büyük hayallerim vardı. Mevcuda değil, *mümkün olana* inanıyordum. Ne yapmak istediğimi berrak bir şekilde görebiliyordum. Düzenli, güvenli ve garantili bir hayat yaşamak değil, *bir alanda buzkıran gemisi olmak, çok gerekli ama yapılmamış bir şey yapmak, dünyayı bir boyutta bulduğumdan daha iyi bırakmak, kişisel gelişim ve sosyal başarı tekniklerini tüm Türkiye'de yaygınlaştırmak istiyordum.*

Çevremdekilere göre sonum olan şey, bana göre *başlangıç noktamdı.* Oradan başlayacağımı, ama asla *orada kalmayacağımı* biliyordum! Orada sadece *turisttim!* İçimdeki hayaller dışımdaki sonuçlara dönüşünceye kadar bana inanmayacaklardı, *ama o sonuçları önceden görebilmek de benim ayrıcalığımdı!*

Başlangıçta işim çok zordu. Önce yaptığım işin ne olduğunu anlatıyor, sonra da işimi yapmaya çalışıyordum. *Önce rayları döşeyip sonra üzerinde tren süren makinist gibiydim!* Kendi yolumu seçmiştim, suçlayacak kimse de yoktu! Deli gibi çalışıyordum, ama ekonomik olarak yerlerde sürünüyordum. Survivor halindeydim: Ya başaracaktım ya başaracaktım!

Bir karar aldıktan sonra yaptıklarımızla onu doğruya ya da yanlışa çeviririz

Çevremdekiler yolumdan dönmediğimi görünce bu defa *pazarlığa* başladılar. *Hem* hukukçu olup *hem de* bu işi yapabileceğimi anlattılar. Bir tür *paralel kariyer* öneriyorlardı. Söyledikleri çok da yanlış değildi belki, ama benim tarzım bir işte en iyi olmak üzerine kuruluydu. Mizaç olarak da "hem hem"ci değil, "ya ya da"cıydım! Bu yüzden aynı anda tek bir iş yapmam gerekiyordu. Elimde iki top çevirirsem hiçbirini en yükseğe atamazdım. Onları dinlemedim! Hukuk alanında hiç çalışmayarak, kendimi tamamen yeni *alanımda başarılı olmaya mahkûm ettim*. Bir adaya çıkmış, geriye dönüşte kullanabileceğim son gemiyi de yakmıştım. Bu, kendime verdiğim *güçlü bir mesajdı*.

Yolun başındayken kendinizle yürüttüğünüz iç diyaloglar çok önemlidir. Sık sık kendime şunu söylüyordum: "*Kanıtım kendi içimde. Ben insanlara nasıl başarılı olabileceklerini öğreteceğim. Bildiklerim işe yarıyorsa ben de başarılı olurum. İşe yaramıyorsa başarısız olur, bu işi yapamam. Böylece kimseye zararım da olmaz! Kanıtım kendi içimde.*" Neyse ki, bildiklerim işe yaradı!

Bana sık sorulan bir soru muhtemelen sizin de aklınızdan geçmiştir: *Herkes kararınızın yanlış olduğunu söylerken, onun doğru olduğundan nasıl emin olabilirsiniz?* Xerox'un ünlü yöneticilerinden Alan Kay, "*Geleceği tahmin etmenin en iyi yolu onu yaratmaktır*" der. Bir kararın doğru olduğundan emin olmanın yolu, onu başarıyla uygulayıp sonuca dönüştürmektir. Sonuca dönüşen karar "doğrulanmış" olur! O yıllarda aynen şöyle düşünüyordum: "*Bir kararı verirken onun doğru mu yanlış mı olduğunu tam bilemeyiz. Kararı verdikten sonra yaptıklarımızla onu doğru ya da yanlışa çeviririz. Eğer bu alanda başarılı olabilirsem hukuk diplomasını atmam doğru bir karar olacak, başaramazsam yanlış! Her şey bana bağlı.*"

Seçimlerimi sonuca, kararlarımı başarılara çevirmek kolay olmadı. Bir alanda öncü olduğunuzda, *entelektüel hesapverebilirlik görevi* de üzerinizde kalır. İşin ne olduğunu anlatmak ve yanlış anlamaları düzeltmek için harcadığım zaman, işimi yapmak için gerekenden daha fazlaydı. İki bine yakın kitabı okuyup, sürekli başarı üzerine düşünüp, onlarca ajanda dolusu fikir ürettim. Olağanüstü bir tempoyla çalıştım. Kendime belirlediğim üç ilkeyi izledim: *Sokrates gibi mevcut durumu sorgula, Aristo gibi olması gerekeni kurgula, bir samuray disipliniyle yapılması gerekeni uygula!*

Milyonlarca insanın ruhuna dokunmak

İnsan "yapılamaz"ların kafesinden bir kez çıktı mı, nerede duracağını da kestirememeye başlar! Aştığınız her sınır, daha büyük sınırları aşma cesaretini getirir. Bu işlere başladıktan bir süre sonra kendi mantığımı bile zorlayan bir şeye kalkışarak bir kitap yazmaya karar verdim. O zamanlar alanımızda yeterince kitap olmadığı için yazmak zorundaydım, fakat bir sorunum vardı, henüz *21 yaşındaydım!* Kendi mantığım bile bu cüretimi onaylamakta zorlanıyordu. Elimde tek bir moral verici veri vardı: Fatih İstanbul'u 21 yaşında fethetmişti! İkinci olarak Goethe'nin şu sözü beni güçlendiriyordu: *"Yapabilirsin, çünkü yapmalısın!"*

"Gerçekçi" bir gözle bakılırsa üniversiteyi yeni bitirmiş birinin yazdığı kitabı kim okurdu ki? *Yayıncılar da böyle düşündüler!* Şu anki yayıncım Alfa'nın da aralarında olduğu birkaç yayınevi satmayacağı gerekçesiyle ilk kitabımı yayımlamadı. *Kitaba değil bana bakarak karar verdiklerinden emindim!*

Tesadüfen tanıştığımız bir başka yayıncı kitabı basmayı teklif etti. Kitap çıktıktan sonra kendi kendine altı ayda 10.000'den fazla sattı. Bu, Türkiye için iyi bir rakamdı. *"Satmaz" denilen Ya Bir Yol Bul, Ya Bir Yol Aç, Ya Da Yoldan Çekil adlı ilk kitabımın baskı sayısı toplamda 100.000 adedi geçti!*[12]

Bu işlere ilk başladığım yıllarda en büyük hayalim, *yaşadığım süre içinde kitap ve konferanslar yoluyla 1.000.000 kişiye doğrudan ulaşabilmekti.* Bir milyon insanın başarıya bakış açısını yeniden yapılandırmak, toplumsal gelişimin katalizörü olacak kritik kitleyi oluşturmak demekti. Bugüne kadar ulaştığım insan sayısını özgeçmişimden takip edebilirsiniz!

Bir kişiye bir milyon adım attırmak mı, bir milyon kişiye bir adım attırmak mı?

Yolun başındayken önümde bir tercih noktası vardı: *Ya bir milyon insana bir adım attıracaktım ya da birkaç özel insan seçip onlara bir milyon adım attıracaktım.* İlkini seçtim, çünkü bunda kamu yararı vardı. Ayrıca ben de milyonların içinden gelen biriydim. İlk seçenekte misyonumu tamamladıkça, diğer seçeneği de devreye almayı düşünüyorum.

Bu ülkede 1.000.000 insanın hayatında yüzde 1 oranında da olsa iyileştirme yapabilirsem eğer, *anlamlı* ve *büyük* bir hayat yaşadığımı düşünerek öleceğim. Bu kadar insanın *ruhuna dokunmak*, hayata tutunma becerilerini artırmak, *en kritik kararlarını alırken başuçlarında duran kitabı yazmış olmak, geleceklerini olumlu yönde etkileyebilmek, en büyük armağandır benim için.*

Belki merak ediyorsunuz, yolun başındayken yapamazsın diyenler, başardıktan sonra ne yapar? Bu insanlarla yıllar sonra bir araya gelirseniz, yüzlerinde *mahcup bir hüzün* görürsünüz. Başarınıza duydukları saygı, sizi başarınızdan sonra tanıyanlardan katbekat daha fazladır.

İlginçtir, başarılı olmadan önce "Yapamazsın," diyenlerden bazıları, başarılı olduktan sonra bu defa, *"Sen her şeyi yapabilirsin!"* diye konuşmaya başlarlar! Egosu zekâsından yüksek olan insanlar bu sözlere inanır da! *Henüz başarılı olmadan önce "yapamazsın"lara, başarılıyken "yapabilirsin"lere iki katı dikkat etmeli!*

Buraya kadar anlattıklarımın özü nedir? Bir hayalimiz olduğunda, yapabilirsin ve yapamazsın diyen birileri de olacak. Doğruyu göstermesi için *pusulayı nasıl mıknatısın etkisinden korumak gerekiyorsa,* bizler de bu tür sınırlayıcı söylemlerin *aklımızı kamaştırmasına* izin vermemeliyiz. Bizi özgürleştirecek olan cesaretimizi korumalıyız. Başarının ABC'si: Akıl, Bilgi ve Cesarettir. "C"esaretten bir harf eksilirse geriye esaret kalır!

Hayallerimizin peşinden giderken elbette akılcı hareket etmeli ve çevremizdekilerin mantıklı önerilerini dinlemeliyiz, ama *hangi mantık?* Büyük bir başarının peşinden giderken *ortalama düz mantığa* uymak insanı sınırlandırabilir. Çünkü ortalama mantığın kuralları daha çok kaybedenler tarafından konulmuştur. *Kaybedenlerin mantığı büyük hedefleri fethetmek değil, mevcudu korumak ve başarısız olmamak üzerine kuruludur.* Oysa her yaratıcı başarı bir meydan okumadır. Bu meydan okuma, bir yönüyle kendimize, bir yönüyle yapamazsın diyenleredir.

KİŞİSEL KURTULUŞ SAVAŞINI BAŞLATMAK: HER ŞEY SENİNLE BAŞLAR!

Hayatı çaresizliklerle dolu bir adamın hikâyesidir!

7 yaşındayken babasını kaybetti ve yetim kaldı. Yalnız ve içine kapanık biri olarak yaşamaya, oradan oraya sürüklenmeye başladı.
8 yaşında okuldan alındı ve bir dönem köyde yaşadı. Zamanını tarlalarda kargaları kovalamakla geçiriyordu.
10 yaşında yüzü kanlar içinde kalacak şekilde, yeni okulundaki hocasından dayak yedi. Ailesi onu okuldan aldı. Sinirden ve korkudan üç gün evinden çıkamadı.
17 yaşında hayalindeki okulun istediği bölümü için gerekli not ortalamasını bir dönem için tutturamadı.
24 yaşında tutuklandı, günlerce sorguya çekildi. 2 ay tek başına bir hücrede hapis yattı.
25 yaşında Suriye'ye sürgüne gönderildi.
27 yaşında, kendisinden bir yaş büyük meslektaşı, üyesi olduğu derneğin çalışmalarıyla kahraman ilan edilirken, o hiç önem-

senmiyordu. Doğduğu şehrin merkezinde rakibi törenlerle karşılanırken, o kalabalık arasında tek başına olanları izliyordu.
30 yaşında kendisi başka şehirleri düşman elinden kurtarmaya çalışırken doğduğu şehir düşmanların eline geçti.
30 yaşında amiri, onu uzaklaştırmak için başka bir göreve atanmasını sağladı. Yeni görevinde fiilen işsiz bırakıldı. Aylarca boş kaldı.
37 yaşında böbrek hastalığından Viyana'da 2 ay hasta ve yalnız halde yattı.
37 yaşında komutan olarak yeni atandığı ordu dağıtıldı.
38 yaşında Savunma Bakanı tarafından görevinden atıldı.
38 yaşında bir toplantıda giyebileceği bir tek sivil elbisesi bile yoktu ve başkasından bir redingot ödünç aldı. Cebinde sadece 80 lirası vardı.
38 yaşında kendisi için tutuklama kararı çıkarıldı.
38 yaşında en yakın beş arkadaşından üçü, bir seçimde onun aleyhine oy kullandı.
39 yaşında idam cezasına çarptırıldı!
Sonra ne mi oldu?
42 yaşında Türkiye Cumhuriyeti Cumhurbaşkanı oldu!

Okuduğunuz öykü efsanevi lider Mustafa Kemal Atatürk'e aittir. Şimdi düşünün, sizin *başarınızı engelleyen, ama Atatürk'ün başına gelmemiş* olan bir engel var mı?

Başarınızın önündeki en büyük engel ne?

Paranız mı yok? Atatürk'ün de yoktu! Sağlığınız mı bozuk? Atatürk'ün de bozuktu! Çevrenizde sizi çekemeyenler mi var? Atatürk'ün de vardı! Bazı yakın arkadaşlarınız sizi arkadan mı vurdu? Atatürk'ün de başına gelmişti! Aileniz çok zengin değil mi? Atatürk'ün ailesi de değildi! Amirleriniz hakkınızı mı yiyor? Atatürk'ün de başına gelmişti! Sizden daha beceriksiz, ama hırslı insanlar, birtakım ilişki oyunlarıyla daha hızlı yükselip size amirlik mi yapıyor? Atatürk'ün de başına gelmişti! Geçmişte bazı denemelerinizde başarısız mı oldunuz? Atatürk de olmuştu! En kötü ihtimalle, hakkınızda idam fermanı çıktığı için mi başarılı olamıyorsunuz? Atatürk de bunu yaşamıştı!

Gündelik hayatta karşılaştığımız küçük kişisel sorunlar büyük başarıların önünde engel değildir. Atatürk kişisel kurtuluş savaşı ile ülkeyi kurtarma savaşını birlikte götürebilmişti. Ona, "Para yok," dediler, "Bulunur," dedi. "Düşman çok," dediler, "Yenilir," dedi. Ve sonunda tüm dediklerini yaptı!

Atatürk'ün Gençliğe Hitabesi'nde niçin, *"Vazifeye atılmak için içinde bulunduğun vaziyetin imkân ve şeraitini düşünmeyeceksin,"* dediğini sanırım daha iyi anladınız.

Atatürk bir konuşmasında büyük yaşamak için yapılması gerekenleri özetlemişti: *"Büyüklük odur ki, hiç kimseye iltifat etmeyeceksin, hiç kimseyi aldatmayacaksın, memleket için gerçek ülkü neyse onu görecek, o hedefe yürüyeceksin. Herkes senin aleyhinde bulunacaktır, herkes seni yolundan çevirmeye çalışacaktır. İşte sen burada direneceksin. Önünde sonsuz engeller yığılacaktır. Kendini büyük değil küçük, araçsız, hiç telakki edecek, kimseden yardım gelmeyeceğine inanarak o engelleri aşacaksın. Ondan sonra sana büyüksün derlerse, bunu diyenlere de güleceksin."* Atatürk bir rağmenciydi.

İnsanın içinde nelerin olduğu, başına nelerin geldiğinden daha önemlidir

Amerikan başkanlarından Dwight D. Eisenhower, *"Önemli olan kavganın içindeki köpeğin büyüklüğü değil, köpeğin içindeki kavganın büyüklüğüdür"* der. Bir insanın içinde nelerin olduğu, onun başına nelerin geldiğinden daha önemlidir. Kişisel gelişim literatüründe, *bir insanın başarısının yüzde 20 oranında başına gelen olaylara; yüzde 80 oranında ise olaylar karşısında ne yaptığına bağlı olduğu* kabul edilmektedir. Başımıza gelenler sadece içimizde olanları (ve tabii olmayanları!) ortaya çıkarır. Bardağın ne kadarının dolu ne kadarının boş olduğu eski hikâyedir, asıl önemli olan *bardağın neyle dolu olduğudur*. Yaşadığınız büyük bir olay sizi çalkaladıkça; içiniz azim doluysa azim, korku doluysa korku, öfke doluysa öfke dışarı taşar. *İçiniz neyle dolu? İçinizde ne yeterince yok?*

Sıfırdan zirveye çıkmış insanların başına gelen kötü olayların sayısı, sıfırda doğup orada ölmüş insanların başına gelenden daha az değildir. O halde fark nerededir? Başaranların başlarına gelen *kötü olayları karşılayış biçimleri* farklıdır. Yaşamak, hayatla tenis oynamaya benzer. Topun nereye atılacağını siz seçemezsiniz, ama topu *karşılayıp karşılamamayı*, *nasıl karşılayacağınızı* ve *servis yeteneğinizi geliştirmeyi* siz seçebilirsiniz. Hangi tutumu seçerseniz onun sonuçlarını yaşayacaksınız. Başarının bedelini ödemezseniz, *başaramamanın bedelini* ödeyeceksiniz. Başarılı oldukça altınız çizilecek, başarısız oldukça *üstünüz*! Bulutsuzluk Özlemi'nin bir şarkısını uyarlarsak, *"Ne olursa olsun, başarmaya mecbursun!"*

Başarmak ya da başaramamak, işte bütün mesele bu!

Bu kitap sizi başarılı yaşamaya davet etmek için yazıldı. Bazen terapist gibi *anlayışlı*, bazen başarı provokatörü gibi *ezber bozan*, bazen akademisyen gibi *öğretici*, bazen de teknik direktör gibi *yüklenici* bir dil kullandım. Hedefim, başarıyı hayatınızda öncelikli bir noktaya koydurabilmekti. *Siz başarıyı hayatınızın merkezine koyarsanız, başarı da sizi hayatın merkezine koyacaktır. Değerler hiyerarşinizde başarıya üstünlük tanıdıkça, o da size hayat yolunda geçiş üstünlüğü sağlayacaktır.* Bu hemen olmaz, ama uzun vadede muhakkak bir fark olur.

Başarı merkezli yaşamaya başlayınca beyniniz çevrenizdeki her şeyi ikiye ayırmaya başlar: *Başarılı olmamda işime yarayabilecekler ve başarılı olmamda işime yaramayacaklar.* Başarı için *yapmam gerekenler* ve başarı için *yapmamam gerekenler*. Başarı için *bilmem gerekenler* ve *bilmem gerekmeyenler*. *Beni başarıya götüren duygular* ve *başarısızlığa götüren duygular*. Bir hayat amacı belirlemenin pratikteki en büyük faydası gerekli ile gereksizi birkaç dakikada ayırabilmeyi sağlamasıdır.

Kariyer kıblesi belli olmayanların kafası karışıklıktan kurtulmaz! Net bir hedef olmadığında beyin için *bütün yollar eşit derecede doğru ve yanlış görünür.* Bu yüzden karar alma mekanizması felç olur. Kriteriniz ne kadar net olursa karar kaliteniz ve hızınız o kadar yüksek olur. Kararsız insan yoktur, karar alma kriteri olmayan insan vardır.

En güçlü ve kalıcı kararlar 3-K koalisyonuyla; kafa, kalp ve kasların oybirliğiyle alınır. Kalp ister, kafa planlar, kaslar uygular. Bu yüzden büyük seçimlerde üçüne de söz hakkı doğar!

Hayata nereden başladınız, nereye geldiniz, nerede olmak istiyorsunuz?

Bu son düzlükte artık bir karar vermeniz gerekecek. *Bundan sonra daha büyük yeni bir hayat mı yaşayacaksınız, yoksa her şey eskisi gibi devam mı edecek?* Başarılı olmanın ilk adımı başarılı olmaya *karar* vermektir. Başarısızlığı reddetmekle başlar her şey. İnsan büyük olmaya *karar vererek* hayatını büyütebilir. Karar alınarak başlanan değişimler daha kalıcı olur. Başarılı olmaya karar vermek, hayatınızın *elinizden kayan iplerine bir düğüm atıp*, o düğüm sayesinde ipe daha güçlü asılmaktır.

Bu an hayatınızın MS noktası olabilir. Yepyeni bir siz doğabilir. Yarın *bundan sonraki yeni hayatınızın ilk günü* olabilir. Yeni hayat kendiliğinden gelmez, kendiliğinden gelen kalıcı olmaz. İdeal hayatın onu yaşayacak insan tarafından oluşturulması gerekir. "Kısmetinde varsa, el getirir, sel getirir, yel getirir" diyenlere bakmayın. El, sel ve yel size aşure, kurban eti, baklava getirir, ama uçak, Nobel ödülü, gökdelen getirmez!

Şimdi arkanıza yaslanarak düşünün lütfen. *Hayatınız değişmeli mi, değişmemeli mi? Değişmeliyse hangi yönde değişmeli? Tam olarak neler değişmeli? Değişirken hangi değişmezlerinizi korumak istersiniz? Görüş keskinliğinizi zayıflatan önyargılarınız, bakıç açınızı daraltan tutuculuklarınız, dengenizi korumanızı güçleştiren zaaflarınız, adımlarınızı titreten korkularınız neler? Ne kadar siz değişmelisiniz, ne kadar çevrenizi değiştirmelisiniz? Çevrenizdekiler değişmese dahi sonuç almak için ne yapmalısınız?*

Nasıl ki savaş pilotları, o anda dünyada hangi enlem ve boylam üzerinde olduklarını göstergelerden okuyup anında söyleyebiliyorsa, bizler de hayatımızın üç önemli koordinatını daima aklımızda tutmalıyız.

1. Nereden başladık?
2. Nereye geldik?
3. Nerede olmak istiyoruz?

Bu üç koordinatı unuttuğunuzda *kafanız karışmaya* başlayacaktır. Kariyer koordinatlarınızı göz önünde tutmanın başka yararları da var. Eğer bugüne kadar çok ilerlemişseniz, *başladığınız yer* ile *bulunduğunuz yer* arasındaki farka baktığınızda özgüveniniz yükselecektir. Gelecekte olmak istediğiniz yeri düşünmek ise motivasyonunuzu artıracaktır. Nereden başladığınızı bilmek de köklerinizden güç almanızı sağlayacaktır.

Başarı bebek gibidir; içte oluşur, dışta gelişir

Başarı, başlangıçta içe doğan bir hayaldir. O hayale kalpte duygu, beyinde akıl, elde emek katılır. Sonunda hayaliniz ete kemiğe bürünür, başarı diye görünür! *Büyük başarı kalpten gelir, beyinde büyür, ellerden hayata akar.*

Başarınızın başlangıç noktası sizsiniz! Başarı enerjiniz içinizden doğacak, dalga dalga evrene yayılacak, sonunda tekrar size dönecektir. En yüksek zirveye giden yollar, içinizdeki derinliklerden başlar. Bu nedenle sistemli ve sakin bir şekilde kendiniz üzerinde çalışmalısınız.

Madem her şey sizinle başlayacak, o halde önce içinizde bir *güç toplama merkezi* oluşturmalısınız. Hermann Hesse *Siddhartha* adlı kitabında, *içsel sığınağın gücünü* çok iyi anlatır. İnsanın nihai özgürlük alanı, kimsenin izinsiz giremeyeceği bölgesi, içindeki bu sığınaktır. Periyodik olarak *iç sığınağınıza çekilip* insanları ve hayatı gözlemleyin. Yaşananların üstüne ve dışına çıkıp, meditatif bir yükseklikten olayları seyredin. *Neler oldu, siz ne yaptınız, başka neler yapabilirdiniz? Tarihin en büyük insanları sizin yerinizde olsaydı ne yapardı?* Yaşadıklarınızın anlamı ne olabilir?

Yargılayarak değil anlayarak, suçlayarak değil öğrenerek düşünün. Dış dünyanın iç dünyanıza etkilerini fark edin. *İç eğilimlerinizi* iyi izleyin. İnsanın iç dünyasının nasıl çalıştığı üzerine kaliteli kitaplar okumak bu konularda ilerlemenize katkıda bulunacaktır.

Sorular aklın projektörleridir: Üzerine düşünülmesi gereken bazı kritik sorular

Bilincimiz iç dünyamızın dehlizlerinde dolaşırken, elinde fener olan bir madenciye benzer. Madenin karanlık koridorlarında gezerken, feneri bir köşeye tuttuğunda, diğer köşe karanlık hale gelecektir. Bilincimizin *önünü aydınlatmak için el feneri olarak kullandığı araç sorulardır.*

Hayatınız ve kariyeriniz üzerine düşünürken aşağıdaki temel sorular işinize yarayabilir. Her bir soruyu cevabını düşünerek okuyun lütfen.

- *İstediğin* bir hayatı mı yaşıyorsun, yoksa *katlandığın* bir hayatı mı?
- *Bugün başarılı olmak için ne yaptın?* Yarın ne yapacaksın? Hiçbir şey yapmıyorsan gelecekte başarıya nasıl ulaşacaksın?
- *Yapman gerekenler* ile *yaptıkların* arasındaki farkı yaratan nedir?
- *Bugün yaptıkların gelecekte seni nereye götürecek?* Peki sen nerede olmak istiyorsun?
- *Bugün* yapman gerektiği halde yapmadıkların nedeniyle *gelecekte* nerede *olamayacaksın?*
- Yaşamak istediğin hayata sen karar vermezsen, bunu kimler *senin için ancak kendi çıkarları doğrultusunda* yapacaktır? Se-

nin bir başarı amacın olmazsa, kimlerin başarısına araç olacaksın?

- Başaracağından *kesin olarak emin olsaydın* yarından itibaren neler yapardın? Neden korkunun seni durdurmasına izin veriyor olabilirsin?
- Büyük bir iş başarsaydın *ilk kime* haber verirdin? Neden?
- Başarından en çok kim *gurur* duyardı? Bu kişi öğrendiğinde ilk *ne yapardı?*
- Kendin için istediğin en iyi şeylere sahip olmaya *değer* misin? Başarıyı istemenin ötesine geçip *onu hak etmek için* neler yapabilirsin?
- Senin diğer insanlara göre *daha iyi yapabileceğin* işler neler? *Yapmak için doğduğun şey* ne? Hangi alanda kendini geliştirirsen başkalarından daha iyi olabilirsin?
- Hem *iyi yapabildiğin*, hem *yaparken mutlu olduğun* hem de yapman karşılığı *insanların para vermeye istekli olduğu* iş ne?
- Başarılı olmayı bir *mücadele* olmaktan çıkarıp *yaşam biçimi* haline nasıl çevirebilirsin?
- Bir işi bir ülkede en iyi yapan sen olsaydın, *önünde ne gibi seçenekler açılırdı*? Yeni hayatın nasıl olurdu?
- Bütün rüyalarını *gerçekleştirmiş olsaydın* neler hissederdin? *Kendini gerçekleştirmiş olma duygusu* sana nasıl bir huzur, tatmin veya mutluluk getirirdi?
- Kesin, net ve tam olarak; kim olmak, neler yapmak, nasıl bir hayat yaşamak istiyorsun? Bu istediklerini ne kadar zaman içerisinde, *hangi bedeller* karşılığında, *nasıl* elde edebilirsin?

Beyninize giren başarı bilgisinin iyi değerlendirilmesi için bu tür odaklanmış sorularla *zihninizi başarıya hazırlamalısınız*. Sorularla yoğunlaşan beyin, cevapları mıknatıs gibi kendine çekip sünger gibi emecektir. Yukarıdaki soruları yazılı olarak cevaplamanız, *beyninizi başarıya programlamak* için çok yararlı bir egzersizdir. Kitabı iki kez okumanız, soruları yazılı olarak yanıtlamanız, bir ajandaya *kendi-*

ni geliştirme notları almanız kitabın yararını iki katına çıkaracaktır. Hayatın seçme sınavlarının mantığını anlattığı için bu kitabı *ders çalışır gibi okumanız* önerilir.

Bugün yapmadıklarının gelecekteki sonuçları neler olacak?

Hukukta iki türlü suç vardır: *İcrai suçlar ve ihmali suçlar.* İcrai suçlar kasıtlı olarak bir şey yapılmasıyla oluşur. Evin çatısına çıkıp yoldan geçen insanların kafasına tuğla atarsanız, bu icrai suçtur. Bir *kastınız olmaksızın, yapmanız gereken bir şeyi yapmayarak zarara sebep olursanız,* bu ihmali suçtur. Apartmanınızda tadilat yaptırırken önlem almayıp, yoldan geçen birinin üstüne tuğla düşüp yaralanmasına sebep olursanız, kastınız olmadığı halde ceza davasında yargılanırsınız. Bu bir ihmali suçtur. Hukuktaki bu ayrım çoğumuz farkında olmasak da, hayatın kanunlarında da geçerlidir.

İnsanlar yaptıkları kadar yapmadıklarından da sorumludur. Bildiklerimiz kadar bilmediklerimizin de bedelini öderiz. Aşkta, kariyerde ya da sağlıkta icra ettiklerimiz (iradi eylemlerimiz) kadar, ihmal ettiklerimizin de cezasını çekeriz. Çoğumuz hayatın bu tür kanunlarından habersizce sonuçlarını yaşar. Oysa hayat da hukuk gibidir, *kanunları bilmemek mazeret sayılmaz!*

Şimdi biraz düşünün isterseniz. Başarının bedellerini biliyorsunuz, ya *başaramamanın bedeli?* Kaybeden olmanın sonuçları neler olacak? Hayat boyu en dipte yaşayıp toplumun bütün yükünü çekmek mi? Sürekli hakkında karar verilen, ne yapacağı söylenen, *emir alan* biri olmak mı? Kendine *hayatının hesabını* verememek mi? Yaşlandığında *ölümcül 3-Y (yoksulluk, yaşlılık, yalnızlık) üçgeninin mengenesinde* sıkıştırılmak mı?

Her insan bu sorularla yüzleşmeli. *Eğer hiç değişmezseniz ömrünüzün son on yılı nasıl geçecek? Yapmanız gerektiği halde yapmadıklarınızın bedeli neler olacak? Böyle giderse gelecekte nasıl bir hayat yaşıyor olacaksınız? Aklınızın uzun farlarını yakarak, bugünkü se-*

çimlerinizin gelecekteki sonuçlarını görmeye ne dersiniz? Akıllı olmanın başlangıç noktası budur!

Şu anda hayatınız akmaya devam ediyor, doğru yönde gitmiyorsanız yanlış yönde gidiyorsunuz demektir. Her geçen saniyede amacınıza yaklaşmıyorsanız, amacınızdan uzağa savruluyorsunuz demektir. Üstelik yorularak amacınızdan uzaklaşıyorsunuz! *"Kendimizi perişan ya da güçlü yapabiliriz. Her ikisi için de aynı miktarda çaba gerekir,"* der Carlos Castaneda.

Kendinizle bir başarı sözleşmesi yapmaya ne dersiniz?

Öğrenilmiş çaresizlik psikolojisinden çıkamayanların en belirgin özelliği *katlanabilme katsayılarının* neredeyse sonsuz oluşudur. "Beterin beteri var" der, hep daha fazlasına katlanırlar. Bu tutum şükür kültürünün kötüye kullanılma biçimidir. İnsanın seçimine bağlı olmayan kazalara katlanması mantıklıdır, ama kendi iradesiyle düzeltebileceği şeyler karşısında teslim olmak insanı uyuşturur. Hayallerimizin üzerimizde hakkı vardır. *Hayal ettiğimiz hayatı yaşamıyorsak, yaşadığımız o hayat bize ait değildir.*

Kariyeriniz için bir *kabul edilemezlik çıtası* belirlemelisiniz. Başarısızlığı normalleştirmemeli, kaybeden olmayı kabullenmemelisiniz. *Başarısızlık memnuniyeti, başarı mecburiyetinin önündeki en büyük engeldir.* Başarısızlıktan rahatsız olanlar başarıya doğru hareket ederler. Geçici başarısızlıklar kabul edilebilir, ama *başarısızlığı kalıcı bir kimlik haline getirmek* benim okuruma yakışmaz. "Hacıyatmaz" oyuncağı gibi, itilince geriye savrulsanız da, sırtüstü düşmeden, tekrar ilk konumunuza geri dönmelisiniz!

Başarınızın mutlaka büyük ölçekli olması gerekmez. *Herkes okul birincisi olamayabilir, buna karşın sınıfta kalmamak her insanın yapabileceği bir şeydir.* Sıfır toplamlı yarışmaları saymazsak, *hayatta herkes başarısız olmayabilir!*

Asgari çıtanızın altına düşmemek için kendinizle bir *başarı sözleşmesi* yapmanızı öneririm. Bu sözleşme *kişisel başarı anayasanızın* da temelini oluşturacaktır. Anayasanızın ilk üç maddesine, "değiştirilmesi teklif dahi edilemez" bazı ilkeler koyabilirsiniz.

1. Başkalarına bağımlı bir hayat yaşamayacağım. Kendi kendine yetebilen ve kendi ayakları üzerinde durabilen bir insan olacağım.
2. Kendi geleceğimi şekillendirecek gücüm olduğuna inanacağım ve bu gücü kullanmak için kendimi eğiteceğim. *Doğamda hiç olmayanı kabullenebilirim, ama içimde olanı kullanmak için elimden gelenin daha azına razı olmayacağım.*
3. Bu kadar çok insan hayatta başarılı olmuşsa ben de olabilirim. Onlar kadar tutkuyla ister, onlar kadar çok çalışır, onlar kadar öğrenirsem ben de yapabilirim.

Dünyayı kurtarmaya kendinizden başlayın!

Buraya kadar ağırlıklı olarak iç ve iş durumunuz üzerine odaklandık. Kendi başarımız kadar *dünyanın durumu* da bizi ilgilendiriyor. Başarı özünde *dünyanın bir kısmını daha iyi bir yer yapma mücadelesidir.*

Bu dünyayı daha yaşanılabilir bir yer haline getirmek için üç ana model vardır: *İnsan mühendisliği*, *toplum mühendisliği* ve *sistem mühendisliği*.

İnsan mühendisliği modeline göre, aslolan kariyer ve karakter olarak *üstün insanlar* yetiştirmektir. İnsan düzelince, her şey olması gerektiği gibi olur. İyi kalpli ve işinde başarılı insanlar her şeyi düzeltebilir. Sistem mühendisliği ise, mühendislik harikası sistem ve mekanizmaların gücüne inanır. Çok gelişmiş bir yapı ve sistem kurunca *en az gelişmiş insandan bile iyi sonuç alınabileceğini* savunur. Almanların sevdiği bir tarzdır.

Toplum mühendisliği modeli ise *devleti merkeze alan* geleneksel yaklaşımdır. Devlet geliştikçe bireylerin de gelişeceğini iddia eder. Vergiler insanların eğitiminden çok, dev kamu binalarına harcanır. Sonuçta birinci sınıf mermeri, üçüncü sınıf memuru olan kamu kurumları ortaya çıkar. Tarihsel deneyim ve SSCB örneği toplum mühendisliğinin hoyratlığını ve sürdürülemezliğini göstermiştir.

Azgelişmiş ve gelişmekte olan ülkeler toplum mühendisliğine; gelişmiş ülkeler ise insan ve sistem mühendisliğine daha eğilimlidir. Ben de öncelikle insan, sonra sistem mühendisliğine inananlardanım. Toplumsal gelişim felsefem şudur: *Her şey başarılı insanlar yetiştirmekle başlar.*

Önce başarılı bireyler yetiştirmek gerekir. Bunun için insan ve sistem mühendisliği birlikte kullanılmalıdır. Yeterince gelişen bireyler içinde çalıştıkları kurumları geliştirirler. Burada sistem mühendisliği devreye girip başarılı insanların önünü açmalıdır. Bireyler ve kurumlar geliştikçe onların toplamı olan toplum da gelişir. Toplumlar geliştikçe de dünya daha yaşanılabilir bir yer haline gelir. Toplumsal gelişimin doğal mekanizması böyle çalışır.

Organik gelişim içten dışa, aşağıdan yukarıya, bireyden topluma doğrudur

Gelişmenin doğası *içten dışa, aşağıdan yukarıya, bireyden topluma* doğrudur. İnsan düzeldikçe dünya da düzelmeye başlar. Ne demek istediğimi anlatan güzel bir hikâye duymuştum.

Mühendis bir baba hafta sonu evinde önemli bir proje üzerinde çalışmaktadır. Küçük çocuğu gelip onu parka götürmesini ister. Baba onu başından savmak için bir oyun düşünür. Elindeki dünya haritasını makasla birkaç parçaya ayırıp, *"Eğer bunları doğru bir şekilde birleştirirsen söz veriyorum seni götüreceğim"* der. Çocuk odasına çekilir. Beş dakika sonra haritayı doğru birleştirmiş şekilde geri gelir! Baba şaşkın bir halde bunu nasıl yaptığını sorar. Çocuk *"Haritanın arkasında bir insan resmi vardı, onun parçalarını doğru şekilde yerleştirince, dünyadaki her şey yerini buldu!"* der.

Tolstoy sık sık, *"Herkes dünyayı değiştirmek istiyor, ama kimse kendini değiştirmek istemiyor"* diye söylenirdi. Samimi ve sürdürülebilir değişim için işe kendimizden başlamalıyız. Kendimiz, evrendeki ilk ve en önemli kontrol noktamızdır. Bir mezar taşında yazılı olan aşağıdaki metin, *büyük düşün, ama gücünün yettiği yerden başla* anlayışını çok iyi anlatır:

"Genç ve hür iken, düşlerim sonsuz iken, dünyayı değiştirmek isterdim. Yaşlanıp akıllanınca dünyanın değişmeyeceğini anladım. Ben de düşlerimi kısıtlayarak sadece memleketimi değiştirmeye karar verdim. Ama o da değişeceğe benzemiyordu.

İyice yaşlandığımda, artık son bir gayretle sadece ailemi, kendime en yakın olanları değiştirmeyi denedim, ama maalesef bunu da kabul ettiremedim.

Şimdi ölüm döşeğinde yatarken birden fark ettim ki, önce kendimi değiştirseydim, onlara örnek olarak ailemi de değiştirebilirdim. Onlardan alacağım cesaret ve ilhamla memleketimi de daha ileri götürebilirdim. Kim bilir, belki dünyayı bile değiştirebilirdim!"

Dünyayı kurtarmaya kendinden başlamak bencillik değil *sürdürülebilir başarının* gereğidir. Kendini geliştirmemiş, hatta kendini kurtarmaktan âciz insanların "memleketi kurtarmaya" çalışması kadar bir ülkeye zarar veren çok az şey bulunur. *Bir topluma yapabileceğiniz ilk iyilik kendinizi başarılı biri yapmaktır.* Başarısız insan istatistiklerinden bir kişiyi eksiltmektir!

Bazı insanlar daha iyi yaşamak için başarır, bazıları ise başarmak için yaşar

Kanada'nın en güzel şehri olan Vancouver'da, yağmurlu bir gecede bir parkta oturmuş, *bu kitapta yazacaklarım* üzerine düşünüyordum. Geleneksel soru(m) geldi aklıma: *Neden bazı insanlar başarılı olmayı bu kadar çok ister? Onları sıfırdan zirveye iten ya da çeken güç nedir?*

Birden cevabın somon balıklarının beyninde olabileceğini düşündüm!

Vancouver'a her yıl farklı ülkelerden binlerce insan *somon göçlerini izlemek* için gelir. Somon balıklarının *akıntının tersine* yüzerek, kayalara kafalarını çarparak, ayıların pençesinden sıyrılarak, avcıların elinden kurtularak *nehrin kaynağına ulaşmaya çalışmalarını* izlerler.

Düşündüm, bu balıkların derdi nedir? Peşlerinden kovalayan yokken neden okyanus gibi rahat ve geniş bir yerden çıkıp, bir dağın yamacından akan küçük bir *nehrin içinden akıntıya ters yönde yüzerek dağın zirvesine ulaşmaya çalışırlar?* Önlerindeki bu kadar engele, ters akıntıya, hayati tehlikeye *rağmen* nehrin kaynağına tırmanmaya çalışmalarının anlamı ne?

Cevap, ruhlarının derinlerindeki *içgüdüsel bir kodu* izlemeleriydi! Yumurtalarını bırakmak, *varoluşlarını gerçekleştirmek* için içten *itiliyor* ya da *çekiliyorlardı.* Bazı insanların içinde de baskın bir *yükselme içgüdüsü* bulunur. Başarmak için yaşayan bu insanlar zirveye yükselirken somon balıkları gibi *içgüdülerinin götürdüğü yere* gidiyorlar. Onlar da *varoluşsal bir çağrıyı izleyerek ait oldukları yere* gidiyorlar. Coelho'nun deyişiyle "kişisel menkıbelerini" arıyorlar.

İnsan bu içgüdü olmadan da başarılı biri olabilir, ama dünyayı değiştiren insanlar büyüklük içgüdüsüyle doğanlardır. Genlerinde *büyüklük içgüdüsü* bulunanlar ya zirvede yaşarlar ya da kendilerini yaşamış saymazlar. Bu içgüdü her insanda biraz bulunur, ama maalesef eşit miktarda değildir. Beraber ve solo "saydıcı"lar korosunun söylenmesini duyuyorum: "*Bizde de bu başarı içgüdüsünden olsaydı, biz de başarılı olmasını bilirdik, bizde doğuştan altyapı yetersiz hocam!*"

"*Her insanda cevher vardır, işlenirse mücevher olur*" der Mevlânâ. Cevherin miktarı ve kalitesi eşit olmasa da, her insanın kendine yetecek kadar başarı rezervi vardır. *Önemli olan onu işlemeyi bilmektir.* Hepimiz kahraman olamayabiliriz ama hepimiz daha başarılı olabiliriz. Hepimiz en büyük hayatı yaşayamayabiliriz, ama hepimiz hayatımızı *bir beden büyütebiliriz.* Hepimiz olimpiyatlarda *birinci* olmayabiliriz, ama hepimiz işimizi iyi yaparak insanların gönlünde *bir inci* olabiliriz.

Yoksa siz de sürekli odun kesmekten, baltasını bilemeye zaman bulamayanlardan mısınız?

Hayatın gündelik rutinleri içinde kaybolup *kendinizi yenilemeyi* ihmal etmemelisiniz. Bir yandan işinizin rutin gereklerini yaparken, diğer yandan *işinizi daha iyi nasıl yapabileceğinize kafa yormalısınız*. Kendini geliştirmeden başarılı olmaya çalışmak, kör baltayla odun kesmeye benzetilir. Baltanız körse, daha çok gayrete değil, *biraz mola verip baltayı bilemeye* ihtiyacınız vardır. Verimli çalışmak çok çalışmaktan daha yararlıdır. Birçok insan buna dikkat etmediğinden çok çalıştığı halde başarılı olmaz.

Stephen Covey *Etkili İnsanların 7 Alışkanlığı* adlı kitabında kör baltalı oduncunun hikâyesini şöyle anlatır:

"Diyelim ki, bir koruda bir ağacı telaşla kesmeye çalışan biriyle karşılaşıyorsunuz. 'Ne yapıyorsun?' diye soruyorsunuz. Adam sabırsızca yanıtlıyor: '*Görmüyor musun? Ağacı baltayla kesmeye çalışıyorum!*' 'Bitkin görünüyorsun,' diyorsunuz. 'Bu işi ne zamandan beri yapıyorsun?' Adam, 'Beş saatten fazla oldu,' diyor, 'Çok yoruldum, zor iş bu!'

'İşe birkaç dakika ara verip baltayı bilesene,' diyorsunuz. 'O zaman ağacı daha hızlı keseceğinden eminim.' Adam sözcüklerin üstüne basa basa, *'Baltayı bileyecek kadar zamanım yok!'* diyor. *'Ağacı kesmekle meşgulüm!'*"

Bir insanın başarı zekâsının birincil göstergesi, *acil ve rutin işlerin içinde önceliklerini kaybetmemesidir*. Sonuçta, ne kadar meşgul olduğunuz değil, *neyle meşgul olduğunuz* sizi başarılı yapacaktır.

Başarı sizden geniş bir beyin ister

Hayat, zıtlıkların gizemli ve dinamik bir dengesi üzerine kuruludur. Bu yüzden başarı, sizden çok sayıda topu düşürmeden çevirebilen bir jonglör kadar becerikli ve geniş bir beyin ister. Büyük ölçekli başarı; kendimiz ile başkalarını, gerçekler ile hayalleri, maddiyatçılık ile maneviyatçılığı, sıradışılık ile sağduyuyu, akıl ile kalbi, kadınsı ile erkeksiyi, meydan okuma ile kabul edilebilirliği, ısrar ile sabrı, ayrıntılar ile bütünü, global ile yereli, güven ile riski, belirsizlik ile istikrarı, aşk ile kariyeri, yenilik ile geleneği bir arada kavrayabilmeyi gerektirir. Bu çatışan değerleri birlikte kavrayıp zıtlıkların birliğinden üretim için yararlanmak, yüksek başarı zekâsının çok kritik bir ustalığıdır. F. Scott Fitzgerald'ın dediği gibi; *"Birinci sınıf bir zekânın ölçütü, iki karşıt fikri aynı zamanda kavraması ve onları bir arada kullanarak çalışabilmesidir."*

Umarım bu kitap, beyninizin *başarıyla ilgili işlem yapma kapasitesini ve şeklini* genişletmiştir. Başarıya körlerin fil tarifi gibi parça parça değil *bütüncül ve sistematik* bir şekilde bakabilmenizi çok önemsiyorum. Başarı değişkenlerinin birbiriyle ilişkisini görmek, *eklektik değil sistematik bir şekilde başarıyı okuyabilmek* en önemli başarı becerilerinden biridir.

Buraya kadar anlatılan her şeyin bir özeti!

Varoluşçuluğun kurucularından Heidegger'e göre insan bu dünyaya "atılmıştır!" Hepimiz içine "itildiğimiz" hayat denizinde suyun üstünde kalmaya çalışıyoruz.

Çabamızın sonuçlarına göre üç gruba ayrılıyoruz:

1. Başarısızlar: Suyun üzerinde duramayıp sık sık batanlar.
2. Başa baş noktasındakiler: Ne başarılı ne başarısızlar. Suyun üstünde durabilen, ama fazla ilerleyemeyenler.
3. Başarılılar: Hem suyun üzerinde durabilen hem de istedikleri yere gidebilen, hatta beklenmedik ters dalgalarla başa çıkabilenler.

Başarılılar da sonuçların büyüklüğüne göre üç gruba ayrılıyor:

1. Küçük ölçekli başaranlar
2. Orta ölçekli başaranlar
3. Büyük ölçekli başaranlar

Başarısızlar da aynı şekilde, kaybın büyüklüğüne göre üçe ayrılır:

1. Küçük ölçekli başarısızlar
2. Orta ölçekli başarısızlar
3. Büyük ölçekli başarısızlar (görkemli kaybedenler)

Nerede, ne zaman, kimlerden doğacağımızı bilemez ve seçemeyiz, ne zaman ve nasıl öleceğimizi de. Tek emin olduğumuz, bu hayattan *ölmeden çıkışımızın olmadığıdır!*

Başarı varoluşun ölüme karşı bir icadıdır. Ölüm olmasaydı, ölümsüz işler başarılamazdı. *Sonsuza kadar yaşayabileceğimizi bilseydik, bugünün işini rahatlıkla bir milyon yıl sonrasına erteleyebilirdik!*

Bu kitabı hayatınızı bir beden büyütmek için yazdım. İşimi garantiye almak için kitaptaki kilit fikirleri özetlemekte yarar görüyorum.

Eğer başarısız olmuşsanız başarı hakkında bildiğinizin çoğunu unutmakla işe başlayabilirsiniz. Net ve sert bir gerçek: *Bildikleriniz işe yarasaydı başarısız olmazdınız!* Bunu yapmak *gerekli, ama yeterli değil.* Özgüveninizi ve eyleme geçme yeteneğinizi *geri kazanmalısınız.* Bunun için içinizdeki öğrenilmiş çaresizlik ve atalet enkazını temizlemelisiniz. Hayat hakkındaki *sınırlayıcı ezberlerinizi* bozmalı, "kaybeden" olmayı reddetmeli, *kimliğinizi yeniden tanımlamalısınız.*

"Dâhi hayalinde kar gören Afrikalıdır" der Nabokov. Başarılı insan, o karı Afrika'ya getirebilendir! Başarmak sonuç almaktır. Durumun gereğini yapıp, olması gerekeni oldurmaktır.

Başarıya hükmetmek istiyorsanız, önce ona itaat etmeyi öğrenmelisiniz. *Başarıya teslim olarak, ona hâkim olabilirsiniz!* Önce siz başarının istediklerini yapacaksınız, sonra da başarı sizin isteklerinizi yerine getirecek. Başarı sizi sınarken önünüze iki yol çıkaracak; eğer kolay olanı seçerseniz her şey çok rahat başlayıp gittikçe zorlaşacak. Zor yolu seçerseniz süreç çok zorlu başlayacak, ama ilerledikçe her şey kolaylaşacak. Bu başarının size yaptığı duygusal zekâ testidir. Tercihi yapacak olan da, sonuçlarını yaşayacak olan da sizsiniz. Karar sizin!

Hayatınızı kontrol altına almak için ne istediğinizi ve ne istemediğinizi iyi belirlemeli, sonra bunu doğanız ve yeteneklerinizle uyumlu hale getirmelisiniz. Olmak istediğiniz yeri, yapmak istediğiniz şeyi *sarsılmaz bir iradeyle* takip etmelisiniz.

Planınızı uygularken beklenmedik olaylarla karşılaşacaksınız. Doğaçlama durumlarda *akışkan bir zekâyla* düşünmeli, omurganızı koruyarak *anlık doğru manevralar* yapabilmelisiniz. Baskı altında sakin kalabilmeli, *karmaşıklığın içindeki sadeliği görebilmeli*, *kritik başarı faktörlerini kırtasiye işler arasında kaybetmemelisiniz*.

Profesyonel başarının algoritmasını çözmeli; alanınızda neyin sonuç verip, neyin vermediğini bir an önce öğrenmelisiniz. Sokrates gibi gerçeğinizi *sorgulamalı*, Aristo gibi geleceğinizi *kurgulamalı*, Büyük İskender gibi jet hızıyla kararlarınızı *uygulamalısınız!*

İnsanlar üzerindeki etkinize ve kişisel imajınıza özen göstermeli, ama her şeyin merkezine bunu koymamalısınız. Bir işi *başkalarından daha iyi yapmaya* tutkuyla inanmalısınız. Hayatta en az bir boyutta *iddialı* olmalısınız! Büyük hayalleri gündelik meşguliyetlere, *önemli işleri acil işlere* kurban etmemelisiniz. Yolun başındayken "umutlarınızı yüksek, sabit giderlerinizi düşük" tutabilmelisiniz! Yeni bir başarıya büyük harflerle başlamak için her yenilgiden sonra *nokta koymayı* bilmelisiniz.

Değiştirebileceğiniz şeylerin üzerine cesurca gitmeli, değiştirilemez şeyleri bilgece kabullenmelisiniz. Hayatta *neyi yapıp neyi yapamayacağınıza* aceleyle karar vermemelisiniz!

Başarının da, başarısızlığın da bir *son kullanma tarihi* olduğunu aklınızdan çıkarmamalısınız. Sezen Aksu'nun deyişiyle, ne *övgüyle çoğalmalı* ne de *yergiyle azalmalısınız*. *Nöral iştahınızı* canlı tutmalı, mesleki motivasyonunuzu kaybetmemeli, beyninizi *kesintisiz bir şekilde başarı (b)ilgisiyle* beslemelisiniz.

Başarı tekniği kadar *başarı ahlakına* da önem vermelisiniz. Kariyeriniz kadar *karakteriniz* üzerinde de çalışmalısınız. Dünyayı bulduğunuzdan daha iyi bırakma, *evrene küçük de olsa bir çentik atma kaygısı* taşımalısınız. Başarılı olmak kadar başarılı insanlar yetiştirmeye de çaba harcamalısınız. Başarınızın ödüllerini başkalarıyla *paylaşabilmelisiniz*. En büyük vatanseverliğin "mesleğini en iyi şekilde yapmak" olduğunu unutmamalısınız.

Biliyorsunuz ki, hayata hangi ligden giriş yapacağımızı biz seçmiyoruz. Daha iyi ya da daha kötü durumdaki bir ailenin çocuğu olarak doğabilirdik. *Doğduğumuz lig ne kadar şanslı olduğumuzu gösteriyordu; ölmeden önce yaşayacağımız lig ise, ne kadar başarılı olduğumuzu gösterecek.*

"*Kader isteklerimizi yerine getirir, ama bunu kendine özgü yollarla yapar*" der Goethe. Artık biliyorsunuz, şu hayatta hiç yenilmemek mümkün değil, ama *yenilgiye yenilmemek* elimizde. Eğer bir gün omuzlarınıza ağır bir hezimetin hüznü çökerse, dilinizde Mevlânâ'nın şu dizesi olsun: "*Sanmasınlar yıkıldık, sanmasınlar çöktük. Bir başka bahar için sadece yaprak döktük.*"

Öyle büyük bir iş başarın ki, sizin de hikâyenizi kitaplarımda yazayım

Ve kitabın sonuna geldik. Artık veda vakti!

Öyle büyük bir iş başarın ki, bir gün sizin hikâyenizi de kitaplarımda anlatayım. Sizden akıl ve azim, zekâ ve zarafet dolu başarı öyküleri bekliyorum!

Her insanda bir öykü saklıdır. *Hepimiz henüz gerçekleşmemiş bir başarı hikâyesinin potansiyel kahramanıyız.* Öyküsü yazılmaya değer büyüklükte bir başarı size ne hissettirirdi? Yapabildiklerinizi duyanlar neler söylerdi?

Bir gün başarıyla ilgili kafanız karışır ya da cesaretiniz azalırsa, uzaklarda sürekli sizin başarınız için kafa yoran bir "başarı düşünürünüz" olduğunu hatırlayın lütfen! Benim varlık nedenim, başarılı olmak için ihtiyaç duyacağınız bilgi, teknik ve cesareti size ulaştırmak. *Başarı baz istasyonu* gibi çalışan beynim, siz bu kitabı okurken *yeni başarı teknolojileri icat ediyor olacak.* Anlatılmaya değer öykü ve fikirlerim oldukça, yeni kitaplarda buluşacağız.

Sık sık "Neden hep başarı üzerine kitap yazıyorsunuz?" sorusuyla karşılaşırım. Cevap olarak bir *başarı bumerangı* oluşturmak istediğimi anlatırım. Okurlarımla aramızda bir *başarı dayanışması* var. Bu dayanışma iki taraflı bir anlaşma. Ben başarıyı inceliyor, insanları başarılı yapan mekanizmayı ortaya çıkarıp kitaplar ve konferanslarla anlatıyorum. Okurlar bu fikirleri öğrenip hayatlarına uyguluyorlar. Yüz yüze karşılaşmalarımızda ya da internet ortamında bana nasıl sonuç aldıklarını anlatıyorlar. Aldığım geribildirimlere göre yöntemleri daha da geliştirip diğer okurlarla paylaşıyorum. Böylece başarılarımız birbirini büyütüyor.

Benim bu dünyada varlık nedenim; *başarı bilgisine ulaşmakta fırsat eşitliği sağlamak, başarıyı geniş kitleler için ulaşılabilir kılmak, "başarılı olmak öğrenilebilir" inancını yaygınlaştırmak, başarıyı kendi kendine öğrenmek isteyenler için teknikler geliştirmek ve dünyanın metrekaresine düşen başarılı insan sayısını artırmak.* Olabildiğince çok başarılı insan yetiştireceğim. Bu kişiler önce kendi dünyalarını, sonra yakın çevrelerini yeniden şekillendirecekler. Belki içlerinden bazıları efsanevi işler de başaracak. "Her şey benimle başlar" diyen bir insanın gücünün nereye kadar yayılabileceğini tahmin edemezsiniz.

Hepimiz hayatımıza anlam katacak arayışlar içerisindeyiz. *Bulduğumdan daha iyi bir dünya bırakabilmek için, benim bulabildiğim en iyi yol başarıyı yaygınlaştırmak!* Eğer erdemli, sürdürülebilir ve insanlara yararlı başarıları seviyorsanız, sizin yeriniz benim yanım!

Bu kitap benim için seçme düşünceler sergisiydi. Bildiklerimin bir kısmını özetleyerek akıcı bir şekilde anlatmaya çalıştım. Soluk soluğa anlatım ayrıntıları kısıtlar. Birkaç cümleyle anlattığım şeyler, sayfalar dolusu ayrıntılara sahip. Bu kitaptaki konuların ayrıntılı hallerini, *yazdığım ve yazacağım kitaplarda* bulabilirsiniz.

Eğer içinizde büyük işler başarma tutkusu varsa ve bunu tembellik etmeden izleyebilirseniz, karşılaştığınız ilk engelde vazgeçmeyip yeni yollar aramaya devam ederseniz, hayal kırıklığı ihtimaline rağmen hayalinizi cesurca takip ederseniz bir gün sizinle de zirvede görüşeceğiz. Başarı hikâyenizi henüz üzerinde dumanı tüterken ilk dinleyenlerden biri olmak isterim. Buraya kadar okuyarak geldiğinize göre artık size başarmak yakışır!

Şimdi kendi kanatlarınızla uçma zamanı.

Kendi en iyi halinizi gösterin kendinize.

André Gide'in dediği gibi:

"Açılmamış kanatların büyüklüğü bilinmez!"

Zirvede sensiz bir kişi eksiğiz!

M.S.

HER ŞEY SENİNLE BAŞLAR

Çaresizlik öğrenilmiştir. Başarılı olmak da öğrenilebilir. Sende sandığından fazlası var! Gelebileceğin en iyi yerde değilsin. Yeni bir hayat için gereken, yeni bir akıldır. Doğru şeyi yapmak için yanlış zaman yoktur. Rüzgârı suçlamayı bırak, yelkenleri kullanmayı öğren! Seyirci koltuğundan sıkıldıysan, sahneye çık. Zirvede her zaman bir kişiye daha yer var. Başkaları yapabildiyse, sen de yaparsın. Her şey seninle başlar! Hayatta ya tozu dumana katarsın, ya da tozu dumanı yutarsın. Seçim senin! (HŞSB Türkçe'deki en çok satan sosyal başarı kitabıdır.)

LİMİT SİZSİNİZ

Limit Sizsiniz, kendi kanatlarıyla uçmak isteyenler içindir. 'Önce kendi kanatlarına güven' der, 'büyük başarı kalpten gelir, beyinde büyür, ellerden hayata akar!' Dışımızdaki limitler, içimizdekiler kadar büyür ya da küçülür. Kafesten çıkınca değil, kafesi kafamızdan çıkarınca özgürleşiriz. Baş+arı: 'Baş' olmak için 'arı' gibi çalışma gerekir! İnsanlar üçe ayrılır: Gerçekten başarılılar, başarılıyım diye geçinenler ve başarılı insanlar üzerinden geçinenler!

HER ŞEY BEYİNDE BAŞLAR

Başarı, mutluluk, huzur beyinden gelir. İnsanın karakteri, kararları, kaderi kafasında şekillenir. Bazıları baştan kazanırken, bazıları 'kafadan' kaybeder! Beyin vücudun % 2'si olsa da, geri kalan % 98'i yönetiyor. Önemli bir iş yaptığından başımızın üstünde yeri var! Aklın makinesi olan beyin herkese 'bedava' veriliyor! Çoğumuz onu nasıl çalıştırmak gerektiğini öğrenmiyoruz. O da kafamızın içinde, kafasına göre çalışıyor! Bu kitap beyne, beyni anlatıyor. Aklını başına toplamak ve hayatını 'baş'tan aşağı değiştirmek isteyenler için...

BAŞARI BİLGESİ

Türkiye'nin Başarı Düşünüründen Başarı Üzerine 'Başarılı' Düşünceler. Başarı arenasında türlü insanlar görülür: Başarmak için doğanlar, çabayla başarılı olanlar, başarılı yapılanlar... Peki bu büyük başarı tiyatrosunun kulisinde neler dönüyor? Karakterli olmak mı zor, kariyerli olmak mı? Aşkta başarı ile başarı aşkı nasıl çatışır? Kaybedenlere oynayarak kazananların sırrı ne?

ATALETİ YENMEK

Başarılı biri olmak için neler yapmanız gerektiğini biliyorsunuz. Bunları niçin yapmanız gerektiğini de biliyorsunuz. Yapmamakla neler kaybettiğinizi, yaparsanız neler kazanacağınızı da biliyorsunuz. İsterseniz nasıl yapabileceğinizi de biliyorsunuz. Buna karşın yine de yapmıyorsunuz! Sizi durduran nedir?
Atalet!

BAŞARI BİLİMİ

Ne varsa, bilimde var! Başarı bilimi, mutluluk bilimi, irade bilimi, motivasyon bilimi, karar alma bilimi gibi birçok konuda yeni ve yararlı araştırmaları bir araya getirdik. Alanında çığır açan deneyleri özenle seçtik, kapsamlı bir şekilde analiz ettik, akıcı ve anlaşılır bir dille özetledik. Atatürk'ün de dediği gibi, 'hayatta en hakiki yol gösterici bilimdir.'

HAYAT BİLGESİ

Hepimiz büyük bir soruya cevap arıyoruz: Şu hayatı nasıl yaşamalı? Sanat, iş, bilim ve spor alanındaki dünya devlerinin başarı ve hayata dair farklı ve faydalı fikirleri bu kitapta toplandı. Bir tür 'hayat bilgisi bankası'. Kendi hayatını bilgece tasarlamak isteyenler için... *Hayat Bilgesi,* her sayıda yeni bilgelerle yoluna devam edecek.

YA BİR YOL BUL YA BİR YOL AÇ

Ya Bir Yol Bul, Ya Bir Yol Aç, Ya da Yoldan Çekil, hayat amaçlarını profesyonelce belirlemek, hayatını planlamak ve kontrol altına almak isteyenler için hazırlanmıştır.
Bu kitap, başarı yolculuğunda; yola çıkmak isteyenlere, daha iyi bir yol arayanlara, çıkmaz sokağa girmiş olanlara kılavuzluk edecek bir başarı haritasıdır.

KESİNTİSİZ ÖĞRENME

Kesintisiz Öğrenme, 'bilgi, öğrenme, başarı,' üçgeninde bir insanın neyi, nasıl yapması gerektiğini anlatıyor. 'Öğrenmeyi öğrenme' kavramının anlatıldığı bu kitapta daha hızlı, daha kolay ve daha kalıcı öğrenebilmek için kullanabileceğiniz teknik ve stratejileri bulabilirsiniz.
Daha başarılı öğrenmek ve öğrenerek başarmak isteyenlere...

OKUL HAYATINDA BAŞARI: DERSLERİ NASIL ÇALIŞMALI?

Her Şey Seninle Başlar, çocuk! Annelerin ısrarlı isteği üzerine hazırlanan bu kitapta, ilk öğretim öğrencilerine başarısızlık korkusunu yenme ve kendine güvenme duygusu aşılanıyor. 9+ yaş grubuna hitap eden kitapta, Sinem Kobal fotoğraflarıyla öyküleri canlandırıyor.

Başarı Üniversitesi'nin konusu, üniversite sınavında başarılı olmak!
Lise öğrencileri ve ÖSS adaylarına hitap eden bu kitapta, 'okul hayatında başarı' ele alınıyor.
Öğrencilerin 'unvan maçı' olan sınavlardan başarıyla çıkmasını sağlamak için...

İNSAN İSTERSE: AZMİN ZAFERİ ÖYKÜLERİ SERİSİ

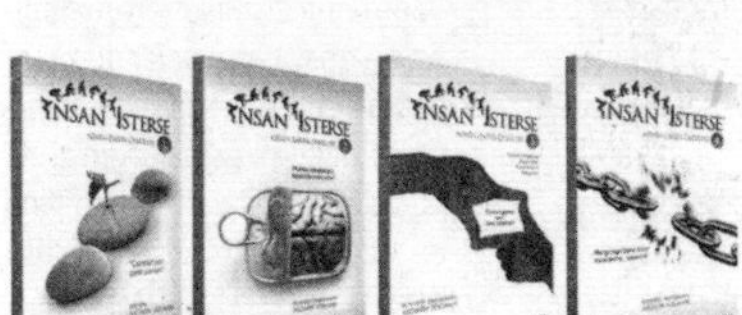

Büyük hayalleri, küçük hayatları vardı. Hayallerinin verdiği umutla yola çıktılar. Başlangıçta tek sermayeleri cesaretleriydi. Paraları yoktu. Çevreleri yoktu. Zorluk çoktu. Çevredekiler 'senden bir şey olmaz' derken, Küçük imkanlarla büyük engelleri aştılar. Çoğu kez yenile yenile yenmeyi öğrendiler. Azmettiler, pes etmediler, başardılar. Kigem ekibi azmin gücüyle sıfırdan zirveye çıkanların, okuyana güç veren başarı öykülerini araştırdı, yazdı.
Mümin Sekman'ın danışmanlığında hazırlanan *İnsan İsterse* dizisi, zorlu zamanlarda insanı güçlendiren hikâyeler anlatıyor.

HAYAT DEĞİŞTİREN KİTABIN HAYATI: YAYIMLANDIKTAN SONRA NELER YAŞANDI?

Türkiye'de her yıl 60.000'den fazla yeni kitap yayımlanıyor.

Bunların üçte ikisi maalesef bir-iki baskının ötesine geçemeyip raf aralarında kaybolup gidiyor. Çoğu insanın "kendini gösteremeden" hayatın *ara raflarına* girmesi gibi...

Her Şey Seninle Başlar insanlara *nasıl başaracaklarını* anlatmak için yazıldı. Kitabın başarıyı anlatması başarılı olacağını *garanti* etmiyordu. Başarısız da olabilirdi...

Kitapların kaderi de tıpkı insanlar gibi en çok *"içindekiler"*e bağlıdır.

Bu kitap da ne kadar *işe yararsa* o kadar yayılacak, ne kadar yayılırsa o kadar çok *işe yaradığını kanıtlamış* olacaktı.

Her Şey Seninle Başlar okuruyla güçlü bir bağ kurdu. O okurlarının hayatını büyüttükçe, okurları da onun hayatını büyüttü. O okurlarının hayatını değiştirdi, okurları da onun.

Sonuçta, Türkiye'de yaşayan her yüz kişiden biri bu kitabın okuru oldu, geriye sadece 99 kişi kaldı!

Eğer kitabın tüm okurlarını bir araya getirebilseydik, *birçok şehrin nüfusundan daha büyük bir kitleye* aynı anda hitap edebilirdik. Bunu yapabilmek pek mümkün görünmediğinden biz de bazı *bireysel etkinlikler* geliştirdik.

İsteriz ki, *Her Şey Seninle Başlar* son sayfasına gelindiğinde biten kitaplardan olmasın. Hayatınızdaki *etkisi de,* diğer okurlarla katılabileceğiniz *etkinlikleri de* sürüp gitsin.

Doğum gününde el üstünde gezdirilen kitap!

Her Şey Seninle Başlar'ın yayımlandığı tarih 16 Kasım 2005.

16 Kasım, kitap okurları arasında yapılan, *"Kitabın kimliğindir:*

Okuduğun kitapla göster kendini!" kampanyasının günü. Kitabın doğum gününde okurlar kitabı elinde taşıyarak diğer okurlara "kendini gösteriyor!" Bu fikri bir *okurumuz önerdi*, biz de destekledik.

Siz de bu kampanyaya katılmak isterseniz her yıl *16 Kasım'da* kitabınızı elinizde taşıyabilirsiniz. Aynı şeyi yapan diğer okurları gördüğünüzde, kitabı havaya kaldırıp sıcak bir gülümsemeyle selamlaşmanız, ikinizin çok iyi bildiği, ama başka kimsenin anlamadığı *özel bir mesaj* değeri taşıyacaktır.

Her Şey Seninle Başlar **"çocukça"ya da çevrildi!**

"Ağaç yaşken eğilir" atasözünden hareketle, pek çok anne-baba *Her Şey Seninle Başlar*'ı ilköğretim öğrencisi çocuğuna okutmaya çalıştı. Anne-babaların yoğun isteği üzerine *Her Şey Seninle Başlar*'ın çocuk versiyonu da hazırlandı.

İlköğretim öğrencilerine hitap eden *"Her Şey Seninle Başlar 9+"* adlı kitap, çok renkli bir tasarıma sahip. Kitapta *Mümin Sekman* öykülerle başarıyı anlatırken, *Sinem Kobal* da fotoğraflarıyla fikirleri canlandırıyor.

Karaman'da her 4 kişiden biri bu kitabı okudu, şehir ÖSS şampiyonu oldu!

Karaman'da *idealist bir öğretmen* bu kitabı okudu ve çok beğendi.

Şehrindeki tüm öğrenciler *Her Şey Seninle Başlar*'ı okursa şehrin ÖSS başarısının yükseleceğini düşündü. Kitaptan bir tane alıp okuması için şehrin büyük ve hayırsever bir iş adamına verdi.

İş adamı da kitabı beğenince birlikte *"ÖSS'de başarı sözü veren"* her öğrenciye kitabı hediye etmeye başladılar. İl Milli Eğitim Müdürlüğü de *"her sabah kitap okuma kampanyası"* başlatarak projeye destek verdi.

2006'da Karaman'da bir yılda 25 bin kitap dağıtıldı. Bu sayı şehir merkezinde yaşayan nüfusun yaklaşık dörtte biri kadardı!

Sonuç ne mi oldu? 2006 yılında ÖSS başarı sıralamasında 28. sırada olan Karaman, 2007'de dördüncü, 2008'de birinci sıraya yükseldi. 2009'da da ilk sıralardaki yerini korudu.

Kitapları armağan eden BİFA Bisküvileri'nin kurucuları, yaşadıkları kente katkıları nedeniyle *TBMM tarafından 2009 Üstün Hizmet Ödülü* ile onurlandırıldılar.

Bu başarı öyküsünü bazı gazeteler manşetten verirken, bazı TV kanalları ana haber bültenlerinde kullandı. Karaman'ın bu başarısını duyan pek çok okul ve şehir *"Karaman Modeli"*ni kendine örnek alıp benzer çalışmalara başladı.

"Her Şey Benimle Başlar" diyerek büyük işler başaranların öyküleri yazılıyor

Her Şey Seninle Başlar'ı *okumuş olsun ya da olmasın,* azmin gücüyle zafere ulaşan insanların hikâyeleri *Mümin Sekman*'ın danışmanlığında *Kigem* ekibi tarafından yazılıyor.

Bu kitap dizisinde amaç, *Türkiye'nin en kapsamlı başarı öyküsü bankasını* oluşturmak. Bu öyküler sayesinde, başarıya götüren fikirlerin *pratikte nasıl uygulandığını yaşanmış örnekler üzerinden öğrenmek* mümkün hale geliyor.

İnsan İsterse: Azmin Zaferi Öyküleri adlı bu dizide, bin bir zorluğu aşarak büyük işler başarmış, yerli ya da yabancı pek çok kişinin hayatı, *Her Şey Seninle Başlar* felsefesine göre analiz edilerek yazılıyor.

Hayali olan her eve bir *Her Şey Seninle Başlar!*

Hedefimiz, *10 yılda 1 milyon* insanı bu kitapla tanıştırmaktı. Okurlarımızın gücüyle bu hedefe hayal ettiğimizden önce ulaştık. TÜİK verilerine göre, Türkiye'de 19 milyon ev var. Bu evlerin bazılarında, *gelecekte büyük işler başarabilecek bir kişi* yaşıyor!

O bir kişi bu kitabı okumuş olsaydı, daha az zorlanarak daha büyük işler başarabilirdi. Başarı mücadelesinde daha cesur, daha akıllı ve daha azimli olabilirdi. Başarı tutkusunu başarı tekniğiyle birleştirerek büyük sonuçlar alabilirdi.

Her evden bir başarı öyküsü çıkarmak bizim en büyük hayalimiz. Biliyoruz ki, başarılı bir insan birçok şeyi değiştirir. Önce kendini, sonra ailesini, sonra iş yerini, sonra ülkesini değiştirebilir. Her şey bir insanla başlar.

Hayali olan her evde bir Her Şey Seninle Başlar *olması, bizim en büyük hayalimiz!*

DİPNOTLAR

1. Bu konuda birkaç deney yapılmıştır. Deneyin özü ve sonuçları korunarak, konunun anlaşılırlığını artırmak için, balık türleri üzerinde değişiklik yapılmıştır. İsteyen, köpekbalığı yerine herhangi bir büyük balığı koyarak düşünebilir.

2 Burada arazi benzetmesi ile fiziksel gerçeklikler ifade edilmektedir. Sosyal gerçekliğin değişmez alanları da arazi metaforuna dahildir. Geçici trendler ve değişebilir sosyal gerçeklikler buna dahil değildir.

3 Bu metnin akademik referansına ulaşamadım. Bununla birlikte, insanların bu metni çok paylaşması, onun *hayatta karşılığı olan bir gerçekliği temsil ettiğinin* işareti sayılabilir.

4 Kitap bu süreçte Türkçe'ye de çevrildi. *Öğrenilmiş İyimserlik*, Martin Seligman, HYB yayıncılık, 2007.

5 Yılmaz Erdoğan'a atfedilen bir espridir.

6 Buradaki yetenek, doğuştan gelen potansiyel anlamındadır. Beceri ise sonradan edinilmiş/kazanılmış yetenektir.

7 *Öğretilmiş İyimserlik*, Martin Seligman, HYB Yayınları, 2007.

8 thehealthcenter.info

9 Özdemir Asaf'ın *Hidim* adlı şiir çevirileri kitabından alınmıştır.

10 Üç farklı çeviriden yararlanılarak özetlenmiştir: *Düşünceler ve Sohbetler*, Epiktetos, Kaknüs Yayınları, 2010; *Söylevler*, Epiktetos, Şule Yayınları, 2010; *Sözün Özü: Eski Çağlardan Günümüze Ünlü Yazarlar ve Düşünürlerden Özlü Sözler*, Der. ve Çev. Celâl Üster, Can Yayınları, 2010.

11 *Esquire* dergisine verdiği bir röportajdan alınmıştır.

12 100.000 rakamı 2012 yılı sonu itibariyle bu kitabın toplam baskı sayısını göstermektedir. 2011 Türkiye kitap istatistiklerine göre, 40.000 yeni kitap yayınlandı. Çıkan kitapların satış başarısı, şöyle bir sıralamayla değerlendiriliyor: Eğer bir kitap 1-2 baskı yapıp, 2000-3000 adetin altında kalırsa üçüncü lig. 3 baskı yapıp 5000-6000 adetin üstüne çıkarsa ikinci lig. 5-6 baskı yapıp, 10.000-12.000 adetin üzerine çıkmak ise birinci lig sayılıyor. 100.000 adedin üzeri devler ligidir. 500.000'i geçen bir kitap gündelik dile yerleşip o alanda kültür ikonu haline gelir.